IP 知识产权专员系列教材

知识产权运营

刘海波　肖冰　张亚峰◎编著

知识产权出版社
全国百佳图书出版单位
—北京—

图书在版编目（CIP）数据

知识产权运营 / 刘海波，肖冰，张亚峰编著 .—北京：知识产权出版社，2024.6. —（知识产权专员系列教材）. —ISBN 978-7-5130-9391-0

Ⅰ. D923.4

中国国家版本馆 CIP 数据核字第 20249X5A65 号

内容提要

本书从知识产权运营的理论和实践基础、知识产权运营的发展历程与主要类型、全球知识产权运营的典型模式及案例分析等方面展开，具体分析了中国知识产权运营的发展基础和政策导向以及中国知识产权运营的模式，提出了知识产权运营的发展趋势与路径选择。本书将有助于从业人员更好地理解知识产权运营的理论基础，并由此建立起行之有效的知识产权运营实践路径，为知识产权运营工作提供指导。

责任编辑：尹　娟　　　　**责任印制**：孙婷婷

知识产权专员系列教材

知识产权运营

ZHISHI CHANQUAN YUNYING

刘海波　肖　冰　张亚峰　编著

出版发行：	知识产权出版社有限责任公司	**网　　址**：	http://www.ipph.cn
			http://www.laichushu.com
电　　话：	010-82004826		
社　　址：	北京市海淀区气象路 50 号院	**邮　　编**：	100081
责编电话：	010-82000860 转 8702	**责编邮箱**：	yinjuan@cnipr.com
发行电话：	010-82000860 转 8101	**发行传真**：	010-82000893
印　　刷：	北京中献拓方科技发展有限公司	**经　　销**：	新华书店、各大网上书店及相关专业书店
开　　本：	720mm × 1000mm　1/16	**印　　张**：	15.75
版　　次：	2024 年 6 月第 1 版	**印　　次**：	2024 年 6 月第 1 次印刷
字　　数：	253 千字	**定　　价**：	78.00 元

ISBN 978-7-5130-9391-0

目 录

CONTENT

第一章 基本概念和基础知识

知识产权运营是我国知识产权工作的一个重要组成部分，对其概念进行界定、形式进行归纳、特征进行分析、作用和意义进行探讨，对其与科技成果转化的关系进行辨析，是学习知识产权运营的起点。

一、概念界定

知识产权运营是指市场经济中的各类主体，基于知识产权制度和其他相关法律、法规、政策，利用经济规律和市场机制对知识产权申请权、被授予或登记的知识产权、知识产权信息、受专利权保护的技术等进行研发的、生产的、商业的、法律的以及其他形式的运用，以谋求自身利益的行为。简而言之，知识产权运营就是市场主体运用知识产权增强经营竞争力和经营收益的商业行为。

大的方面，可以把知识产权运营分为通用知识产权运营和细分领域的知识产权运营。所谓通用知识产权运营指的是以知识产权金融、知识产权交易、知识产权布局为主要代表的基于知识产权一般特性的知识产权运营，细分领域的知识产权运营是指基于专利、商标、著作权等专门知识产权类型的特性的知识产权运营，如专利运营、商标运营、版权运营等。在专利运营项下，可以细分为：专利导航、高价值专利培育、专利池、标准必要专利、专利布局等。在商标运营项下，可以细分为商标布局、商标许可、品牌建设运营维护等。在版权运营项下，可以细分为版权许可、版权形象创设、周边品开发、全领域运营等。

本书以专利运营为主展开。

二、主要形式

（一）知识产权交易

知识产权交易主要包括转让和许可两种形式。知识产权转让是指出售或赠与除知识产权人身权之外的全部权利，知识产权许可是指在保留知识产权所有权的基础上允许他人在一定条件下使用该项知识产权。从操作策略角度看，许可是知识产权运营的精妙之处所在，因为许可、在什么条件下许可或者不许可，包含着广阔的经营运作空间。

在知识产权许可项下，有一种备受重视的运营主体进行的运营。随着知识产权制度体系和执法体系的不断完善，一些企业开始从其他公司（往往是破产公司）、研究机构或个人发明者手上购买专利，自身并不制造专利产品或者提供专利服务，而是有目的地通过起诉某些公司产品侵犯其专利权，然后依靠专利诉讼赚取巨额利润。人们将这类企业定义为“非专利实施主体”（Non-Practicing Entities，NPEs），也有人称为“专利流氓”（patent troll）。

（二）知识产权金融

知识产权金融是以相关法律法规为基础、以有关政策为引导、以知识产权权利和金融工具相结合为手段，为市场主体特别是科技型中小微企业提供金融服务的一种创新型金融业务。

知识产权和金融都是复杂的、动态发展的理论概念，也都是受法律法规政策高度约束的业务类型。因此，知识产权金融的创新发展既需要体系成熟、运行稳定的知识产权制度和金融制度，也需要敢于担当、勇于作为的公权力部门。发达国家的知识产权制度和金融制度在相当大的程度上实现了体系成熟、运行稳定，公权力部门的担当、作为却趋于保守。我国的情况与之形成较为鲜明的对比，即制度上不如发达国家成熟、稳定，但公权力部门担当和作为的意识和行动远胜于发达国家。

我国目前的知识产权金融产品主要有知识产权保险、知识产权质押融资、知识产权证券化和知识产权运营基金四种。

（三）知识产权布局

知识产权布局是指围绕权利人/潜在权利人（通常是一个组织）的经营发展战略（通常可以分为创新发展战略和竞争发展战略）进行的全局或局部性的知识产权安排、部署。具体而言就是专利权、商标权、著作权等知识产权的申请、确权、交易、诉讼等。核心目的是为权利人的经营发展战略的有效实施保驾护航。知识产权布局是知识产权运营的基础。

三、基本特征

知识产权运营有以下一些基本特征。

第一，知识产权运营的主体，可以是市场经济中的各类主体，包括以营利为根本目的的企业和专业服务机构，也可以是非营利的社团组织，又可以是科研机构、大学，还可以是个人。尽管我国当前知识产权运营政策、研究和舆论关注的是企业、专业服务机构、科研机构和大学，但是个人也可以进行知识产权运营，成为知识产权运营主体。

本书重点讨论组织的知识产权运营。

第二，知识产权运营主体进行知识产权运营的基础条件是知识产权制度和其他相关法律、法规和政策。没有知识产权制度，知识产权自身即不存在，当然不能开展知识产权运营业务。没有其他相关的法律法规，如合同法、诉讼法等法律，行政复议等法规，知识产权运营也无法有效开展。近年来国家知识产权局等政府部门出台的一系列促进知识产权运营的政策，也构成了知识产权运营的有力支撑。

第三，经济规律和市场机制是知识产权运营的基本原则。知识产权运营是市场经济的产物，知识产权运营的业务机会、投资风险等都根源于市场经济规律和机制。不根植于市场经济规律和市场机制的知识产权运营，如基于行政垄断的知识产权运营，不属于本书讨论的范围。事实上，基于行政垄断的知识产权运营也不具有可持续发展性。如英国技术集团（British Technology Group，BTG）的前身是英国政府于1949年组建的国家研究开发公司（National Research Development Company，NRDC），全权负责对政府公共资助形成的研究成果的商品化，但是一直和预期效果相差甚远，几经改组后于1991年彻底民营化。

第四，知识产权运营的操作对象是知识产权信息、知识产权申请权、知识产权权利、专利技术等和知识产权密切相关的信息、权利和技术。知识产权信息是知识产权制度对社会的最大贡献，专利信息不但可以提高整个社会的技术类知识基础，还可以帮助各类社会主体更好地选择研发主题和研发角度。因此，专利信息检索和分析属于知识产权运营的范畴。专利申请权是取得专利权的前提，专利申请权可以发明人自己行使，也可以转让给他人，在合作研发中对专利申请权的约定是一项重要内容，也属于专利运营的业务内容。知识产权权利是知识产权运营的重点，基于知识产权权利的许可、诉讼、联盟等构成了知识产权运营丰富多彩的主要内容。在大多数情况下，专利技术是专利运营取得实际效果的重要工具，技术性发明创造是取得专利权的前提条件，大多数专利权许可也带有技术转移的内容，因此，专利运营不可能脱离专利技术。

第五，知识产权运营的形式多种多样。表现在研发方面，可以是根据知识产权信息分析有远见地部署研发选题和研发资源；表现在生产方面，可以是保障产品得以顺利生产；表现在商业方面，可以是强化定价权和竞争力；表现在法律方面，可以是诉讼和以诉讼为后盾的许可等。

第六，知识产权运营的目的自然是谋求利益。虽然在市场经济环境中，经济利益是最基本的、有时也是最大的利益，但是也不尽然，大学和科研机构有时更追求自己成果的影响力和社会贡献。比如，美国国立卫生研究院（National Institute of Health，NIH）的技术许可以社会利益为己任，原则明确、策略灵活，对大企业和中小企业设定不同的许可价格。

四、作用与意义

可以从权利人、创新体系和法律制度三个方面来讨论知识产权运营的作用与意义。

（一）对权利人的作用和意义

知识产权运营对权利人的作用和意义主要体现在促进知识产权权利价值

的实现上，通常有三种途径。第一种是通过支撑知识产权权利人的实体业务来实现知识产权的价值，这种实现价值的方式非常重要，也是经典的知识产权价值实现方式，但是这种实现方式中存在的缺点是难以直接计算知识产权本身的价值。一个可以大体反映但并非准确体现的形式是法庭的判决，因为法庭判决中考虑的因素比较多，很难识别知识产权的价值。或者可以这样来认识，法庭判决中体现的知识产权的价值是知识产权制度的价值在一个具体案件中的量化体现。通常把知识产权在支撑权利人实体业务中实现的价值形象地称为"顶梁柱"，旨在强调其不可缺少的作用，但还是很难用价格予以衡量。

与"顶梁柱"相对的另一种途径是"现金流"，即通过许可、质押贷款、证券化等手段直接为权利人创造现金收入。因为缺少抵押品，科技型中小企业比较重视知识产权创造现金流的作用，这是知识产权金融兴起的根本原因，在很大程度上也是科技金融兴起的一个重要原因。

第三种途径是构建关系。作为财产权的知识产权，属性上的根本特征是专有，功能上的根本特征是排他。基于专有和排他产生的知识产权运营的一种重要手段是许可（许可在各个知识产权专门法律法规中都有明确的规定），因为许可是权利人的完全自主行为，权利人就可以从是否建立关系和建立什么样的关系的角度出发使用许可这个知识产权运营手段。当然，是否使用许可手段建立关系、怎样使用许可建立什么样的关系的核心目的还是利益。

（二）对创新体系的作用和意义

无论是国家创新体系、区域创新体系，还是组织创新体系（如中国科学院创新体系等），知识产权运营都能对其发挥完善、补强和优化的作用和意义。

在完善方面，在较长的一段时间里，创新体系以科技研发和研发产出的产业应用为主线展开，对知识产权重视不够，因而在市场化竞争领域里不能作出有韧性竞争力的布局，使得一些有较好经济回报预期的研发成果没能取得相应的回报。在创新体系中植入知识产权运营，把知识产权作为创新体系的有机组成部分，在科技研发和研发产出的产业应用中充分发挥知识产权的作用，使得创新体系不缺项，自然能不断完善创新体系。

在补强方面，在创新体系中的科技研发、产业应用等各个环节都充分发挥知识产权运营的资源凝聚和利益连接作用，无疑会大大增强创新体系的功能、提升创新体系的效率。

在优化方面，利用好知识产权运营工具箱中的重要工具专利导航，建立专利信息分析与产业运行决策深度融合、专利创造与产业创新能力高度匹配、专利布局对产业竞争地位保障有力、专利价值实现对产业运行效益支撑有效的工作机制，推动重点产业的专利协同运用，培育形成专利导航产业发展新模式，对于优化创新体系自然会发挥重要作用。

（三）对法律制度的作用和意义

好的知识产权运营需要坚实的法律制度基础，也会对法律制度的进步提出新的要求。主动、积极回应知识产权运营提出的新要求，法律制度也能更好地适应创新发展的需求，不断实现进步。

例如，近年来快速发展的知识产权金融对保险、担保等金融业务相关的法律提出了新的要求，世界主要国家都对相关法律做出了相应修改，不但帮助了知识产权金融的发展，也丰富了相关法律制度的内容。

五、与科技成果转化的关系

在我国，知识产权运营与科技成果转化关系密切，但又有一定区别。从工作内容上看，知识产权运营和科技成果转化有较多交叉。比如知识产权运营项下的专利、软件著作权的转让、许可就是科技成果转化的一种类型。又如，基于商标权的品牌效应，也对科技成果转化有直接帮助。在很多关于科技成果转移转化的政策文件中，都明确包括和知识产权运营特别是专利运营密切相关的内容；反之，在关于知识产权运营的政策文件中，也直接谈到科技成果转化。从商业实践上看，知识产权运营和科技成果转化也有较大的重合。

知识产权运营和科技成果转化的主要区别有以下几点。一是客体对象不同。知识产权运营的客体对象是知识产权，科技成果转化的客体对象是科技成果，知识产权显然不同于科技成果。二是法律基础不同。没有一部专门的法律直接规定、规范和规制知识产权运营，和知识产权运营有关的法律条文散见于《中华人民共和国专利法》（以下简称《专利法》）、《中华人民共和国商标法》（以下简称《商标法》）、《中华人民共和国著作权法》（以下简称《著作权法》）等知识产权专门法。《中华人民共和国促进科技成果转化法》（以下简称《促进科技成果转化法》）是直接规定、规范和规制科技成果转化的法律。三是主管部门不同。知识产权运营的国家主管部门是国家知识产权局，科技成果转化的国家主管部门是科技部、工业和信息化部。

延伸阅读 1

强 IP 支撑硬科技[1]

"十四五"规划和2035年远景目标纲要提出"增强科创板硬科技特色"。今年4月7日知识产权业内媒体 IPR Daily 刊载的一篇文章称，2020年科创板终止上市的企业41家，其中有20家涉及知识产权问题，占比高达50%。把这两条信息放在一起，一个问题自然产生：知识产权和硬科技是啥关系。

通常认为，硬科技是指那些处在国民经济重点领域和产业链、供应链重要环节的、具有高精尖科技特征和较强支撑引领带动作用的关键核心技术，包括新一代信息技术、航空航天、生物医药、新能源、新材料、智能制造、节能环保等领域。在技术层面，"硬科技"扮演着引领科技创新潮流的角色。在产业层面，"硬科技"更为关注实体经济，而非虚拟经济。同时，作为商业模式创新的底层技术和基础设施，"硬科技"的发展可以有效克服商业模式创新的局限性，延长商业模式创新的生存周期，拓展商业模式创新的应用空间。尤为突出的是，从市场的角度看，"硬科技"具有三种特性：一是对抗性，指某一特定的技术能够与现有的技术进行有效对抗，产生打破技术垄断的效果；二是颠覆性，指某一技术可以彻底颠覆国内外相同或类似领域的现有技术，产生替代现有技术方案的效果；三是开创性，指某一技术是现有技术无可比拟或替代的，产生开创新领域、形成新方向的效果。华为手机是硬科技的典型代表，打破

[1] 刘海波．强 IP 支撑硬科技 [EB/OL].（2021-05-07）[2023-07-08] https://mp.weixin.qq.com/s/suDGh5p9XTln0S3X_J_KRg.

先发企业的技术垄断、颠覆了世界手机市场的格局、开辟了5G新天地，充分体现了硬科技的对抗性、颠覆性和开创性的市场特征。

但是，最为重要的是：成功发展硬科技，必须闯过IP关。要言之，就是硬科技离不开强IP。

强IP是指能为科技创新成果提供强大保护的IP。知识产权制度是国家竞争和市场经济的产物，也是国家维护市场秩序的工具。知识产权权利是知识产权制度的产物，也是权利人获取市场竞争优势的手段。能够为硬科技提供强保护的知识产权，应该是体系完备、运转高效、富有韧性的现代知识产权制度，以及在这样的制度基础上产生的以权利人为主体、以科学技术研发为基础、以法律法规为保障、以无效诉讼为测试、以目标达成度为贡献形式的高水平知识产权的有机结合。也就是说，强IP既要制度强、也要权利强。唯其如此，才能成为硬科技畅行国内国际市场大江湖的金钟罩、铁布衫，使其立于不败之地。

做好强IP支撑硬科技，我们还有很长的路要走。国家的知识产权制度建设和市场主体的“确权、维权、用权”的能力建设，“两手抓、两手都要硬”。习近平总书记主持中共中央政治局第二十五次集体学习的重要讲话，为我国知识产权事业的进一步发展规划了前行道路，也为探索高质量、可持续的强IP支撑硬科技的工作模式提供了根本遵循。

第二章 我国知识产权运营的简要历程与发展方向

经过 10 多年的探索，我国的知识产权运营走出了一条有中国特色的发展道路。回顾历程、理解政策方向、展望下一步路径，有助于我们理解和把握知识产权的特点和规律。

一、简要历程

（一）从专利运营到知识产权运营

2013 年 4 月，国家知识产权局办公室印发《关于组织申报国家专利运营试点企业的通知》，标志着“专利运营”作为政策概念的确立。与该通知一同下发的《国家专利运营试点企业申报指南（试行）》对申报试点企业提出这样要求：以提高企业创新驱动发展能力和核心竞争力为目标，将专利运营贯穿于企业技术研发、产品化和市场化的全流程，加快新技术新产品新工艺研发应用；鼓励专门从事专利运营等相关业务的企业发展，加强专利技术集成和专利运营商业模式创新，着力培育专利运营业态。

上述文件发布后，专利运营在我国迅速展开并初见成效。2012 年 5 月由北京市政府批准的北京知识产权运营管理有限公司成立，围绕北京市重点产业和重点领域，探索知识产权综合运营服务之路。2014 年 4 月深圳市发布了《企业专利运营指南》，作为标准化指导性技术文件，为企业开展专利运营提供切实指导，受到普遍欢迎。

2014年以来，国家知识产权局会同财政部启动全国知识产权运营公共服务平台（以下简称“国家平台”）建设工作，标志着我国的知识产权运营从专利运营转入知识产权运营。国家平台的定位是“以充分实现知识产权的市场价值为指引，积极创新知识产权运营模式服务产品；将以释放知识产权大数据为基础，依托互联网整合知识产权信息资源、创新资源和服务资源，建立以知识产权为重要内容的创新驱动评价体系，逐渐健全知识产权服务诚信信息管理及信用评价制度；将充分发挥重点产业知识产权运营基金作用，支持骨干企业、高校、科研院所协同创新、联合研发，强化创新成果转化运用，加强高技术含量知识产权转移转化。”

（二）知识产权运营体系建设

《“十三五”国家知识产权保护和运用规划》提出“构建知识产权运营公共服务平台体系”“加强知识产权交易运营体系建设”等和知识产权运营直接相关的内容，把我国知识产权运营推入一个新阶段。

知识产权运营体系建设从知识产权运营服务体系和知识产权运营重点业务促进两个方面展开。

1. 知识产权运营服务体系建设

知识产权运营服务体系包括知识产权运营服务建设重点城市和知识产权运营服务平台。

截至2020年4月，国家知识产权局累计批准4批37个知识产权服务体系建设重点城市（城区）运营服务平台。第一批：苏州、宁波、青岛、郑州、长沙、成都、西安、厦门。第二批：北京海淀、上海浦东、南京、杭州、武汉、广州、深圳、海口。第三批：台州、济南、上海徐汇、无锡、东莞、石家庄、天津东丽、重庆江北、大连、泉州。第四批：北京朝阳、天津滨海新区、太原、沈阳、长春、合肥、烟台、洛阳、宜昌、昆明、乌鲁木齐。

截至2020年12月，共批准16家全国知识产权运营公共服务平台等知识产权运营服务平台。具体是：国家知识产权运营公共服务平台、国家知识产权运营公共服务平台军民融合（西安）试点平台、国家知识产权运营公共服务平台金融创新（横琴）试点平台、中国（南方）知识产权运营中心、中国汽车产业知识产权投资运营中心、国家知识产权运营公共服务平台国际运营（上海）试点平台、中国智能装备制造（仪器仪表）产业知识产权运营中心、国家知识产权运营公共服务平台高校运营（武汉）试点平台、国家知识产权运营公共服务平台交易运营（郑州）试点平台、稀土产业知识产权运营中心、电力新能源产业知识产权运营中心、汽车知识产权运用促进中心、节能环保产业知识产权运营中心、新材料产业知识产权运营中心、长春新区知识产权运营服务中心、山东知识产权运营中心。

2. 知识产权运营重点业务内容

到目前为止，我国知识产权运营重点业务主要有：知识产权交易、知识产权金融和知识产权管理贯标等。

二、政策方向

（一）《关于促进和规范知识产权运营工作的通知》

2021 年 7 月，国家知识产权局印发了《关于促进和规范知识产权运营工作的通知》（国知发运字〔2021〕22 号，以下简称《通知》）。这是国家知识产权局第一次就知识产权运营工作制定系统、全面的政策文件，对全系统相关工作具有重要的指导意义，对有关各界的运营活动也将产生广泛的引导作用。实际上，《通知》指明了今后一段时间我国知识产权运营的发展方向。

1. 问题意识

国家知识产权局自 2014 年开始探索以市场化方式推进知识产权运营以来，知识产权运营工作总体上不断发展，运营机制持续创新，体系建设加快推进，运营绩效逐步提升，社会各界参与的积极性越来越高。但各地方在不同程度上面临着各种问题和困难，具体包括：对如何推进知识产权运营的认识不统一、定位不够准，推进的系统性、规范性亟待提升，政府行为与市场主体行为的关系需进一步厘清；激励产学研各方转移转化知识产权的细化措施不多，推进知识产权转化实施的导向还需进一步强化；重知识产权信息供给、轻需求信息挖掘，供需信息不对称，供需对接渠道需要进一步畅通；有关知识产权运营的信息咨询服务、转移转化对接服务、融资服务、评估服务的分工融合、相互支撑亟须强化；对运营的规范引导、监督管理与环境构建也亟须增强。

与此同时，党中央、国务院就知识产权运营相关工作提出了新的更高要求。近年来，习近平总书记就知识产权工作作出了一系列重要指示。《中共中央　国务院关于构建更加完善的要素市场化配置体制机制的意见》《中共中央　国务院关于新时代加快完善社会主义市场经济体制的意见》对知识产权运营有关工作提出了具体要求。各类创新主体、市场主体对完善知识产权运营服务、营造良好运营环境的需求也在不断增强。

为进一步提升各级知识产权部门的认识，引导各方协同努力，实现知识产权运营工作由点上推进向面上推进转变，《通知》的研究制定以习近平总书记关于知识产权工作的一系列重要指示为根本遵循，深入落实中央相关工作部署、有关资金管理规定，将工作实践中的有益探索上升为政策举措，研究各方面意见建议，积极进行融合创新，全面提升知识产权运营政策的系统性和规范性，以大力推进知识产权向现实生产力转化，更好地满足人民群众对美好新产品新服务的需要，更快地促进我国核心竞争力的提升。

2. 五大关系

《通知》明确了以下五大关系。

（1）政府行为和市场行为的关系。要求充分发挥市场配置资源与要素的决定性作用，强化创新主体、市场主体知识产权运营的主体地位，更好地发挥政府部门在知识产权运营工作中的引导、指导、规范与监督管理作用。

（2）促进与规范的关系。针对知识产权运营过程中存在的实际问题与困难，一方面，通过激发运营活力、提升服务供给水平、促进供需对接、完善各类服务机制，促进知识产权运营业态发展；另一方面，通过交易信息监测、强化信用监管、加强平台管理、严格资金监管，构建规范、公平的知识产权市场化运营环境。促进与规范是相互增强的正相关关系，需要统筹把握、协同发力。

（3）中央与地方的关系。省级、市级知识产权局推进相应的机制构建和环境建设，承担平台（中心）建设任务、运营试点项目的地方负责相应管理责任。国家知识产权局负责全国范围内机制与环境构建，加强指导与协调，强化绩效管理。

（4）试点地区与其他地区的关系。要求承担财政资金支持项目的试点地区，在规范、高效使用资金的基础上，进一步深化改革、加大政策创新力度，率先完成好各项任务要求。其他地区要结合实际情况，细化政策措施，促进当地创新主体、市场主体提升知识产权运营能力与效益。

（5）融资、评估、转移对接等服务相互支撑、共推转化的关系。提升知识产权融资服务能力，推动强化金融支持知识产权转化实施导向；提升知识产权评估服务能力，畅通知识产权的流转渠道；提升知识产权转让许可等对接过程中的专业服务能力，优化技术要素市场化配置。这几项服务是相互联系、相互支撑的关系，其共同功能是助推知识产权转化实施，知识产权管理部门应该推进协同提升这几项服务能力。

3. 工作部署

《通知》共包括提高认识、促进运营、规范管理和工作保障等方面的内容。在提高认识方面，要求各地将目标导向与问题导向有机结合，协同有序推进知识产权运营工作；在促进运营方面，主要包括完善激励、激发知识产权转移转化活力，分类指导、优化知识产权运营服务供给，拓宽渠道、推进知识产权运营供需对接，推动转化、促进加强知识产权融资服务，促进实施、引导知识产权有序流转，保障流转、提升知识产权评估服务能力等内容；在规范管理方面，主要包括完善环境、加强知识产权交易信息监测和信用监管，规范运行、加强知识产权运营平台管理，加强监督、完善知识产权运营资金使用管理等内容；在工作保障方面，主要包括强化责任、推进知识产权运营绩效提升，完善保障、促进能力提升等内容。

国家知识产权局在全国范围内推动知识产权市场化运营机制与环境，完善相关政策体系，组织制定规则指引，开展信用监管、监督评价等工作，加强知识产权运营相关数据汇集和统计发布，按照中央财政服务业发展资金使用相关规定，做好财政资金支持的知识产权运营项目绩效评价和督促指导工作。

省级知识产权局负责推进本地区知识产权运营相关机制和环境建设工作，组织落实好各项工作任务，细化知识产权运营助力当地实体经济发展的各项措施，推动加强知识产权融资与评估等服务，建立健全运营数据统计分析机制，提升知识产权转移转化的效率与效益。承担中央财政支持项目的，要负责相关项目资金监管、督促检查和业务指导，对资金使用绩效负总责。承担知识产权运营平台建设任务的，要推动组建平台运行的法人实体，建立规范的治理结构和高效的运行机制。

运营服务体系建设重点城市知识产权局要高效完成好资金支出与绩效管理各项任务，依职责保障财政资金使用安全，承担相应主体责任，协同建立完善的资金管理制度，严格履行资金分配程序，发挥财政资金引导作用，在本市率先落实好各项任务。

其他地方知识产权局要积极深化政策措施、完善制度体系，结合地方实际，推动建立知识产权市场化运营机制、完善运营环境与提升运营能力。

知识产权运营平台（中心）及各类运营服务机构要自觉强化服务实体经济意识，强化推进转化实施导向，综合运用线上线下方式，积极对接实体产业，有效联接产学研各方，挖掘知识产权运营服务需求，提升供给水平，积极配合有关主管部门净化知识产权交易市场，严格知识产权交易标的和交易方背景审核，坚决堵住非法交易牟利的通道。接受政府委托服务的，可在运营信用信息提供、需求数据汇聚、基础工具供给等方面有序发挥作用。

创新主体、市场主体可以结合实际条件与需求，加强自身运营机构建设，完善融入研发经营全过程的运营机制，积极对接知识产权融资、评估、转移对接等专业服务机构，密切关注各地知识产权运营政策措施和项目支持信息，主要依靠公平的市场竞争，合理借助专业服务与政策资源支持，提高研发与生产的效率、水平，研发生产更多技术新、设计精、商誉好的产品，实现知识产权市场利益最大化，有效推进知识产权向现实生产力转化。

（二）《专利转化运用专项行动方案（2023—2025年）》

2023年10月，国务院办公厅印发《专利转化运用专项行动方案（2023—2025年）》（以下简称《方案》），对我国大力推动专利产业化，加快创新成果向现实生产力转化作出专项部署。

《方案》从三个方面对专利转化运用专项行动作出具体部署。一是大力推进专利产业化，加快专利价值实现。梳理盘活高校和科研机构存量专利，以专利产业化促进中小企业成长，推进重点产业知识产权强链增效，培育推广专利密集型产品。二是打通转化关键堵点，激发运用内生动力。强化高校、科研机构专利转化激励，强化提升专利质量促进专利产业化的政策导向，加强促进转化运用的知识产权保护工作。三是培育知识产权要素市场，构建良好服务生态。高标准建设知识产权市场体系，推进多元化知识产权金融支持，完善专利转化运用服务链条，畅通知识产权要素国际循环。

《方案》提出，到 2025 年，推动一批高价值专利实现产业化。高校和科研机构专利产业化率明显提高，全国涉及专利的技术合同成交额达到 8000 亿元。一批主攻硬科技、掌握好专利的企业成长壮大，重点产业领域知识产权竞争优势加速形成，备案认定的专利密集型产品产值超万亿元。

《方案》的第八部分“高标准建设知识产权市场体系”针对知识产权运营提出：“优化全国知识产权运营服务平台体系，支持国家知识产权和科技成果产权交易机构链接区域和行业交易机构，在知识产权交易、金融、专利导航和专利密集型产品等方面强化平台功能，搭建数据底座，聚焦重点区域和产业支持建设若干知识产权运营中心，形成线上线下融合、规范有序、充满活力的知识产权运用网络。”

从《方案》可以看出，优化知识产权运营服务体系和建设重点知识产权运营中心是《方案》对知识产权运营的要求，也是今后一段时间知识产权运营工作的重点。从《方案》也可以看出，今后一段时间知识产权运营的目的是促进专利技术的转化运用，为高水平科技自立自强提供有力支撑。

三、数字经济时代的知识产权运营

2022 年 1 月国务院发布了《“十四五”数字经济发展规划》，指出：“数字经济是继农业经济、工业经济之后的主要经济形态，是以数据资源为关键要素，以现代信息网络为主要载体，以信息通信技术融合应用、全要素数字化转型为重要推动力，促进公平与效率更加统一的新经济形态。数字经济发展速度之快、辐射范围之广、影响程度之深前所未有，正推动生产方式、生活方式和治理方式深刻变革，成为重组全球要素资源、重塑全球经济结构、改变全球竞争格局的关键力量。”数字经济也对知识产权运营提出了挑战和要求。

（一）数字经济时代的创新特点

1. 数据化

《中共中央、国务院关于构建数据基础制度更好发挥数据要素作用的意见》指出："数据是支撑数字经济发展的核心要素和关键支撑。作为一种新型生产要素，数据已经迅速渗透并深入到生产、分配、流通、消费和服务等各个环节中，推动向数字化、网络化和智能化的转型，深刻改变着生产方式、生活方式和社会治理方式。"《中共中央　国务院关于构建更加完善的要素市场化配置体制机制的意见》提出土地要素、劳动力要素、资本要素、技术要素和数据要素五种要素，并指出"加快培育数据要素市场"。

以上两个重要文件分别指出了数据要素的特殊性（新型生产要素）、作用（是数字化、网络化、智能化的基础，已快速融入生产、分配、流通、消费和社会服务管理等各环节，深刻改变着生产方式、生活方式和社会治理方式）以及开发利用数据要素的方式（加快培育数据要素市场）。

2. 生态化

在数字经济条件下，无论是企业、大学还是科研机构，只有构建或依赖一个由不同功能的"物种"相互作用而形成的商业生态圈，才可能为消费者创造价值和满足新的市场需求。信息技术与移动互联网的高度发展与广泛应用使不同的市场主体之间以及主体内部的交易成本大幅下降，并导致以信息和数据为价值载体的价值流在不同价值创造主体间能够实现更迅速、精准和便捷的转移。这使得不同主体以及不同主体之间在实现复杂连接和网络化的同时，又能以较低成本实现快速多维的互动与协同，推动商业生态圈呈现显著的"1+1>2"的整体涌现性特征。

现实来看，生态圈模式已被越来越多的成功企业采用，并正在不断创新和涌现商业生态圈新形态，还将进一步加快生态圈模式的发展步伐，推动商业生态圈进一步多样化、丰富化、多层化和新型化。企业竞争方式由传统的企业链个体之间的单打独斗竞争、供应链和价值链之间的链式竞争转变为商业生态圈之间的整体竞争。企业需从竞争优势范式向生态优势范式转变，企业生态优势的构建是基于竞争优势，竞争优势到生态优势的演变可从以下三个角度突破：战略上从多元化战略发展为生态战略、组织上从传统组织发展为平台型组织、运营上从聚焦于价值链到价值共创网络。

3. 平台化

数字经济时代，平台具有极大的经济价值，网络效应使平台成为具备范式特征的价值创造资产。网络效应指的是在互联网模式下，一个产品被越多的消费者认可和使用，它的盈利能力就越大，由此产生的利润可以用来吸引更多的消费者。平台的应用场景越来越广泛，包括产品平台、供应链平台、产业平台和多边市场平台等形式，其影响力越来越大。平台企业的管理实质是一种“交易制度创新”。基于数字经济的蓬勃发展，平台企业的竞争优势也得到了众多关注。企业利用平台不仅可以谋求先发优势，而且可以谋求后发优势。企业以微创新方式将工具变成平台，通过平台战略，企业不仅获得了网络效应，积累大量用户的有价值的战略资源，还可锻炼企业的平台管理能力，成为支持企业持续发展的新的动态能力。

4. 网络化

创新主体在信息技术下的战略是开放性的报酬递增推动下的网络化战略。网络化战略指的是把培植和应用网络作为企业资源的主要手段，对企业实施网络化经营，实现企业的可持续性竞争优势，维持企业的战略竞争力。网络化战略的内涵包含两个方面：一是企业对网络的认识超越网络技术的一般范畴；二是企业的网络战略，即企业在内部和外部进行网络建设的综合。实际上，网络化战略是企业合作战略的深化，这种网络化战略使得企业改变市场竞争的基本观念，将零和非合作博弈向非零和合作博弈靠近，实践中的外包、合资（作）、特许和研发财团等群体或联盟行为是这种战略的应用形式。在企业内部，公司治理由传统的加强企业所有权和经营控制权向基于合作或伙伴关系的产权合作方向移动。

5. 非线性化

网络条件下的企业竞争成为一种非线性竞争，企业战略实施供给的价值由线性竞争优势不得不向非线性竞争优势转化。在网络效应影响下，产品价值和用户规模普遍存在正相关关系，而随着科技的不断发展，网络效应必将影响数字经济企业的管理水平和技术水平，因此，在遵循用户规模规律的前提下，数字经济企业必须提升管理水平，更新技术，以获取更大的用户规模。随着经济社会步入信息化时代，对企业的经营生产方式、信息交流提出了更高的要求。“互联网 +”是信息化的一个典型体现。通过运用互联网 +，企业的生产方式发生了变革，不但加快了信息交易的速度，而且一定程度上也加快了资金的周转速度，进而提高了整个行业的发展速度。

（二）数字经济时代知识产权的作用

1. 专利是企业保护创新成果的首选，外观设计专利呈现独特优势

根据《2022 年中国专利调查报告》，78.1% 的企业首先通过“申请专利”保护数字经济领域创新成果；其次通过“申请版权登记”和“建立商业秘密管理制度”，比例分别为 44.9% 和 33.5%。此外，“有数字经济领域创新性成果，但不知道如何保护”的企业比例为 15.4%，微型企业该比例最高为 21.1%。

随着数字技术深度介入人们的生活、改变着行为方式，用户体验逐渐成为引导技术和产品发展的驱动力，良好的外观设计是影响用户体验最直接的因素，操作简便、交互友好、界面美观成为智能产品竞争力的一部分，因此外观设计也逐渐成为企业研发所重视的领域之一。由于消费者对于一个产品的认知往往受到同一公司过往产品的影响，因此，在产品上有一贯的继承性可以使得消费者更易于接受新产品，且外观设计更易被模仿。尤其在欧美国家，很多企业慢慢将诉讼重点从发明专利转移至外观设计专利，因为对他们而言，发明专利过于专业，诉讼时间过长，远不及外观设计的易于辨识。可以说，外观设计和发明专利可以有同等的商业价值。国内企业要提高对外观设计专利的重视程度。尤其是针对一些中小型企业，虽然自身实力有限，但是其生产的产品有一定消费群体基础，这时，要是能从外观设计方面对产品予以保护，那么企业产品的生存力和竞争力会大大提高。

2. 数字化转型企业知识产权优势突出

根据《2022 年中国专利调查报告》显示，我国企业专利权人超过四成开展了数字化转型，企业专利权人利用数字技术促进专利研发和产业化的比例均在四成左右，企业专利权人利用人工智能、大数据、云计算、区块链、网络通信等数字技术确定研发方向、创新研发工具、优化合作创新方式、改进专利产品及其生产和营销行为的比例均在四成左右，显示数字技术可用于产品研发生产销售全流程。此外，该比例与企业开展数字化转型的情况

（41.5%）基本一致。

调查显示，开展数字化转型的企业专利产业化率为50.1%，较未开展数字化转型企业（34.9%）高15.2个百分点；开展数字化转型的企业发明专利产业化收益为861.2万元/件，是未开展数字化转型企业发明专利产业化收益（530.2万元/件）的1.6倍。

3. 实现了数字化转型的企业更关注数据产权制度建设

《2022年中国专利调查报告》显示，被调查的企业专利权人中，认为"需要构建新的数据产权保护制度"的比例为5.6%。分行业来看，认为需要构建新的数据产权保护制度的企业中，制造业企业占比最高，为60.5%，其次为信息传输、软件和信息技术服务业（14.1%），科学研究和技术服务业（12.7%）。此外，调查显示，提出构建新的数据产权保护制度的被调查企业86.4%实现了数字化转型，该比例远超企业专利权人整体水平（41.5%）。

5.9%的企业明确拥有属于数字技术的创新成果，9.0%的企业其创新成果属于数字技术在传统行业中的运用，55.8%的企业无数字技术相关创新成果。

企业规模越大，拥有数字技术创新成果的比例更高，大型企业创新成果属于数字技术的比例为15.8%，创新成果主要属于数字技术在传统行业运用的比例为22.2%，两者共计38.0%。企业规模越小，"创新成果与数字经济、数字技术无关"的比例越高，微型企业的比例为57.4%。

调查显示，利用数据资源开展研发活动或者市场经营业务的企业比例为22.4%。企业规模越大，利用数据资源开展研发活动或者市场经营业务的比例越高。其中，大型企业比例为47.9%，接近一半；微型企业仅为14.8%。

（三）用数据驱动知识产权运营

数字经济时代的业务运营是数据驱动的业务运营，知识产权运营也是如此。用数据驱动知识产权运营主要体现在以下几方面：

1. 用数据管理全周期运营

知识产权全周期运营有两方面含义：一方面是指知识产权运营贯穿某一项目、某一成品的全生命周期，另一方面是指知识产权运营贯穿知识产权全生命周期。和其他类别的信息相比，以专利信息为代表的知识产权信息最突出的特征是其体系性、完整性和周期性更新。利用当前的数字化技术，这些信息都可以转化为数据，都可以作为数据收集、加工、分析、利用。利用数字技术手段，匹配知识产权信息、项目信息、产品信息，无疑可以实现全周期的知识产权运营管理，更好地实现知识产权运营目的。

2. 用数据统筹全品类运营

知识产权包括专利、商标、著作权等多种类型，近几年从知识产权角度运营数据的案例也频繁出现，这就形成了知识产权与数据良性互动的局面。全品类运营就是包括数据在内的运营，随着我国数据知识产权工作的开展和深入，用数据统筹全品类运营也会成为一个重要趋势。

3. 用数据支撑全球化运营

知识产权原理是全世界通用的，知识产权制度也是国际化程度最高的，在现在技术作用下，知识产权的全球化运营已经成为可能。首先，翻译软件使得不同语言可以即时沟通，语言障碍不复存在。其次，虽然受美西方“脱钩断链”影响，一般意义上的全球化当前跌入低谷，但“一带一路”等定向意义上的全球化仍在蓬勃发展。最后，虽然各国各地区的知识产权制度、数据制度不尽相同，但科技创新要在世界上尽可能大的范围内寻求商业回报的人类社会发展规律无法违背，用数据支撑知识产权全球化运营已然成为大势所趋。

因此，为做好数据驱动的知识产权运营，需要做好相应的准备：一是在研究开发等知识创新、技术创新活动中，应当有明确的知识产权指标和知识产权管理指引，将企业研发活动、科技创新活动与其知识产权管理有效结合，实现两者的有效融合。二是应当有核心技术突破的创新战略规划，并利用知识产权保护手段及时将获得的技术成果进行知识产权确权与保护等。三是重视创新成果的产品化、市场化和商业化，通过知识产权保护及时占领市场和获得市场竞争优势。四是应具有全球知识产权布局的意识，尤其是国际化的企业应当高度重视“兵马未到、粮草先行”的策略，以知识产权作为重要抓手为企业开拓市场保驾护航。五是企业应注重开展知识产权制度的规范化与体系化建设，有效开展企业知识产权文化建设，提高自身知识产权运营能力。

延伸阅读 2

积极回应数字经济对知识产权制度变革提出的挑战[1]

2021年9月发布的《知识产权强国建设纲要（2021—2035年）》（以下简称《纲要》）明确提出，实施知识产权强国战略，回应新技术、新经济、新形势对知识产权制度变革提出的挑战。

一、数字经济对知识产权制度变革的挑战

当今世界的知识产权和产业的关系，一方面表现以方兴未艾的知识产权密集型产业，特别是以专利密集型产业为代表的深度融合的乐观趋势。2019年，我国专利密集型产业增加值占GDP比重为11.6%，《纲要》提出，2025年预期达到13%。另一方面出现了以人工智能创造物为代表的令知识产权制度进退失据的尴尬局面。不久前，美国联邦法官雷奥妮·布里凯玛针对一个人工智能创造物的专利申请做出的判决是：法律仅允许“个人”拥有专利，人类属于“个人”，机器不是。

总体来看，数字经济对知识产权制度变革带来的挑战可以归纳为以下两类：一类是知识产权权利的适格主体问题。就是人工智能能否成为知识产权的权利适格主体。如果能，则和知识产权权利来源的法理基础相冲突；如果不能，知识产权制度该如何面对越来越多人工智能创造物出现在现实生活中的局面。另一类是知识产权的保护客体问题。就是数据和算法能否作为知识产权的保护对象。就数据来说，如果能，数据中包含的创造性怎样判断；如果不能，知识产权制度在以数据为基础要素的数字经济大发展面前该如何发挥保护创新的基础作用。就算法来说，算法的突出特征是基于自主学习的迭代升级，对初始算法的保护能否延展到对迭代升级后的算法的保护，如果能，应该保护到几级迭代；如果不能，迭代升级后的算法的知识产权该如何保护。

---

[1] 刘海波，肖冰．积极回应数字经济对知识产权制度变革提出的挑战 [EB/OL].（2021-10-18）[2023-07-28]. https://mp.weixin.qq.com/s/3Aep7SRkF7nug1N-U7WJhQ.

二、数字经济的信息悖论

到目前为止，对数字经济的各种定义，都强调了信息的作用和意义。以2016年杭州二十国峰会发表的《二十国集团数字经济发展与合作倡议》为典型代表："数字经济是指以使用数字化的知识和信息作为关键生产要素、以现代信息网络作为重要载体、以信息通信技术的有效使用作为效率提升和经济结构优化的重要推动力的一系列经济活动。"根据该定义，可以认为，信息是数字经济的灵魂。

回顾数字经济的由来，也很容易确认这一点。自20世纪70年代中期起，随着计算机技术和微电子技术迭代更新的不断加快、应用领域和应用程度的持续拓展和压茬深化，其渗透性、使能性、加速性、颠覆性的效果特性引起一批社会科学研究者的高度关注，开始从多个方面探究产生这些效果的根本原因和这些技术的进一步发展、应用将给人类社会带来怎样的改变。信息这个本来属于通信行业的专门术语，开始被社会学家、未来学家、心理学家等其他领域专家频繁、大量地使用，也通过当时正在借助电子通信技术快速升级的新闻媒体为社会公众逐渐熟知。在经济学领域，1972年诺贝尔经济学奖得主肯尼斯·约瑟夫·阿罗在1984年出版的学术论文集《信息经济学》对信息经济学的学术概念地位进行明确。

在信息经济学概念确立的同年，美国作家斯图尔特·布兰德（Stewart Brand）发表了可以称之为"信息经济悖论"的观点："信息既免费又昂贵。信息免费，因为它的分发、复制和重组的成本很低，以至无法计量。信息昂贵，因为它带给接收者的价值不可估量。信息免费与昂贵之间的紧张不会消失，每一轮技术更新都会加剧这种紧张，而不是使之缓和。"事实上，现在我们每人每天的工作、生活、娱乐等的经验，验证了、正在验证着、还会继续去验证斯图尔特·布兰德指出的这个悖论。

三、信息经济、知识经济与数字经济

回首1984年，IBM个人计算机纵横天下，计算机网络蹒跚起步，在当时我国《专利法》还要等一年才施行。经过近 40 年的发展，信息经济演进为数字经济，计算机网络进入移动互联网和物联网时代，我国知识产权在从追求数量到提高质量、从引进大国到创造大国的历史性转变中迈出了一个又一个坚实的步伐。不过，的确如布兰德的信息经济悖论所说，随着信息通信技术特别是近年来数字技术的研发和应用，信息免费和信息昂贵之间的紧张越来越突出。理解这种紧张及其对知识产权制度的冲击，有必要再一次审视作为数字经济灵魂的信息的本质。

控制论创始人维纳说：信息就是信息，既不是物质也不是能量。也就是说，信息是独立于物质和能量的，是客观存在的一种根本属性，既不能被物质、能量取代，也不能转化为物质、能量。

在信息经济向数字经济演进的过程中，经历过一个短暂的知识经济阶段。1996 年经济合作与发展组织（OECD）发表了《以知识为基础的经济》研究报告，在很多国家掀起了知识经济的热潮。同年，加拿大学者唐•泰普斯特出版了《数字经济》一书。2016 年，泰普斯特出版了《数字经济》的二十周年纪念版，OECD 从提倡数字经济转而出版数字经济发展年度报告。这个现象的背后原因显然是数字技术的持续发展及其在经济社会领域的广泛深入应用。以人工智能、大数据为代表的数字技术直接搜索、采集、清洗、分析数据，把数据投放到生产生活中去。在此过程中，不再像曾经的那样，人获取信息、按照人类的知识逻辑整理信息，再把整理好的信息转交给机器，机器才开始按照人的意图和设计开始工作。那是一个画框图、编程序、纸带上打孔、光电机读入的时代，没有人的知识和直接参与，机器不能工作。数字经济时代，人工智能改变了这种现象和认识，近年来人工智能独立创造出很多东西，且还会独立创造出更多的东西。这种情形下，人类的知识和只为人类服务的知识产权制度该发生怎样的改变？

完整的知识产权制度产生于工业经济时代，在信息经济时代遇到了挑战，在数字经济时代遇到了更大挑战。这些挑战，在本质上说，就是知识与信息的矛盾。虽然知识产权制度不是保护知识所有权的制度，但它在形式上确实和知识有着根深蒂固的联系。例如，专利就是表达知识的一种形式，也是一种把散点式分布在科学、技术、工程、经验等领域的知识组织成解决技术问题的方案式知识的手段。表现为专利的知识，因为其包含的知识点结构良好、逻辑严谨，更为创新者所关注。这就是为什么佳能等创新型企业要求员工“多读专利文献、多撰写专利申请文件”。

四、对策建议

越来越多的解决方案不再是知识性的，而是数据性的。即数字技术直接从客观存在物取得信息，以人类难以比拟的速度使其数字化、模型化、方案化、行动化，在现实社会中产生实际效果，完全符合“技术问题—技术方案—技术效果”的专利审查授权逻辑，但专利制度却不能把其纳入自己的覆盖范围。这是一个需要大智慧才能很好应对的挑战。应对的基本思路是回到知识产权制度的初心。

我国制定施行专利法、完善知识产权制度的初心是为了创造适应国际经贸规则的营商环境，服务我国现代化建设事业。这个初心在《纲要》中得到与时俱进的深刻体现。在数字经济条件下，践行这个初心，需要做好以下几点：

一是坚持系统观念，跳出知识产权看知识产权，在国际国内、现在未来、科技产业、经济社会等的全局中深刻理解知识产权制度、推进知识产权改革、部署知识产权工作，加快高质量建设知识产权强国的步伐。

二是抓住主要矛盾，紧紧扭住信息这个数字经济的牛脖子，一方面把知识产权当作全面管理信息工作的有力工具应用到创新活动的各个环节，强化管理手段；另一方面加大从信息角度对知识产权制度的研究力度，探索类型化信息知识产权的可行性以占领数字经济知识产权保护的制高点。

三是做好综合布局，充分发挥知识产权的卡位占位作用，主动积极地构筑于己有利的创新竞争格局。卡位是针对竞争对手的布局，占位是基于技术路线的布局。利用知识产权站好位，就在一定程度上可以创造出于己有利的市场格局。利用知识产权布局卡好位，就在很大程度上构筑了交易优势。数字经济的下一步发展还有多种可能性，当下正是占位卡位的关键期。

第三章 知识产权运营基本规律

规律是事物的本质和事物之间的关系的本质，把握住规律，就能做到心中有主见、行动有章法。知识产权运营还是一个发展中的事物，认识、表达其规律也是一个逐步的过程。本章介绍的五个规律仅是初步研究成果。

一、数量规模规律

数量规模规律指一定数量的专利是开展知识产权运营的必要条件，而且可运营的知识产权越多，取得成功的概率越大。数量布局、质量取胜是知识产权运营的基本规律，没有数量作为基础，知识产权运营无从谈起。

专利作为重要的战略资源引起广泛的重视，催生大量的专利申请和授权，构成知识产权运营的基础。高智发明管理有限公司（Intellectual Ventures Management LLC，以下简称“高智发明”）、佳能株式会社（以下简称“佳能”）和高通技术公司（Qualcomm Technologies, Inc.，以下简称“高通”）等知识产权运营的典型企业都在专利数量方面有较大的储备，而成立不久的上海盛知华知识产权服务有限公司（以下简称“盛知华”）和北京智谷技术服务有限公司（以下简称“智谷”）也在专利累积方面不断做出努力。日本在2002年提出国家知识产权战略后，在大学内部设立知识产权本部，并在大学外部设立技术转移机构（TLO），最开始由一个TLO对应一个或几个大学的知识产权本部，但是实践表明这样的安排无法让TLO获得足够多的专利用以运营，不少TLO陷入困境。从2008年起，日本开始以地域为基础推动成立超级TLO，让一个或少数几个TLO对应本地区全部大学的技术转移工作，以求帮助 TLO 获得足够数量的专利来提高技术转移的成功率。2009 年成立的美国知识产权交易所（Intellectual Property Exchange International Inc., IPXI）曾引起广泛关注，连美国司法部都对其业务和产品表示了极大的兴趣，但是 2015 年 3 月 27 日 IPXI 发布了关闭公司的消息，理由是得不到足够数量的专利许可，业务难以为继。

当然，知识产权运营不是简单的知识产权数量问题，知识产权的质量甚至比数量更重要。数量的积累是手段而非目的，质量的优劣是决定专利能够发挥多大价值和带来多少效益的重要因素。专利数量的堆积绝对不等同于对专利制度最有效率的利用，中国欧盟商会的报告《创新迷途：中国的专利政策与实践如何阻碍创新的脚步》中提到虽然中国专利呈现爆炸式增长，但是质量却没有相应的提高，而且随着专利申请量的增加，专利数量和专利质量之间的差距还会进一步扩大，专利质量问题已经迫切需要引起关注。

二、能人黏着规律

能人黏着指知识产权运营依赖于关键人物，关键人物的移动对知识产权运营的效果有至关重要的影响。关键人物具备两个特性，一是掌握知识产权运营的专业知识并且有丰富的实务经验，二是在组织内部有较高的职位从而具备一定话语权并且能够调动组织资源。

所有在知识产权运营方面做出成功案例的企业或机构，都有一个或几个能力出众的人物，比如佳能的丸岛仪一和田中信义、IBM 和微软的马歇尔·费尔普斯、高智发明的纳森·梅沃尔德，等等。IPXI 的总裁兼首席执行官潘涅库克毕业于美国西北大学凯洛格商学院，拥有企业国际管理、企业并购、期货交易、基金运营等领域的专业经验，曾担任荷兰商会的高级经理、量子金服的国际市场部总监、樱花黛儿雪公司的执行委员会主席和管理委员会成员、荷兰银行的高级副总裁、芝加哥气候交易所的总裁兼首席运营官，曾在圣母大学门多萨商学院担任教席教授，是切斯特顿未来基金会的联合创始人和波特县社区基金会董事。知识产权运营公司 Logic Patents 的创始人郑珏有近 20 年的从业经验，是资深的知识产权运营专家，曾为数十家硅谷高科技公司，麻省理工学院、斯坦福大学等美国高校，以及数家中国企业提供服务。

布鲁斯·休厄尔是苹果公司的高级副总裁、总法律顾问及秘书，负责公司治理、知识产权、诉讼和证券合规以及政府事务，于 1979 年取得英国兰开斯特大学理学学士学位，于 1986 年从乔治·华盛顿大学取得法学博士学位，1986 年加入加利福尼亚州律师协会，1987 年加入华盛顿特区律师协会，曾在英特尔工作 14 年，有丰富的知识产权运营管理经验。索尼美国子公司的副总裁三友俊基在察觉联聚信科的 DRM 安全技术的价值后，说服董事会投入巨资和飞利浦共同收购该企业并获得知识产权，使索尼公司在相关领域的竞争优势得以保持。

三、资金密集规律

规模化的知识产权运营资金是知识产权运营得以有效开展的重要保证。数量规模和能人黏着决定知识产权运营也必然具有资金规模效应，可供运营的知识产权的数量累积必然以大量的资金投入为代价，知识产权投资、知识产权申请费用、知识产权收购费用和知识产权年费等都需要大笔资金，发生诉讼时产生的律师费、评估费等也是一笔大额支出；此外，知识产权运营所需“能人”的引进和维持也需要依赖充足的资金。组织投入知识产权运营的资金越多，所聚集的知识产权就越多，也更能吸引知识产权运营人才，数量规模效应和能人黏着效应才更加明显，这一点对于知识产权运营机构尤为明显。

佳能和高通这样的从事或者涉足产品生产的企业也会将企业主营业务收入的很大一部分资金用于知识产权运营，而高智发明、盛知华和智谷则需要借助外部资金的支持，尤其是在企业起步阶段。近几年，很多国家的政府通过设立基金来促进创新和技术的进步，美国、法国、韩国、日本、意大利等都设立了知识产权基金或者是旨在促进知识产权运营的创新基金、技术基金等。在企业方面，也出现了多种形式的知识产权基金，比如高智发明的三支基金，由我国智谷公司管理的睿创知识产权运营基金等。德国巴伐利亚专利联盟有限公司资金构成包括德国政府每两年 800 万欧元专项支持经费以及巴州化工联合会、金属和电子雇主联合会等协会的资金投入。无论是从政府推动的角度，还是市场拉动的角度，知识产权运营基金的出现都成为了一种世界范围内的趋势。

四、产业特化规律

知识产权具有较强的行业属性，知识产权运营不适合所有行业，但是适合高科技企业。当前知识产权运营比较活跃的产业是知识产权申请数量较多的电子信息、互联网、移动通信等领域。前述案例的知识产权运营也主要集中在电子、信息、通信、生物、医药、材料、设备等技术集成度较高的产业领域。

不同技术领域的研发活动活跃程度不同，从而知识产权申请数量也有较大差异，而知识产权是知识产权运营的基础，进而不同技术领域的知识产权运营有所差别。此外，不同的产品或行业的技术集成程度不同，从而对知识产权的需求也不尽相同，一部智能手机可能覆盖25万项专利，而一片感冒药可能仅涉及一项药物合成或者材料配比的专利。近年来，学术界、产业界和政界对“知识产权（专利）产业”进行了较多讨论，2005年美国经济学家联盟的首席经济学家史蒂芬·斯威克（Stephen E. Siwek）在《增长的引擎：美国知识产权产业的经济贡献》中首次提出了“知识产权产业”的概念并量化了美国的知识产权产业对经济的贡献[1]；李顺德对“知识产权产业”的概念进行了基本的界定[2]；2012年4月，美国商务部联合专利商标局发布《知识产权和美国经济：聚焦产业》，进一步从实证角度说明知识产权与美国经济的关系[3]；刘海波从知识产权产业的特点、分类、经济贡献、战略意义等角度对知识产权产业进行了说明[4][5]；2013年9月，欧盟内部市场协调局（OHIM）和欧洲专利局（EPO）共同发布《知识产权密集型产业：对欧盟经济发展和就业的贡献》[6]。虽然各方对所谓的“专利产业”进行了不同的概念界定，但是有一个不可否认的共通点就是专利对这些产业的发展起到关键性的作用，而

---

[1] Stephen E S. Engines of growth: economic contributions of the U.S. intellectual property industries [R]. Economists Incorporated, 2005.

[2] 李顺德 . 知识产权贸易与知识产权产业 [J]. 对外经贸实务，2007（11）: 4-8.

[3] ESA, USPTO. Intellectual Property and the U.S. Economy: Industries in Focus[R]. U.S. Department of Commerce, 2012.

[4] 刘海波，李黎明 . 知识产权产业初论 [J]. 科学决策，2009（2）: 39-50.

[5] 李黎明，刘海波 . 浅谈知识产权产业的战略意义 [J]. 科技促进发展，2012（7）: 49-54.

[6] OHIM, EPO. Intellectual property rights intensive industries: contribution to economic performance and employment in the European Union[R]. Munich: EPO, OHIM, 2013.

对其他非“专利产业”可能起不到那么重要的作用。

从另外一个角度看，发生知识产权侵权诉讼较多的产业领域往往是知识产权运营活动比较集中的领域，因为知识产权诉讼本身就是知识产权运营的一项重要内容。Patent Freedom 的统计显示，与非专利实施主体相关的专利侵权诉讼主要发生在电子工业、计算机软件及服务业、计算机硬件、半导体等产业领域。此外，国家的产业环境也会对知识产权运营的发生有所影响，比如中国、日本和韩国都是世界上的制造业大国，有众多的制造企业从事产品生产活动，与产品生产密切相关的专利技术许可就比较频繁。

五、法律依存规律

法律依存规律指知识产权运营的开展依赖于特定的法律环境，并非在任何国家和地区都能顺利进行。知识产权运营的一个最为基础的条件就是知识产权制度和法律，没有建立知识产权制度的国家或者地区知识产权运营是无从谈起的，因为知识产权制度由国内法规定，其他国家的知识产权在这些地区得不到有效保护。而法律本身对于知识产权的保护强度和实际执法过程中对知识产权的保护强度也会对知识产权运营产生影响，对知识产权运营主体如何选择知识产权运营方式和策略发挥作用。

产生于美国的高智发明和高通公司都在知识产权运营方面取得巨大成功，日本的佳能虽然知识产权实力强劲但不以知识产权运营为盈利手段而仅作为辅助经营手段，产生于我国的盛知华和智谷虽然已经取得初步成效但还处在初级发展阶段，这些都与公司产生的法律环境密切相关。美国的知识产权制度已有 200 多年的历史，知识产权体系完善，美国成为知识产权运营发源地的一个主要原因就是实行较强的知识产权保护政策，知识产权侵权赔偿额较高，知识产权权利人可以通过诉讼增加竞争者和创新者的成本，以获取竞争优势和谋求利益；日本虽然成功实现经济和技术的赶超，但是知识产权制度的建设未趋完善。日本知识产权研究所在日本特许厅的委托下对高智发明的业务在日本展开的可能进行研究，得到的基本结论是高智发明的业务和具体法律环境有直接关系，美国亲专利的法律环境是高智发明的业务得以快速增长的基础原因，日本不存在类似的法律环境，高智发明很难在日本开展和美国同样的业务。实际上，高智发明在每个国家都会根据具体国别的法律政策环境对业务内容、业务模式和经营发展战略进行调整。

延伸阅读 3

知识产权运营关键要素分析[1]

1. 引言

所谓“运营”，辞海的解释是“（车船等）运行和营业”，也就是说运营包含了机器运行、企业或商业组织的商务活动两层含义。英语中与之对应的词是“operation”，朗文英文词典给出了该词的八种解释（包括机器运行、军事行动、医疗手术、法律文件的生效等），其中与商务活动相关的解释有两个：一是指企业或商业组织（a business，company，or organization）；另一个是指企业或商业组织的生产和商业活动以及从事这种活动的过程和方法（the work or activities done by a business or organization，or the process of doing this work）。从朗文词典的解释可以看出，运营一词本身既涵盖了企业有形产品的生产也包括了企业所提供的服务活动，考虑到知识产权本身是企业的一种无形资产，由此可以得出，知识产权运营具备商业性和服务性两大特征。

商业性是指知识产权运营是以追求商业营利为目的，即将知识产权转化为现实货币实现其经济价值。这种经济价值的实现方式多种多样，既可以通过权利本身的转让许可获得直接的经济收益，也可以通过权利之间的交叉许可拓展业务获得间接的经济收益，还可以通过前期的资金投入和技术支持实现知识产权的产业化获得高额的经济收益。此外，依托法律诉讼打击已有侵权行为寻求许可收益或应对已有侵权指控维持企业竞争优势和品牌形象也是实现知识经济价值的一种重要形式。

服务性是指知识产权运营的实质是服务，知识产权运营是知识

[1] 李黎明，刘海波 . 知识产权运营关键要素分析——基于案例分析视角 [J]. 科技进步与对策，2014，31（10）：123-130.

产权服务的重要组成部分，这是知识产权本身的特性所决定，因为知识产权中的知识是形式的，必须依赖一定的载体而存在，所以知识产权经济价值的实现离不开服务的结合。

因此，知识产权运营是指企业或组织等法律主体基于市场机制，为实现知识产权经济价值而提供的许可交易、质押融资、技术孵化、管理咨询、法律诉讼等各种知识产权服务。

2. 国外典型知识产权运营机构概况

基金管理是国外知识产权运营机构的主要模式，通过分析美国高智发明有限公司、以色列英飞尼迪股权基金管理集团，有助于发掘国外典型知识产权运营机构的主要特点和成功经验。

1）美国高智发明有限公司

（1）企业定位

高智发明（Intellectual Ventures）创始人兼CEO纳森·梅尔沃德（Nathan Myhrvold）将高智定位为“提供全面服务的发明投资公司”，即“从投资者处募集资金，建立我们自己的发明资产（通过赞助发明家），从其他凭一己之力难于将发明的价值有效货币化的发明家处购买发明。我们积极地经营这些资产，以最大限度地发挥它们的价值，然后提供退出战略，以将这一价值变现”。

（2）运营模式

纳森强调：“我们从未曾向任何人提出诉讼来捍卫我们的知识产权。虽然我不排除这种可能，但我认为这是一个极不可取的方法，原因有以下几点：诉讼代价昂贵、诉讼结果不可预测，而且耗时多年。”所以，高智发明的运营模式并不是简单的专利诉讼或专利恶魔，而是一种发明投资基金的运营模式。高智发明旗下共有三支基金，发明科研基金（Invention Science Fund，ISF）、发明投资基金（Invention Investment fund，IIF）和发明开发基金（Invention Development Fund，IDF）。

ISF基金主要是针对高智发明公司内部的发明家，致力于公司发明创造成果的专利申请和专利许可交易。IDF基金主要是与优秀的发明者合作，寻找并筛选出拥有市场前景的发明创造，帮助发明者将其发明创造开发成国际发明专利，继而通过专利授权等方式实现市场化，并与发明者分享利润。IIF基金是公司旗下最大的一支基金，基金规模超过40亿美元，是高智发明主要的盈利来源。IIF基金通过收购具有市场开发潜力的发明创造，并对专利进行二次开发和组合，然后将专利组合进行许可、转让，从中获利。

（3）资金规模

高智发明公司目前管理着超过50亿美元的发明投资基金，高智发明管理的专利组合拥有超过3万项发明，其中1000多项专利来自高智公司内部的研究成果，其余主要通过购买获得。

（4）优势和特色

高智发明的优势可以归结为资金、人才和商业模式三大方面。高智发明的两位创始人纳森•梅尔沃德和爱德华•荣格（Edward Jung）本身就是技术专家，纳森被《商业周刊》誉为“发明教父”，曾担任微软的首席技术官和战略师，也是微软研究院的创始人。而被称作“发明狂人”的另一位创始人及首席技术官爱德华•荣格，曾担任微软首席软件架构师，在微软的10年中与他人共同创建了包括Windows NT、微软研究院、移动与消费产品以及Web服务等多个团队。由技术评估师、有技术背景的市场专家、金融专家、谈判专家等组成专利购并团队，根据公司现有及潜在客户技术需求购买专利并构建利益相关联的专利组合，借助这种方法高智发明已经在无线电技术、内存芯片以及其他领域整合出了大规模的专利组合，这些专利投资组合大大降低了发明投资基金的风险，保证了较为可观的资本回报率。

（5）运营案例

2010年3月，上海交通大学与高智发明合作，共同实施“联合创新基金”项目，其合作模式为“启动经费＋奖金＋分成”。经学校组织，船舶海洋与建筑工程学院某教授提交了简历并通过初选。高智很快预付了1万美元，此后，该教授撰写的一份技术设想报告通过了高智组织的专家评估，之后申请专利成功，高智再付2万美元。

虽然已经成功申请专利，高智发明并不会急于向外许可该教授的专利，而是寻找其他关联的专利形成专利组合，从而将专利组合整体授权许可给有技术需求的企业。专利组合最终被分为“核心、外延、更外延和最外延”等几层，在一个专利组合中，起关键作用的核心专利可能不到1%。不同层级的专利对利润的贡献是不一样的，但同一层专利的贡献是绝对平均的，在分配利润时也以此为依据。一项专利按其贡献所核算出的收益，66%作为IDF基金的收入，而高校则与高智平分剩下的部分。该教授在接受媒体采访时透露，高智承诺从所获得的收益中向其支付约17%的分成。

2）以色列英飞尼迪股权基金管理集团

（1）企业定位

英飞尼迪集团关注如何在以色列拥有诸多先进知识和技术的领域与中国商业智慧及快速发展的中国市场之间创造互利的关系。

（2）运营模式

英飞尼迪的主要运营模式是技术+资本的创业投资基金（以下简称“技术资本基金”）。一方面，英飞尼迪集团投资于着眼开拓中国市场且处于成熟发展阶段的海外企业，并为这些企业寻找匹配的中国本土企业。同时，利用集团众多的商业往来与政府关系帮助企业在中国以较低的成本建立生产基地，占领中国市场，实现海外技术优势和本土产业优势的结合；另一方面，英飞尼迪集团投资中国本土的高科技初创企业，由英飞尼迪网络的先进科学家团队评估专利技术产业化的市场前景和风险，利用集团自建的技术孵化器为中国本土企业提供技术支持、财务管理等增值服务，同时提供IPO、并购等退出策略，帮助中国本土企业实现创新技术的产业化。

（3）资金规模

英飞尼迪集团旗下共有17支基金，其中15支基金在中国，基金总规模达到100亿元人民币和7亿美元。

（4）优势和特色

英飞尼迪集团的优势主要表现为资金优势、人才优势以及良好的政府关系。首先，英飞尼迪在以色列的主要投资者之一是IDB集团，该集团是以色列最大的多元化产业集团，占以色列国家GDP的12%；在中国基金的核心投资者是国家开发银行。两大金融财团不仅提供了资金支持，也为英飞尼迪赢得了中以两国政府的大力支持。其次，英飞尼迪在长期的投资实践中形成一支知识产权运营的专业队伍，投资和管理团队在风险投资、基金管理、企业并购、战略规划、生产运营、技术研发、人力资源、法律、财务等领域经验丰富。

（5）运营案例

①苏州晶方半导体公司。以色列有一家专业做半导体封装测试的小企业Shellcase，虽然它研究的技术已经达到了全球领先水平，但在以色列建成半导体设备工厂后没有找到市场。与此同时，苏州一家名为晶方半导体的企业，专业从事影像传感芯片（CCD和CMOS）晶圆级芯片尺寸封装，但缺乏核心技术。在这种情况下，英飞尼迪以1400万美元购买了Shellcase的专利技术，随后，2005年Infinity风险投资公司、Infinity-CSVC与Shellcase三家企业及机构联合投资中国晶方半导体公司2500万美元，并在苏州工业园区管委会支持下投资建设了一条生产线，以色列Shellcase由此获得2000万美元贷款，走出了困境，而晶方半导体公司则逐渐成长为中国国内第一、全球第二家能大规模提供晶圆级芯片尺寸封装（WLCSP）量产技术的高科技公司。2007年，Infinity投资于中国晶方半导体的股份中有一部分以3800万美元出售给纳斯达克上市公司OMNI，投资于Shellcase的部分以3300万美元价格将技术卖给另一家纳斯达克上市公司，实现了成功退出。

②北京忆恒创源科技有限公司。清华大学和中国科学院毕业的两位博士发现和计算了超越现有企业级固态硬盘存储技术的算法。

英飞尼迪的投资和管理团队意识到这项技术巨大的市场价值，邀请两位博士去以色列进行科学交流，这项技术得到了国际顶尖科学家高度评价和认可。于是，公司将两个博士生请到英飞尼迪北京办公室、给他们一间工作室，两台电脑，对他们进行融资、人事、技术、财务、市场乃至办公地等全方位的帮助和孵化工作，经过两个月的孵化，英飞尼迪正式同两位博士签订投资协议，并联合中关村创投给予2000万元人民币风险投资。在这笔资金的资助下，他们成立了北京忆恒创源科技有限公司。同时，英飞尼迪仍继续支持这家孵化创业企业的知识产权的研发和产业化工作，以便在不久的将来形成超过20项的IP网络体系，保持其世界领先的技术水平，并促成这一原创技术产品的产业化。目前该公司在进行样品测试、市场推广和小量销售工作，处于小批量生产阶段。

3. 国内典型知识产权运营机构概况

我国的知识产权运营实践才刚刚起步，考虑到政府和科研机构在我国市场经济中的重要作用，选取政府主导型、企业主导型和科研机构主导型三类典型知识产权运营机构，总结当前知识产权运营实践的成功探索，发现当前存在的主要困难和问题。

1）北京知识产权运营管理有限公司

（1）企业定位

北京知识产权运营管理有限公司董事长邵顺昌将公司定位形象地称为“离政府最近的市场和离市场最近的政府”。换言之，该公司一方面可以依托自身良好的政府关系实现大学、科研院所、中介机构和企业的有效对接，推动知识产权运营链条的形成；另一方面可以发挥自身的资金和市场优势，弥补政府部门在知识产权运营方面的不足。

（2）运营模式

由于公司的组织结构和人才团队尚在建设中，其运营模式还处于探索阶段。在邵顺昌看来，该公司应当致力于挖掘企业知识产权资产的有形价值，设立知识产权基金，借助金融资本推动知识产权的商业化运营。目前公司主要有三种业务模式：

①科研发明投资基金。从国内外知名的大学和科研院所购买有市场前景的专利，在国内主要是在中关村园区寻找匹配企业，实现专利技术的商业化应用。

②专利质押委托贷款。依托各种途径挖掘企业有市场前景的知识产权；寻求第三方评估公司评估知识产权的价值，对知识产权进行定价；在第三方评估的基础上公司结合知识产权自身的技术价值和持有企业的人才团队确定最终的价格；根据知识产权商业化运营面临的风险给出最优的质押委贷方案。

③专利点对点直接交易。促成专利权持有方和意向购买方的有效对接，收取一定的服务费。

（3）资金规模

该公司知识产权基金的一期资金规模为5000万元人民币，其中财政拨款2000万元，自筹资金3000万元，在吸纳民间资本的基础上，远期资金规模有望达到1亿元人民币。

（4）优势和特色

该公司的优势主要体现在财团的支持和政府背景两个方面。中关村发展集团作为公司最大的投资方，具备雄厚的资金实力，拥有支持知识产权运营的引导基金、PE基金等多组投资基金，而且中关村发展集团在美国硅谷设立了创业投资基金和技术孵化中心，这为该公司提供了强大的平台支持。此外，作为一家国有企业，该公司能够促进产学的有效对接，更为重要的是，公司对中关村园区企业情况和地区产业转型升级需要非常熟悉，能够快速地找到与专利技术相匹配的企业。

（5）运营案例

目前公司有4单知识产权运营业务正在谈判中，其中一个是关于抗癌的医药专利，该专利属于我国企业掌握的自主核心专利（已获得药品生产批号），连城资产评估公司评估其专利价值为 3287 万元，结合企业目前的实际情况，该公司确定其最终市场价值为 2000 万元，公司给予专利持有企业 2000 万元贷款，2 年后归还全部贷款。若期满之后无法偿还贷款，该公司将获得该专利所有权，同时公司继续给予原持有公司 2 年的独占许可机会。

2）智谷

（1）企业定位

智谷创立的初衷源于中国产业的市场规模与专利技术价值的悖论。该公司 CEO 指出，在很多专利许可的国际谈判中，在中国境内申请的专利往往零价值打包出售给技术购买企业，与此形成强烈对比的是，中国的产业尤其是高技术产业的研发投入持续增加，专利数量急剧增加，产业的国际市场份额不断扩大，有些产业的市场容量已经接近甚至超过了美国。因此，在该 CEO 看来，中国的专利价值没有被充分利用，智谷就是要致力于发掘中国专利的价值，一方面挖掘中国现有专利的价值，另一方面投资国内的发明创新，创造出有商业价值的专利。本研究将其称为“专利增值商”。

（2）运营模式

作为一家专业的专利增值商，智谷致力于探索出中国环境下的专利价值实现的商业模式。其业务模式可以归结为两类：

一是基于专利组合的会员增值服务。智谷主要通过财团收购构建自身的专利组合，并通过会员制建立一个付费服务平台，会员企业根据自身的性质可以获得不同层级的专利组合授权方式。对于规模较大的会员企业，智谷还能提供“战略防御”服务，利用专利组合的核心专利回应侵权指控，寻求和解或利益平衡；对于小规模的会员企业，智谷设置了“诉讼清除”服务，使小企业既能在一定诉讼风险下获取 IP 资产，又能进行积极的专利诉讼。此外，智谷还能为会员企业提供知识产权咨询和专利撰写服务，帮助会员企业加强知识产权风险管理和知识产权组合管理，并依托熟悉专利的专业人士获得更多高质量的专利。

二是，基于股权交换的技术投资服务。智谷针对有发展潜力的创业企业或准备上市的成长期企业，向企业注入新专利或关键专利，从而换来一部分股权，通过股权获得投资回报。

（3）优势和特色

智谷最大的优势在于资金优势和人才优势。首先，作为公司创始人之一的张宏江博士是现任金山软件公司的首席执行官，同时，金山软件也是智谷的大股东，作为一家已经上市的软件明星企业，金山软件对智谷而言，不仅提供了足够的资金支持，还为公司知识产权的运营提供一个大的业务平台。其次，张宏江博士是现代多媒体和信息处理领域的专家，2003 年被美国电气电子工程协会授予院士（Fellow of IEEE）的称号，新加坡国际科学研究所、新加坡电视公司、柯达、英特尔等都购买了他的专利许可，并将这项技术应用到一系列的产品研究和开发实践中。另外一位创始人林鹏不仅参与多起知识产权许可的商业谈判，而且在高智发明 Global license 的商业模式创新中发挥了重要作用。

3）盛知华

盛知华前身是中国科学院上海生命科学院的知识产权与技术转移中心，公司现任 CEO 是纵刚，同时，纵刚也是上海生命科学院知识产权与技术转移中心主任。

（1）企业定位

盛知华成立的主要目的是促进我国大学和科研院所早期生物技术的知识产权管理和知识产权许可。盛知华通过专业化的知识产权服务，提升大学、科研院所和研发型企业早期技术的专利质量，并帮助它们将专利许可给具备较强研发能力的大企业，其实质是知识产权管理服务公司。

（2）运营模式

盛知华的运营模式可以概括为全程化的知识产权管理，具体可以分成五大业务流程：发明评估和筛选；发明培育和专利保护范围增加；专利技术的市场推广营销；面向许可的价值评估和商业谈判；专利许可监督。

前期的发明评估和筛选主要开展两方面工作，一是在全球范围内检索分析在先文献，判断这个专利能不能取得授权，能取得多宽的授权；二是根据分析判断的授权范围，在全球范围内检索分析竞争技术、市场大小等市场信息，判断这个专利技术的竞争优劣势和市场需求，看有没有许可价值。

发明培育主要是对被筛选出来的发明专利进行反馈指导，通常会建议发明人在已有研究基础上增加实验，争取扩大专利保护的范围，实现发明专利的价值增值。

市场推广营销是有针对性的，根据市场分析调查结果，发现对该技术有兴趣的潜在客户，然后与公司联系并推荐该技术。如果对方的确有合作意愿，那么就进行价值评估，针对具体公司情况，通过价值测算和商业谈判把价值固定。接下来便是专利许可合同的谈判和签订，其核心是与专利许可相关的商业、法律条款谈判。最后是专利许可的监督工作。

（3）优势和特色

盛知华的最大优势在于人才优势。

总经理纵刚是生物医学方面的专家，获得美国得克萨斯大学休斯敦分校健康经济学、管理及生命科学博士学位，并在顶级癌症研究学术期刊上发表过科学论文。同时，纵刚也精通知识产权管理，在美国排名第一的癌症中心得克萨斯大学 MD Anderson 癌症中心从事了十多年知识产权和技术转移管理业务。

（4）运营案例

2010 年 7 月 23 日，经由盛知华、中国科学院上海生命科学研究院以 6000 万美元外加销售额提成的方式将一项有关蛋白抗肿瘤药物的专利授权给世界著名跨国医药企业赛诺菲·安万特公司实施。

事实上，这项专利早在2003年就被公开了。盛知华通过对上海生命科学院的发明专利进行筛选，发现了这一商业潜力巨大的专利。虽然专利市场潜力巨大，但纵刚发现其权利范围过窄，并不符合专利许可的要求。因此，盛知华在分析现有实验数据的基础上向科研人员提出完成额外实验数据的要求，获得了足够支撑该蛋白新功效专利的实验数据，并据此申请了新专利。专利保护范围的扩大是实现许可的关键，纵刚在接受采访时指出："正是两个专利的前后保护，加大了保护力度使得该成果具备了商业开发价值，才让企业下定决心斥巨资进行产业化。"

4. 知识产权运营的组成要素及结构分析

把握知识产权运营体系组成要素一个有效的方法是，总结分析国内外知识产权运营机构的关键成功因素。根据上述分析，我们将知识产权运营体系的组成要素归结为技术评价网络、商业开发网络、专利布局、政府支持、资源获取能力、业务领域和运营模式七大要素。

（1）技术评价网络

首先，一个完善的技术评价网络必须具备有市场洞察力或战略眼光的技术专家。这类人本身是一个科学家和发明家，在某一个或某几个技术领域有较深的造诣，更为重要的是，这类技术专家还有丰富的商业实践，对市场有较强的预判能力。高智发明的创始人纳森和智谷的张宏江就属于这类技术专家。其次，一个完善的技术评价网络离不开法律人才的支持。知识产权的法律价值是通过赋予智力成果的排他性来实现的，因此，对知识产权运营而言，权利客体本身的法律分析也十分重要，这就需要专利分析师或者律师的加入。最后，一个完善的技术评价网络还需要一支专业的技术评估师队伍。有市场洞察力的技术专家主要关注知识产权经济价值可实现程度，而技术评估师则是纯粹的技术专家或人才，专门负责评估专利的技术价值。

（2）政府支持

政府支持主要体现在如下四个方面：一是，财政资金支持。现有的VC和PE基金通常只会投资成长期的企业，对于依靠专利起步的高科技初创企业而言，只能依靠天使投资基金，这种基金不仅要求高而且额度较低，这就需要政府财政资金的大力支持。二是，法律制度完善。在当前的大环境下，产权制度归属、国有资产管理以及利益分配等问题成为了知识产权运营机构关注的焦点。三是，依托产业升级。知识产权运营的目的在于让知识产权更好地服务经济发展，相应地，在转变经济发展方式促进产业结构升级的大背景下，政府的这种支持对知识产权运营也相当重要。英飞尼迪苏州晶方半导体案例成功的一个重要因素就是，海外先进专利技术的引进符合苏州产业转型升级的需要，新产品很容易被市场接受并实现规模效应。四是，政策环境的营造。知识产权运营具有很高的风险性和不确定性，政府政策环境的营造不仅有利于知识产权的许可和产业化，也有助于吸引更多社会资本的加入。政策环境的营造包括税收政策支持、公共信息平台建设、企业信用担保、工业用地优惠等多个方面。同样，在晶方半导体公司的案例，苏州工业园区管委会工程建设用地优惠保证了公司足够的资金投向更有效的技术产业化过程。

（3）资源获取能力

这里的资源获取能力主要强调资金、知识产权、客户资源的获取能力，其对知识产权运营也十分重要，本研究将其称为“×”因素，或称为“特色”因素。因为不同的知识产权运营机构其资源获取能力存在较大差异。资源获取能力大致可以分成财团支持、客户基础、技术积累和市场经验四大类。

英飞尼迪的成功很大程度要归功于IDB产业集团的支持，大量资金支持的同时也让英飞尼迪很容易购买到以色列先进的专利技术。北京知识产权运营管理有限公司得益于中关村发展集团的支持，既能利用其在美国的业务平台和孵化器引进国外大学的优质专利，又能借助其国内平台加速专利技术落地。关于技术积累和市场经验的一个实例是美国一家专门从事专利运营的小公司 Logic Patents，公司创始人郑钰博士是美国硅谷专利事务所的创始合伙人，从事专利代理接近 20 年，并成功帮助数十家高科技公司从自身的知识产权中赢利，因此，郑钰博士对技术评估和专利的市场应用有独特的见解。与其他知识产权运营机构最大的不同是，Logic Patents 着重关注那些企业、机构、个人不要的专利以及在申请过程中想放弃的专利申请，并将这些专利培育成攻击大公司的武器。对于高智发明而言，其资源获取能力非常强大，这得益于强大的财团支持、发明家网络和商业购并团队。

（4）业务领域

知识产权运营核心是为了实现知识产权的经济价值，这种实现方式多种多样，也需要具有不同背景的多种知识人才的合作，对于知识产权运营机构而言，没有一家机构能够胜任所有与之相关的业务，尤其在研发创新活动分散化的今天。因此，知识产权运营机构要取得成功，就必须选择适合自己的业务领域。从业务性质看，知识产权运营的业务领域大致可以归为知识产权许可交易、知识产权权益融资、知识产权债务融资、知识产权诉讼和知识产权管理五大类。典型的知识产权权益融资包括天使投资者、风险投资、创业板或主板首次公开发行。典型的知识产权债务融资包括知识产权质押融资和知识产权证券化。

（5）专利布局

从法律角度分析，单个专利的权利要求是无法覆盖某一技术领域的，即使是核心专利也存在被绕过的法律风险和可能。从产业应用角度分析，现实世界中，物质产品往往包含数个、数十个甚至上百个专利，当然医药除外。因此，在高风险的知识产权运营领域，专利布局非常重要。专利布局有两层含义，一是专利评估分级，二是专利组合布局。专利评估分级主要是从专利的技术价值出发，既包括专利族或利益相关专利的价值分级，也包括企业或机构内部所有专利的商业价值分级。专利组合布局则是从风险防范的角度出发，构建一个相关专利的组合。高智发明总裁纳森指出了专利组合的价值和重要性："每一种专利都具有一些价值，但是打包后的专利组合，其价值就更具吸引力，因为客户节省了用来查出所有专利持有人和为单个专利交易进行逐一谈判的时间和开支。客户可以很容易地获得他们加速推出新产品所需的所有专利，同时降低了错失必要许可和遭到措手不及的侵权诉讼的风险。"

（6）商业开发网络

对于知识产权运营而言，专利的技术评价非常重要，实现专利技术与购买者需求匹配同样重要，这就需要具备一个完善的商业开发网络。一个典型的实例是苹果手机界面功能模块布局，这是一个技术含量不高的外观设计专利，其技术价值自然较低，但由于苹果公司商业推广，数亿手机用户已经习惯了这种操作界面，所以，这个专利的商业价值巨大。

在知识产权运营实践中，商业开发网络应该包括如下几类人才：一是有技术背景的市场专家。这类人本身是商务精英，对某一领域或某几个领域的市场需求非常熟悉，同时，这类商务精英对新技术保持着极高的热情，他们不仅是新技术的追捧者和尝试者，而且对技术本身也有一定的了解。同具有市场洞察力的技术专家一样，这类高端人才非常缺乏，智谷创始人之一的林鹏就是这样一类市场专家。二是金融专家。知识产权运营的高风险导致其对金融资本和金融工具的创新比较依赖。如何保证资金投入强度和风险可控程度，需要金融专家的介入。三是谈判专家。知识产权的非物质性特征决定了对其价值的认识只有通过评估才能得以固定。要获得买卖双方都认为可靠的价格形成信息非常困难，加之技术买方和卖方关注的焦点和立场往往存在差异，各方对专利价值认识也会存在争议。因此，优秀的谈判专家是降低知识产权交易成本的重要力量。四是IT人才。在信息化高度发达的今天，越来越多企业的生产经营活动开始集成到数字化的运作框架之中，信息技术成为了知识产权运营的一个重要工具，相应的，一个完善的商业开发网络应当具备优秀的IT人才。五是管理精英。知识产权运营涉及的产业活动范围较广，涉及的知识人才多种多样，要实现知识产权运营的成功，管理精英非常重要。事实上，很多知识产权运营项目失败的一个重要因素就是人员沟通不畅，内部损耗成本过高。

（7）运营模式

运营模式，或称为商业模式，是指知识产权运营机构针对自己的业务领域，实现知识产权经济价值的商业方式或商业方法。

从目前的知识产权运营实践看，运营模式大致分为以下八种。一是发明投资基金，典型的代表是高智发明公司。二是技术资本基金，典型代表是英飞尼迪集团。三是技术主权基金（主要指以政府资金为基础、民间和社会资金参与的基金，这类基金主要资助与战略性产业发展相关的基础性技术，应对海外知识产权诉讼），典型的代表是日本的产业创新机构（日文名：株式会社产业革新机构）和韩国的发明资本基金（Invention Capital Fund）。四是风险解决方案，即为企业应对知识产权诉讼提供解决方案的机构，典型代表是美国的RPX公司。五是专利池，典型代表是飞利浦的蓝光专利池（one-blue patent pool）。六是金融交易平台，典型代表是中国技术交易所和IPXI。七是“专利军火商”。“专利军火商”是指那些不行使专利权，而是借助法律诉讼获取收益的机构。具体又可以分成攻击性专利培育商和服务商两类。前者主要是主动培育有攻击性专利发动诉讼或者针对专利侵权指控培育反诉专利，典型代表有美国Logic Patent公司。后者是指面向已有的法律诉讼开展相应的侵权事实认定和许可商业谈判等服务，典型的代表是美国Acacia Technologies Group公司。八是IP管理方案，即帮助大学、科研院所或企业制定适合的知识产权战略，提升知识产权组合管理水平。典型代表是盛知华和美国 UBM Tech-Insights 公司。UBM Tech-Insights 是一家全球领先的高端信息服务、咨询和管理软件提供商，致力于为想要有效保护自身技术和知识产权资产的技术公司提供服务，为了更好地开展知识产权管理业务，UBM Tech-Insights 兼并了 Semiconductor Insights、Portelligent 和圣景微电子。Semiconductor Insights 是一家全球领先的技术咨询服务提供商，致力于微电子行业知识产权权利主张以及新技术和产品的开发及商业化；Portelligent 核心优势在于便携电子产品拆解数据和结构分析服务；圣景微电子公司则是一家领先的集成电路反向工程和信息服务商。

从知识产权运营体系的内部结构看，其七大要素是相互联系、相互统一。

从整体上看，运营模式位于最顶端，是整个知识产权运营体系的核心，是知识产权运营机构成功的关键，也是其他六大要素的集中体现。一方面，运营模式必须服务于业务领域。另一方面，知识产权运营机构在专利布局和商业开发网络方面的能力差异决定运营模式的差异。一个最典型的实例是，高智发明、RPX 公司和 Logic Patent 公司的对比分析。三家公司都非常关注专利的许可交易，高智发明依托市场专家、谈判专家、金融专家等组织的商业购并小组，发挥自身构建专利组合的优势，通过一系列相关专利的打包获取高额许可费。同时，高智发明也不排除发起专利诉讼的可能性，事实上，高智发明已经提起数十起专利诉讼。RPX 公司依托自身的市场经验，针对屡遭专利诉讼的公司尤其是大公司，通过防御性专利收集以及面对营业公司的专利许可权交易，提供联合交易、专利交叉许可协议或其他降低风险的解决方案，帮助企业实施风险管控，避免可能面临的高额诉讼及专利使用费，其盈利模式主要通过会员制收费方式，会费取决于公司的产业规模和营业收入情况。Logic Patent 公司依靠自身技术和市场经验，不提供专利代理，也不提供法律服务，而是专注于制造和培育针对大企业的攻击性专利，以专利诉讼为筹码获取大企业的高额购买费、许可费以及侵权赔偿费用。当然，专利布局和商业开发网络之间也存在相互促进关系，专利布局会带动商业开发网络人才队伍建设，同样，商业开发网络的发展也会增强机构在专利布局方面的能力。知识产权运营体系内部结构示意图如图 3-1 所示。

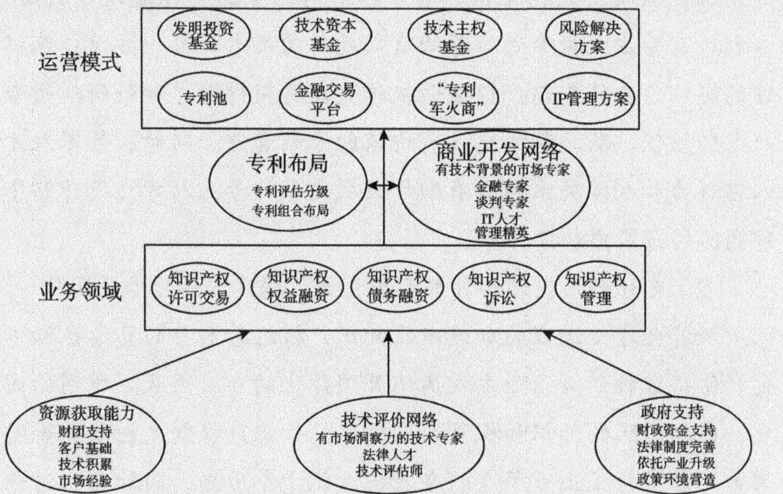

图 3-1 知识产权运营体系内部结构示意图

从业务领域看，知识产权运营机构业务定位受到自身技术评价网络、政府关系和资源获取能力的影响。北京知识产权运营管理有限公司专注于专利质押委贷，智谷利用技术带头人的综合素质着眼于发明创新领域。

5. 我国知识产权运营成功的三个关键因素

（1）依靠知识产权领军人才，提升经营管理层领导力

知识产权运营作为一种新兴的商业方式，其业务的开展往往需要领军人才的引领，日本高智发明公司在引入了日本当地的知识产权权威专家后，其许可业务取得了明显提升。知识产权这种权利形式的特殊性使得知识产权运营非常依赖知识产权领军人才，因为

知识产权市场潜力大小和商业价值可实现程度的判断、面向许可的价值评估和商业谈判以及专利基金的资本运作管理等都需要丰富的专业知识和市场经验，而这些因素直接决定了知识产权经济价值的实现。

知识产权领军人才能大大提升经营管理层的领导力。一方面，领军人才能够利用自身的技能优势培养出一支懂技术、法律和管理的团队，从而有效挖掘出具有市场潜力的专利并能通过专利组合、专利培育等方式将专利推荐给有兴趣的购买者。另一方面，领军人才的影响力会让知识产权运营机构更容易获得大学和科研院所专利权人的信任，从而获得更多有价值的专利资源。同时，领军人才的人格魅力和人际关系网络有助于吸引更多的专业人才，提升整个管理团队的凝聚力和执行力。

（2）充分利用内部和外部人力资源，构建国际化专业团队

经济全球化进程的加速以及知识产权运营本身的复杂性和不确定性使得这种新兴商业方式离不开国际化的专业团队。所谓的国际化，是指团队的知识和视野的国际化。知识产权制度在欧美等发达国家已经实行了上百年，而在我国才几十年历史，国外企业对专利的认识程度和运用能力远远超过我国企业，相应地，熟悉国外知识产权制度特点、国外前沿技术的发展趋势以及国外企业技术需求也就变得非常重要。

当然，这种国际化专业团队的构建既可以通过在岗培训进行内部培养，也可以借助外部网络开展业务合作。高智发明在开展内部创新的同时，致力于培育外部的发明家网络，目前，高智发明拥有来自7个国家的超过1000名外围发明家，数据显示，2009年年底，外围发明家体系为高智发明提供了约4000项发明构想以及超过1000项专利申请。

另一个典型事例是美国的Acacia Technologies Group（以下简称“ATG”）公司。ATG公司最初是针对拥有一定潜力性技术的风

险企业进行风险投资的公司，随着21世纪美国IT泡沫的崩溃，公司开始转型从事专利许可服务，其核心工作是确认专利侵权事实和确保侵权证据。公司的业务执行副总裁李都勇（Dooyong Lee）是一个具有电气工学背景的知识产权咨询和专利许可专家，该公司擅长电气、通信等领域技术工程师队伍共有8人。对于一些简单的技术领域和简单的专利技术，侵权事实的认定由公司内部人员完成，而对于像半导体等复杂的技术领域，则会委托Semiconductor Insight、Chipworks等专业性强的企业进行反向工程并提供专业意见。

（3）加快资源优势向业务优势转变，推进运营模式本土化创新

对于我国的知识产权运营机构而言，运营模式的创新必须基于自身的资源优势，通过模式创新将这种资源优势转变为业务优势。

一个很好的例子是美国的Altitude Capital Partners（以下简称“ACP”）公司。ACP创办人罗伯特·克莱默（Robert Kramer）曾经在美林公司工作，具有投资领域的丰富经验，他周围的主要工作人员除了掌握投资、财务等方面专业知识外，也具备了法律、知识产权方面的专业知识。这种人才优势的存在使得ACP能够区别于传统的投资公司而将业务对象界定为知识产权，与其他开展知识产权许可服务的公司相比，ACP的资本运作优势使其能够提供更灵活的资金服务，同时也能以更广泛的目的为对象提供资金服务。

第四章 知识产权布局

知识产权布局是创新主体利用知识产权保护创新产出、争取竞争优势的战略举措。从实务的角度看，所谓知识产权布局，就是在创新发展战略（对高校院所而言）或经营发展战略（对企业而言）指导下的知识产权申请。

一、认识与作用

（一）认识

申请是知识产权布局的核心工作和内容，但不是所有的申请都是布局，在战略规划指导下并且服务于战略目标的申请才是布局。因此，知识产权布局有以下特性。

1. 申请是基础

知识产权布局的基础是申请，离开好的申请，布局无从谈起。所谓好的申请，从申请确权的效果看，就是能够对创新成果或竞争优势提供全方位、多层次、长时段保护的申请。为了取得这样的效果，就需要对申请做出谋划、投入资源、付出时间。另外，在积极申请的同时，还要充分利用商业秘密的优势补充专利、商标等需要申请才能获得的知识产权的内在短板，实现综合布局。

2. 战略是指引

知识产权布局必须服务于组织的发展战略。当然，不同组织的发展战略有不同属性。高校院所的发展战略有明显的创新属性，企业的发展战略有明显的经营属性，因此，高校院所的知识产权布局和企业的知识产权布局有明显的区别。高校院所的知识产权布局更注重创新发展，企业的知识产权布局更注重经营发展。注重创新发展的高校院所知识产权布局主要基于科研成果申请专利，不会过多关注市场性因素，也不具备过多关注市场性因素的资源和能力。注重经营发展的企业的知识产权布局，会在研发产出的基础上尽可能多地考虑市场性因素。换言之，高校院所知识产权布局重在保护科研成果，企业知识产权布局重在把控市场局面。另外，如果一个组织没有明确的战略，它的知识产权布局就很难做好。

3. 威慑是关键

有一家高科技企业的CEO把知识产权布局解释为“布雷”，还有一家高科技企业的知识产权总监在表达其所在企业主营业务的海外最大竞争对手的知识产权布局时使用了“忌惮”一词，这说明知识产权布局的威慑作用。正如军事布局的威慑力来自战斗力的质量与数量、时间与空间的结合，要发挥知识产权布局的威慑作用，也应该从质量数量关系、时间空间关系安排知识产权的申请。

4. 冗余是常态

任何布局都有从使用角度指出的冗余，但是如果承认在围棋中并不是落下的每一个子都在博弈中发挥直接的攻城拔寨作用，就应该理解知识产权布局中存在冗余是一种常态。广告界有一句名言：“广告费用的一半是浪费，但没有人知道浪费的是哪一半。”实际上，广告投放也是一种布局，明明知道有浪费，但没有一个企业敢轻易削减广告投入。军事、围棋和广告中的冗余都是显而易见的，都提供了冗余对于布局的难以剔除的本质属性。知识产权布局亦如此。

（二）作用

1. 占位和卡位

知识产权布局的第一作用是占位和卡位。比如，在5G技术逐步推开的时候，申请6G技术的专利是占位，申请应用5G技术的无线充电专利是卡位。一般而言，卡位是针对竞争对手的布局，占位是基于技术路线的布局。通常情况下，进行占位式布局时，已经很清楚竞争对手是谁、竞争性产品是什么；

进行占位式布局时，对技术发展路线有明确的判断，但是并不是很确定竞争对手是否会采用同样的技术路线，因而占位式布局有一定的风险。比如，丰田汽车公司围绕氢能源的技术发展路线做了大量的布局，任何一个在汽车领域采用氢能源的汽车厂商都极有可能落入丰田的氢能源专利的保护网内，要向丰田申请相应的知识产权许可，或者面临丰田的知识产权诉讼。但是，欧美汽车厂商并没有选择氢能源路线，丰田在氢能源技术路线上的占位布局没有起到遏制竞争对手的作用，当然在利用氢能源高度清洁的特性吸引特定消费者方面，还是发挥了较大的作用。

2. 创造市场格局

利用知识产权站好位，就在一定程度上可以创造出于己有利的市场格局。因为法律规定的知识产权的排他性，赋予了权利人用知识产权布局控制市场的权利，极端而言，就是权利人发放进入某一特定市场的许可证的权利。没有得到许可、贸然进入这一特定市场的经营者将面临被控侵权的风险。经营者想获得相应的许可证，必须与知识产权布局的权利人签订许可协议。而是否发放许可证、在什么条件下发放许可证，允许哪些经营者进入该特定市场，权利人在很大程度上可以基于利益偏好做出决定。

3. 构筑交易优势

利用知识产权布局卡好位，就在很大程度上构筑了交易优势。在卡位式布局方面，NPE 在这方面有很多实例。虽然 NPE 的业务模式面临很多争议和质疑，但在取得交易优势的布局策略方面，确有可以参考借鉴的地方。

二、类型

（一）区域布局

区域管辖性是知识产权制度的基础性特征，从这个特征出发，可以把知识产权的区域布局分类为一国布局、跨国布局和多国布局。尽管有全球布局的说法，但如果考虑到知识产权授权是基于区域管辖权的授权或承认（如根据两国协议，在我国获得授权的发明专利在柬埔寨自动得到承认），多国布局的表述更准确。

1. 一国布局

知识产权国内布局就是只在一个国家申请知识产权，获得授权后，其权利效能只在申请国内产生作用。

在大多数情况下，一国布局就是本国布局或国内布局。因为申请人通常在所在国申请知识产权，故称之为国内布局。

2. 跨国布局

当权利人在两个国家布局知识产权时，即为知识产权跨国布局。从流程上看，知识产权跨国布局首先要做的事情就是按照申请目标国的要求准备申请文件，也可按照所在国和申请目标国共同加入的有关国际条约的要求准备申请文件。就专利和商标而言，只涉及两个国家的申请时，经常用到的国际条约是《保护工业产权巴黎公约》。

3. 多国布局

所谓多国布局，就是在不少于三个国家进行的布局。出于节约费用等方面的考虑，通常利用有关国际条约进行多国布局。多国布局用到的国际条约有《专利合作条约》《商标国际注册马德里协定》《保护文学和艺术作品伯尔尼公约》和《工业品外观设计国际注册海牙协定》。

（二）种类布局

1. 专利布局

专利布局是知识产权布局中最常见、最典型的一种。专利布局的本质，是在科技研发产出的基础上，结合专利制度及相关政策法规，在本组织发展战略的指引下，对专利申请做出的全局性安排。专利布局其实并无太固定的格式与规则，基本原则是根据整个市场的专利状况、自身的专利状况包括财力、人力以及相关因素的综合考虑进行合理的规划。前述各种专利布局并未囊括所有类型，也不可能做到这一点，同时，各种基本的专利布局之间可以进行各种组合或变形，从而形成一个专利防护网。优质的专利防护网应该具有严密、有层次感且性能价格比优越的特点。所谓严密就是密不透风，不给对手以可乘之机，这不是说专利越多就越严密，更重要的是质量的把握及对于技术研发方向的研判。否则，可能是一大堆专利，然而大部分属于垃圾专利之类，如同一群散兵游勇、一触即溃，那就起不到防护或遏制的作用；所谓有层次感就是要有战略纵深，形成一个多层次的防护网，富有深度，是立体的而不是扁平的，需要将各种专利布局策略有效地组合起来；性能价格比优越非常能够体现智慧，就是以同样的费用与投入产出最大的效益，这无疑是非常考验人的智慧的。

从实际操作的角度看，目前经常被提及的专利布局模式有路障式布局、城墙式布局、地毯式布局和丛林式布局。[1]

（1）路障式布局。路障式布局是指将实现某一技术目标之必需的一种或几种技术解决方案申请专利，形成路障式专利的布局模式。路障式布局的优点是申请与维护成本较低，但缺点是给竞争者绕过己方所设置的障碍留下了一定的空间，竞争者有机会通过回避设计突破障碍，而且在己方专利的启发下，竞争者研发成本较低。因此，只有当技术解决方案是实现某一技术主题目标所必需的，竞争者很难绕开它，回避设计必须投入大量的人力、财力时，才适宜用这种模式。采用这种模式进行布局的组织必须对某特定技术领域的创新状况有比较全面、准确的把握，特别是对竞争者的创新能力有较多的了解和认识。该模式较为适合技术领先型组织在阻击申请策略中采用。例如，高通公司布局了CDMA的基础专利，使得无论是WCDMA、TD-SCDMA，还是CDMA2000的3G通信标准，都无法绕开其基础专利这一路障型专利。再如，苹果公司针对手机及电脑触摸技术进行的专利布局，也给竞争者回避其设计设置了很大的障碍。

（2）城墙式布局。城墙式布局是指将实现某一技术目标之所有规避设计方案全部申请专利，形成城墙式系列专利的布局模式。城墙式布局可以抵御竞争者侵入自己的技术领地，不给竞争者进行规避设计和寻找替代方案的任何空间。当围绕某个技术主题有多种不同的技术解决方案，每种方案都能达到类似的功能和效果时，就可以使用这种布局模式形成一道围墙，以防止竞争者有任何缝隙可以用来回避。例如，若用A方法能制造某产品，就必须考虑制造同一产品的B方法、C方法等。例如，从微生物发酵液中提取到某一活性物质，就必须考虑通过化学全合成、从天然物中提取以及半合成或结构修饰等途径得到该活性物质，然后将这几种途径的方法一一申请专利，这就

[1] 崔忠武，于正河．知识产权管理实务[M]．北京：中国政法大学出版社，2022.

是城墙式布局。

（3）地毯式布局。地毯式布局是指将实现某一技术目标之所有技术解决方案全部申请专利，形成地毯式专利网的布局模式。这是一种“宁可错置一千，不可漏过一件”的布局模式。采用这种布局，通过进行充分的专利挖掘，往往可以获得大量的专利，围绕某一技术主题形成牢固的专利网，因而能够有效地保护自己的技术，阻止竞争者进入。一旦竞争者进入，还可以通过专利诉讼等方式将其赶出自己的保护区。但是，这种布局模式的缺点是需要大量资金以及研发人力的配合，投入成本高，并且在缺乏系统的布局策略时容易演变成为专利而专利，容易出现专利泛滥却无法发挥预期效果的情形。这种专利布局模式比较适合在某一技术领域内拥有较强的研发实力，各种研发方向都有研发成果产生，且期望快速与技术领先企业相抗衡的企业在专利网策略中使用，也适用于专利产出较多的电子或半导体行业，但不太适用于医药、生物或化工类行业。例如，IBM 的专利布局模式就是地毯式布局的典型代表，IBM 在任何 ICT 技术类目中，专利申请的数量和质量都名列前茅，每年靠大量专利即可取得丰厚的许可转让收益，而无需巧取豪夺、兴师动诉。IBM 被称为“创造价值的艺术家”。

（4）丛林式布局。丛林式布局也称为糖衣式，就像糖衣一样与基础专利如影随形，就像大树周围的丛林环绕在基础专利的四周，进不来也出不去。此种布局可以分成两种情况：一是基础性专利掌握在竞争对手的手中，那么就可以针对该专利技术申请大量的外围专利，用多个外围专利来包围竞争对手的基础专利，就像大树周围的灌木丛一样。这样就可以有效地阻遏竞争对手的基础专利向四周拓展，从而极大地削弱对手基础专利的价值。必要的时候，还可以通过与竞争对手的专利交叉许可来换取对手的基础专利的授权。二是当基础专利掌握在我们手中的时候，不要忘了在自己的基础专利周围抢先布置丛林专利，把自己的基础专利严密地保护起来，不给对手实施这种专利布局的机会。

2. 商标布局

商标是一个组织的产品和消费者等用户直接沟通的标识，对消费者等用户的购买等决策影响甚大。商标还是品牌的法律基础，离开商标的保护，品牌拥有人将不便于利用法律手段打击、对抗模仿等侵权行为。因此，从发展战略的角度看，非常有必要做好商标布局。

当前经常讨论的商标布局模式有单一商标布局、多商标布局、防御商标布局、多类商标布局、国际商标布局。

（1）单一商标布局。单一商标是指一个企业生产及销售所有的产品都是使用一个商标。这种商标战略的优势在于创业初期能够帮助企业在市场上迅速打开知名度、提高竞争力，也能大大节省推广宣传费用。其劣势就在于：当一个品牌在消费者心中形成了固有印象后，企业新推出的产品与原本的产品在消费者心目中有出入时，消费者会产生抵触心理，对品牌多领域延伸发展会存在一些影响。

（2）多商标布局。企业根据市场定位和消费群体的不同分别推出不同的系列产品，这些产品使用不同的商标，同时进入市场，不分主次，共同竞争，以占领不同市场的消费者心理、满足不同人的需求。多商标战略由宝洁公司首创，欧莱雅、雅诗兰黛等化妆品公司也是使用多商标战略的代表企业。这种战略的缺点是，每推出一款新产品意味着就需要投入更多人力与财力去推广和管理，只适合“财大气粗”的企业。

（3）防御商标布局。防御商标是指同一商标所有人在非同种商品上注册同一个著名商标，以防止他人使用著名商标。该类商标申请注册的目的不是为了使用，而是为了防止他人注册和使用，对企业造成不良影响。例如，老干妈为了保护自己商标，将自己的亲属系列全部注册了：老干爹、老干娘、老干爸、干儿子、干女儿、老姨妈……为了防止别有用心之人“傍名牌”，企业必须有建立品牌保护的意识，才能有效防止因他人的侵权行为造成企业声誉和利润等方面蒙受损失，从而保护自己的品牌。

（4）多类商标布局。众所周知，商标注册要按照《类似商品和服务区分表》选择注册类别，这一规定也决定了商标的保护是有范围的，即只在注册类别受保护。不能阻止他人在其他类别注册与我们相同的商标。这个时候商标注册就要选择多类全类保护。所以企业在品牌创立之初、申请商标之前，要明确自身商标所申请注册使用的指定商品与服务种类、推广品牌种类、涉及的地域变更问题等信息，尽可以多类注册商标，这样才能充分保护自身品牌。

（5）国际商标布局。商标是一项重要且常见的知识产权内容，是企业商誉、形象和品牌的承载体，代表了消费者对企业品牌的第一印象。但商标保护是有地域性的，当一家企业发展到一定规模程度，并向国际市场扩张时，却发现国外已经有人注册使用了企业商标，那么我们就不能在国外使用该商标，这就造成了企业品牌在该市场上推广受到阻碍。联想集团的“Legend”商标更换为“Lenovo”，就是因为这个原因。

3. 著作权布局

《著作权法》第二条规定：“中国公民、法人或者非法人组织的作品，不论是否发表，依照本法享有著作权。

外国人、无国籍人的作品根据其作者所属国或者经常居住地国同中国签订的协议或者共同参加的国际条约享有的著作权，受本法保护。

外国人、无国籍人的作品首先在中国境内出版的，依照本法享有著作权。

未与中国签订协议或者共同参加国际条约的国家的作者以及无国籍人的作品首次在中国参加的国际条约的成员国出版的，或者在成员国和非成员国同时出版的，受本法保护。”

根据以上规定，和专利权、商标权基于申请的布局不同，著作权布局通常和开发、许可等运营手段结合起来进行。

著作权开发式布局。著作权开发式布局是指在原创作品著作权基础上，对原创作品中的内容、形象等进行延伸开发，例如，对文字作品的内容进行影视（视频）形式的开发，对影视（视频）形象进行广告用途（产品广告代言）、独立产品（把米老鼠做成玩具或纪念品）等开发即周边开发。

著作权许可式布局。如果说著作权开发式布局重在权利人自己操作的话，著作权许可式布局则重在灵活利用许可来操控市场以达成获得理想收益的状态。例如，凯蒂猫（Hello Kitty）在许可布局上，有对产品代言的许可、对主题（主题公园、主题酒店、主题餐厅等）的许可。

4. 综合布局

在当前的创新竞争环境下，一个组织的存续发展同该组织的知识产权综合布局越来越密切。所谓知识产权综合布局，就是在布局工作中充分考虑和利用不同类型知识产权的特性，布局中该用专利的用专利、该用商标的用商标、该用商业秘密的用商业秘密。一个好的知识产权布局，是恰到好处地运用各种类型的知识产权为发展战略服务。

三、工作原则

（一）选择合适的决策模型

在决策研究中，有 Top-down（自上而下）和 Bottom-up（自下而上）两种模型经常被提及，但在专业性较强的领域，Middle-stretch（从中间起步向两头伸展）更应该被关注。著名知识经营学专家野中郁次郎认为，在一个组织中，决策层通常都是理想主义者，而基层员工通常都是问题中心主义者，中间层的工作要义就是把决策层和基层的想法融合起来、也通常能够提出适当的和适用的策略、基于一定的愿景来解决当下的问题。对于知识产权布局这个专业性很强的领域，Middle-stretch 决策模型值得参考。即由知识产权部门负责人提出建议并能对最终决定保有较大决策权。

（二）综合考虑保护创新和应对竞争

通常情况下，典型的知识产权布局是专利布局、商标布局、专利和商标相结合的布局。专利布局以保护创新产出布局为主，商标布局以面向市场竞争为主。相对于专利用于保护技术而言，商标对市场和客户的影响更大。对于知识产权布局而言，专利和商标的关系，犹如象征中国传统智慧的阴阳鱼，"共生互补、绵延不绝"。

（三）信任并管理好外部专业力量

很多情况下，知识产权布局需要借助外部专业服务力量。知识产权布局是一项专业度比较高的工作，很少有组织能够只靠自身力量完成这样专业的工作。因此，借助外部专业力量就成为一个重要选项。

四、策略

专利权与商业秘密相结合的布局。先以技术秘密保护，后采用专利保护：将发明创造中容易泄露或易被泄密的那部分采用专利保护，同时保留一部分技术秘密。一旦选择专利保护就不可能倒过来选择技术秘密的保护。

专利权与商标权相结合的布局。例如，先利用专利权的专有性形成产品的市场垄断优势，再利用商标权在专利保护期届满前及届满后延续对专利产品市场的持续控制。

延伸阅读 4

专利布局四大原理 [1]

专利的本质是竞争工具，让竞争对手无法到达客户。专利申请就是在大路上埋地雷，禁止敌人的机动车通行，因为这条大路比较好走，敌人想走，当然要埋地雷。但强大或狡猾的敌人为了突破阵地，不一定走大路，还可能会走小路甚至野地进入战场。专利布局就是在整个战场上埋地雷，不仅包括修好的大路，还有大陆旁边的小路、山脉、水流、田野。专利布局比普通专利申请的工作量、难度和成本大得多，但专利布局的本质依然是专利申请，不过是有目标（扩展定理）、有前提（分析定理）、有手段（规避定理）、有组织（合作定理）的升级版专利申请。

一、前言

专利申请就是技术人员开发一项技术之后，撰写技术交底书，交由专利人员申请专利。但是，专利布局不是这么简单，专利布局的本质是把这项技术保护得非常完善，让竞争对手无法绕开这件专利，没办法使用这项技术抢占市场。如果仅仅考虑专利申请，也许授权就是最终目标；但是考虑到专利布局，即便是授权专利也可能在保护范围上有很多漏洞。

如果撰写专利的时候照实写，在专利中完全复现了技术方案本身，而没想到其实同样的功能用不同的技术方案也可以实现。那么这项专利即便是看起来权利要求丰富翔实、说明书附图格式工整、专利代理师认真负责，也只是达到及格线而已，最多也就是60分。

[1] 李银惠．论专利布局的四大定理 [EB/OL].（2020-04-20）[2023-08-05]. https://mp.weixin.qq.com/s/73om8n7tZ71MXGcPEwXrZw.

无论怎么说，专利布局就是扩大专利保护范围的一种艺术。专利布局的四大定理就是如何操作专利布局的四种手段，或者说要做好专利布局就应该这么做。第一定理是关于目标的扩展定理，第二定理是关于前提的分析定理，第三定理是关于手段的规避定理，第四定理是关于组织的合作定理。

二、专利申请、专利挖掘和专利布局的区别

首先需要澄清专利申请、专利挖掘和专利布局之间的区别。

专利申请是在发明人撰写技术交底书的基础上，由专利代理师撰写专利申请文件并提交、答复的过程。

专利挖掘则是升级版的专利申请，是专利代理师直接面对整个技术方案，主导判断应该申请专利的数量和类型，在已经成形的技术方案的范围内尽可能多地申请专利。整个技术方案一般是在技术人员的头脑里，就算是给专利代理师全套图纸和技术说明，专利代理师也不可能独立搞懂全部技术方案。因此，需要在专利代理师主导、技术人员配合下，将现有技术尽可能细化拆分，以不同的侧重点申请更多的专利。

专利布局又是升级版的专利申请和专利挖掘，是专利代理师在现存技术方案的前提下，考虑到超越现存技术方案的保护范围，在三个维度上扩展专利的保护范围。第一个维度是在纵向上考虑在行业链的上下游申请专利，第二个维度是在横向上考虑跨行业、跨技术领域申请专利，第三个维度是考虑现存技术的未来发展可能申请专利。

专利布局与专利挖掘的本质区别是，专利布局是针对现在并不存在的技术进行前瞻性的专利申请，专利挖掘是针对已经存在的技术申请专利。所以，我所说的专利布局并不是常规意义上“做下专利布局”的意思。常规的专利布局，就是把专利申请质量做得更好一点而已。我所说的专利布局，实际上是屠龙刀，面对的是目前并不存在的技术。

三、专利布局的第一定理是关于目标的扩展定理

专利布局的第一定理是关于目标的扩展定理，体现了专利布局的本质，专利布局的本质就是专利申请，只是要在纵向的上游和下游的产业链、横向的扩展行业和技术领域、未来的前瞻性技术领域，都要扩展专利的保护范围。专利申请的本质目的，无非就是让竞争对手不能使用某个技术，而专利布局的目的则在于：让竞争对手尽可能在整个行业及相关行业内，甚至是未来的技术发展上，都难以立足，作用范围更为宏观。对一个企业而言，为什么要做专利布局？这么费劲，这么费钱，见效又慢。我认为有三个原因。

第一，纵向的产业链。我见过关于产业链上游吃亏的真实案例，主要问题是专利挖掘不到位。客户根据自己的使用需求，对来自供应商的某款设备进行了改进，供应商发现这个改进之后申请了专利。之后该供应商把改进后的设备提供给全行业，也就是客户的全部竞争对手都可以使用改进后的这款设备。如果该客户提前把设备改进技术申请专利，那么供应商只能把改进款卖该客户，而不能卖给该客户的任何同行。

另一个吃亏的真实案例是关于产业链下游的，主要问题是专利布局不到位。某款产品能在很多行业制备成不同的商品出售。技术人员分别跳槽到各个行业的多家公司，也各自有专利申请，并与老东家产生竞争关系。老东家也申请了一些制成其他商品的专利，但是比较少，与竞争对手的侧重点有所不同，导致既没办法把竞争对手的专利无效掉，也不能起诉竞争对手。当然，这款产品自身的专利不太有保护性，基本没法用于打官司。很多专利只能用于取证，无法用于起诉。如果专利布局到位的话，老东家本来就应该把这款产品能制造的各种商品全都申请专利，无论自己是否生产。

第二，横向的相关行业与技术领域也做专利布局，好处就是搂草打兔子，赚一点算一点。我有个客户，在某款产品上比较有优势，实际上很多技术方案都是借鉴另一个行业的技术，但又有所不

同。如果在专利布局的时候还有余力，不如顺手把将要布局的技术方案扩展到周边行业，也许能额外赚一笔钱。举例来说，手机自拍杆能夹手机，那就也能夹摄像头，甚至夹面包、取高空物品。这样，自拍杆就有可能成为工业应用的设备，一旦其他行业开始使用自拍杆，就可以用“应用于高空取物的夹持杆”这样主题的专利起诉赚钱。因此，对于所在行业的周边行业扩展，应该充分熟悉。比如，一个公司的主营产品是轴承，轴承用于制造电机，轴承和电机都是公司的主打产品。同时，轴承还能用于制造风机、水泵，风机和水泵虽然算是不同的行业，公司也不会进入风机和水泵行业，但可以申请相关专利。其实这种用专利跨界打劫的方式更开心，因为别人无法用专利反击。

第三，前瞻性的技术方案，经济学界研究过专利的贡献，发现处于行业发展期的早期专利，价值明显超过处于行业成熟期的专利。任何一项技术一般都分为初创期、发展期、成熟期、衰退期，在成熟期的时候，专利层出不穷，但每件专利都属于简单的小改进，单项专利价值不高。而在初创期和发展期的专利，一个专利就可以有很大的保护范围。

专利的保护范围看起来是由权利要求1的内容决定，但实际上还要看现有技术的范围。不是简单地说：专利包括A、B、C三个特征，A、B是现有技术特征，C是区别技术特征，所以保护范围实质上是技术特征C。专利的保护范围永远都是全部必要技术特征A、B、C合在一起的技术方案。针对前瞻性专利的保护范围比较大的问题，主要是体现在，被诉侵权产品与专利的权利要求所述技术特征的区别比较多的时候，也容易被法官认定为侵权，这主要在于技术效果的阐述以及等同原则的认定。不光是发明和实用新型，连外观设计也是如此。如果某款产品是你首创，那么这款产品的简单的外观设计很容易在侵权官司中胜诉，也就是说，法官面对前瞻性的产品的外观设计的时候有更高的容错性，即便是被诉产品与外观设计的区别比较大的时候，也容易判定为侵权。

四、专利布局的第二定理是关于前提的分析定理

专利布局的难度也体现在工作量比较大，要做的事情比较多。对于一般专利申请工作，专利代理师只需要检索到最接近的对比文件，判断是否有创造性即可。而专利布局则需要更广泛的专利检索和专利分析。对专利代理机构而言，必须为每一件专利申请做检索，具体怎么检可以“丰俭由人”，但一定要检索；对要做专利布局的申请人而言，必须进行专利分析。

专利分析本身就是一个很庞大的工作量。简单点说，就是把一堆专利，按照各项指标做出各种图表，包括每年申请或公开数量、国家分布、地域分布、申请人排名、技术领域分布、类型分布、法律状态分布等，图表类型上有折线图、柱形图、雷达图等。但是实际上，这些图表对于专利分析并没有太大用处。之所以在专利布局前做专利分析，就是看下现有专利已经做到什么程度，更重要的是获得纸面研发的提示。这种要求下的专利分析，主要是技术特征与技术效果的功效矩阵分析，这是需要实实在在地阅读每一篇需要分析的专利的全文之后，才能得到的分析结果。

这里需要提一下 TRIZ 理论，这完全是用专利分析形成的“发明问题解决理论”。其实 TRIZ 的思路并不是说按照理论提出者阿奇舒勒已经分析好的 39 个通用工程参数和冲突矩阵、40 个发明原理、76 个标准解法直接去解决问题，更多的是按照 TRIZ 理论的形成过程自己分析，形成自己本行业的工程参数、发明原理和标准解法。比如，在生物基因技术领域，TRIZ 理论在产生的时候，并没有使用过生物基因的专利进行分析。研发人员应当先挑选一定数量的生物基因领域的发明专利，逐篇阅读，按照 TRIZ 的套路分析技术和功效矩阵，总结出这个行业的工程参数、冲突矩阵、发明原理和标准解法，然后才可以在遇到具体研发需求的时候，根据自己总结的上述 TRIZ 套路的办法形成有用的技术方案。

五、专利布局的第三定理是关于手段的规避定理

在实际的专利布局中，规避设计的思路就是专利布局的实操方法。规避设计与专利布局之间的相同之处在于：针对一个专利的保护范围，研究出来一个可以解决相同技术问题，但刚好不侵犯专利权的技术方案，再把研究出来的这个技术方案申请专利。规避设计与专利布局之间的区别在于：规避设计是针对同行已经授权的专利的保护范围，专利布局针对的是自己已经写好但还没提交的专利申请的保护范围。这里，务必把自己撰写的独立权利要求与现有技术之间的区别先搞清楚，确认自己的保护范围是合理的，不是以自己任意放大的独立权利要求的保护范围作为专利布局的依据。

专利布局的第三定理是实操定理，可规避技术方案的穷举是专利布局的唯一实操手段。针对穷举的技术方案，要么概括，要么将穷举的技术方案各自申请专利，就是专利布局。

第一种操作方式：

首先提炼出专利要解决的技术问题是什么，然后明确就这个技术问题还有哪些技术方案一样可以解决。采取的具体操作手段是：分解整个产品结构，明确每个部分有几种替代方案，为每种替代方案寻找一个共同的表达方式（即概括出共同的特征），如果没有共同的表达方式则分开申请不同的专利；如果是方法专利的话，就将方法的步骤细分成具体的小步骤，然后就每个小步骤还能有什么替代方式做分析，从而形成不同的技术方案。

第二种操作方式：

针对某个实际要解决的技术问题，研究出某种技术方案，然后由内部专利代理师撰写出权利要求1。撰写完毕之后，将这个专利转给另外一个专利代理师（或者技术人员），要求他就此权利要求的保护范围，提出一个既可以解决技术问题、同时不侵犯这件专利权的技术方案，也就是自己规避自己的技术方案。完成之后，再将这件自己规避自己的技术方案交给第三个人，让第三个人在不侵犯

前两个技术方案保护范围的基础上，再研究一个技术方案。诸如此类循环下去，成就一系列的技术方案和专利布局。

但是这种操作手段仅仅是一个以规避设计主持专利布局的思路。从专利稳定性的角度来说，专利的保护范围和稳定性很难确定；从侵权认定的角度来说，全面覆盖原则和等同替换原则如何发挥作用，都有疑问。那么怎么办？其实很简单。在专利布局中，自己撰写的权利要求的保护范围只以与检索到的最接近的对比文件的区别特征为准，保护范围就这样定，稳定性方面完全不考虑公知常识。然后，在规避设计的技术方案是否侵权的判断中，只以全面覆盖原则为准，不考虑等同替换原则。这也是在专利布局中的规避设计，与真正面对竞争对手的专利规避设计的区别。面对竞争对手的专利做规避设计，要在稳定性方面考虑公知常识，能无效尽可能先提无效，就不用规避设计了；在侵权方面，要考虑等同替换原则，给自己更多的安全余量，也要考虑功能限定对保护范围的影响，让规避设计的技术方案不需要耗费太多成本。

第三种操作方式：

用 Excel 表格的功能分解技术方案的各个技术特征，寻找每个技术特征替换特征，以及不同技术特征的不同作用；再用 Excel 表格的对比、拼接、拆分、替换功能，可以一次性地在一个表格范围内，将权利要求与对比文件进行比对，用作规避设计的不同的技术方案，一次性输出无数篇成文的整个权利要求和实施例。在这种方式下，可以将真正的精力集中在技术特征的规避上，不用考虑太多的形式问题，避免了第二种操作方式需要逐个撰写规避方案的独立权利要求的麻烦。不过，第三种操作方式只是节省操作时间的方式，真正规避设计的思考过程不能节省。

六、专利布局的第四定理是关于组织的合作定理

专利布局的第四定理是合作定理，穷举技术方案要靠技术人员，但是判断专利的保护范围以及规避设计的技术方案的规避可能

性是专利人员的工作。所以，好的专利布局必定要由技术人员与专利人员共同完成。

在全世界范围内，绝大多数企业都将专利撰写工作外包给专利代理机构，企业内部专利管理人员的日常工作主要是专利分析，其次是专利代理管理以及纠纷管理。我国台湾地区的企业比较喜欢在企业内部设置撰写专利的申请人员，十几年前，有些企业内部的专利管理者兼具技术与专利方面的专业能力，最合适做专利布局。国内的知识产权顶级企业很少在内部设置专门撰写专利的人员，顶多是审核专利代理文件资料。这就导致，技术能力与专利能力一般不会出现在同一个人的身上，专利布局变成了一个必须由技术人员和专利人员共同参与的工作。极端一点说，销售人员也应当参与进来，代表着对市场趋势的预测。由此会发现，技术人员归技术部管，销售人员归销售部管，专利代理师来自外聘机构，这三方面的人怎样聚在一起就某项技术方案的专利布局开展工作？只有一把手牵头决策才能实现，所以专利布局最终变成一把手愿不愿意做的问题。

专利布局的第四定理告诫大家，专利布局需要很多条件，需要多种职能配合而成，不可能由技术人员自己搞定，也不可能由专利代理师自己搞定。天真地把专利布局任务直接交给外部专利代理机构，不是专利布局，只是普通的专利申请。

七、一个典型的专利布局场景

步骤一：技术人员根据前沿技术、实践经验、市场需求开发新产品，产生新技术，要求专利人员进行专利布局对创新严格保护。比如，技术部门开发了新的新风控制系统，属于硬件控制器的升级和软件控制算法共同的改进。这一步是技术部门的工作。

步骤二：专利人员进行专利分析，了解在这两方面最顶级的竞争对手的优势以及已经申请专利的各种技术，找到自身技术方案的创造性。这是专利布局的第二定理，布局之前必须做行业专利分析，这一步是专利部门的工作。

步骤三：专利人员根据自身的技术以及专利分析的结果，考虑专利可以布局的行业、技术、产品等；结合上游、下游产业链，横向的、接近的行业与技术领域，未来几年可能发展的技术趋势，共同分析。比如，上游产业链是否可以申请控制器硬件专利，下游是否可以申请关于设计施工中针对该款特定控制器可以更换的批量技术；横向行业扩展在家用空调、冷水机组、风机盘管，甚至压缩机等领域是否可能应用，甚至并非暖通领域的变频控制器、电机风机控制、热水器冰箱煤气灶等相关领域是否有可能应用到这项技术。这一步是专利布局的第一定理，需要技术部门和专利部门共同参与。

步骤四：上述可能布局的专利，需要技术人员的参与，在纸面上进行研发，针对专利人员考虑到的所有布局点，重新设计技术方案和出图纸，能应用的就出新产品，短期内不可能应用的，就是纸面上的研发，先把专利申请了再说。这一步是专利布局第三定理，穷举可规避的技术方案，实际上是重新研发。所以说，专利布局在技术上要求更高，技术人员甚至比专利人员参与度更高。

步骤五：由专利人员根据技术人员新的批量研发进行专利撰写，完成专利申请。这一步是专利布局的第四定理，需要多方配合。

步骤六：授权专利交给销售部门或者专利运营部门使用。

八、关于专利布局的形象总结

第一定理说的是要知道自己想做什么，就是扩展专利的保护范围；第二定理说的是要知道自己应当先做什么，专利分析是前提条件；第三定理说的是应该怎么做专利布局，规避设计是唯一手段；第四定理说的是需要多方配合，技术人员和专利人员都不能缺。

技术人员产生的可用于实际生产的创新技术，具有最好的技术效果、最低的成本，是解决某个技术问题的最佳技术路线，因此竞争对手是最喜欢也最容易模仿的，所以就这个最佳技术方案要申请专利。竞争对手为了规避最佳技术方案的专利，一定会采取某些规避设计的手段，采用能够解决相同技术问题但并不落入专利保护范围的技术方案。这样看来，专利布局比普通的专利申请的工作量、难度和成本都增加很多，其实专利布局的本质依然是专利申请，只不过是升级版的、有目标、有计划、有组织的专利申请。

第五章 知识产权交易

知识产权交易是知识产权运营的一种主要形式，这种形式又可以细分为知识产权转让和知识产权许可。

一、转让

知识产权转让，是指知识产权出让主体与知识产权受让主体，根据与知识产权转让有关的法律法规和双方签订的转让合同，将知识产权权利享有者由出让方转移给受让方的法律行为。在无特别说明的情况下，本书所说的知识产权转让仅指合同转让，不包括继承、继受等方式的转让，即仅指基于商业合同的转让。所谓商业合同，就是为了达成商业目的当事双方或多方签订的确定权利义务关系的、具有法律意义的文件。另外，包含在知识产权中的精神权利，不可转让。

（一）出让方

知识产权转让业务中的出让方，必须是所出让知识产权的权利人，并且有出让该知识产权的完整权利。即一旦出让合同生效并启动执行，执行过程不会因出让方的权利人瑕疵受到影响。具体而言就是：①全部权利人都为所转让知识产权的真实权利人，并且都同意该转让合同；②所转让知识产权处于有效保护期限内；③所转让知识产权不在诉讼或无效请求审理中；④所转让知识产权不涉及质押或涉及质押但已经解除；⑤所转让专利权不涉及独占许可或独占许可合同已经到期；⑥所转让知识产权不涉及作价出资或作价入股。

（二）受让方

从法律角度看，知识产权受让方合法合规地使用受让的知识产权是必要提醒。但就商业运营而言，受让方接受该项知识产权的真实目的不必要在转让合同中予以清晰表述。历史上，曾经发生过为了防止本企业产品被先进技术淘汰而购入先进技术的专利权置之不用的事件。因此，知识产权转让方在必要时，需要对受让方的受让意图有明确判断，以便做出明智决策。

（三）转让合同

知识产权转让是基于合同进行的商业行为，转让合同是知识产权转让的行动依据，故应高度重视转让合同。

在法律上把知识产权转让视为财产权转移，故相应的法律如《专利法》《商标法》《著作权法》都对知识产权转让合同做出了明确的规定。概而言之，签订知识产权转让合同要注意：①签订书面合同；②向行政主管部门登记（专利权转让）或核准（商标权转让）或备案（著作权转让，但不强制）；③登记公告或核准公告后生效。

（四）知识产权转让的法律规定

《专利法》第十条规定：专利申请权和专利权可以转让。中国单位或者个人向外国人、外国企业或者外国其他组织转让专利申请权或者专利权的，应当依照有关法律、行政法规的规定办理手续。转让专利申请权或者专利权的，当事人应当订立书面合同，并向国务院专利行政部门登记，由国务院专利行政部门予以公告。专利申请权或者专利权的转让自登记之日起生效。

《商标法》第四十二条规定：转让注册商标的，转让人和受让人应当签订转让协议，并共同向商标局提出申请。受让人应当保证使用该注册商标的商品质量。转让注册商标的，商标注册人对其在同一种商品上注册的近似的商标，或者在类似商品上注册的相同或者近似的商标，应当一并转让。对容易导致混淆或者有其他不良影响的转让，商标局不予核准，书面通知申请人并说明理由。转让注册商标经核准后，予以公告。受让人自公告之日起享有商标专用权。

《著作权法》第二十七条规定：转让本法第十条第一款第（五）项至第

（十七）项规定的权利，应当订立书面合同。权利转让合同包括下列主要内容：①作品的名称；②转让的权利种类、地域范围；③转让价金；④交付转让价金的日期和方式；⑤违约责任；⑥双方认为需要约定的其他内容。《著作权法实施条例》第二十五条规定：与著作权人订立专有许可使用合同、转让合同的，可以向著作权行政管理部门备案。

二、许可

如前所述，知识产权许可是知识产权运营的精华所在。因为在商业实践中，除了对申请许可者不予同意（即不许可）外，在同意许可的前提下，还有至少五种许可类型（独占许可、排他许可、普通许可、交叉许可、分许可），无论选择哪种许可类型，都在法律规定的范围内基于合同展开，许可合同的内容，完全是当事各方基于“意思自治”的“协商一致”，因此围绕许可合同形式和内容的商业谈判，无疑是丰富多彩的。

（一）许可的类型

（1）独占许可。独占许可是指一定时间内，在知识产权的有效地域范围内，利权人只许可一个被许可人实施其知识产权，而且权利人自己也不得实施该知识产权。因为独占许可是授予被许可方在某一地域、某段时间内的独占实施知识产权，因而独占许可的许可费要比其他许可形式高得多。

（2）排他许可。排他许可也称独家许可，是指在一定时间内，在知识产权的有效地域范围内，权利人只许可一个被许可人实施其知识产权，但权利人自己有权实施该知识产权。排他许可与独占许可的区别就在于排他许可中的权利人自己享有实施该知识产权的权利，而独占许可中的权利人自己也不能实施该知识产权。通常，排他许可的使用费比独占许可的低。

（3）普通许可。普通许可是指在一定时间内，权利人许可他人实施其知识产权，同时保留许可第三人实施该知识产权的权利。这样，在同一地域内，同时可能有若干被许可人且权利人自己也可以实施知识产权。普通许可是知识产权许可中最常见的一种类型。普通许可适用于市场容量大的情形。

（4）分许可。分许可即被许可人依照与权利人的协议，再许可第三人实施同一知识产权，被许可人与第三人之间的许可就是分许可。被许可人签订这种分许可合同必须得到权利人的同意。分许可一般适用于原许可为独占实施许可的情况。

（5）交叉许可。交叉许可也称互换许可，是指两个权利人互相许可对方实施自己的知识产权。这种许可，两个知识产权的价值大体是相等的，所以一般是免交使用费的，但如果二者的效果或者经济效益差距较大，也可以约定由一方给予另一方以适当的补偿。以专利为例，专利交叉许可通常适用于三种情况：①一项取得专利权的发明或者实用新型比之前已经取得专利权的发明或者实用新型在技术上先进，而其实施有赖于前项专利的，两个专利权人在这种情况下互相给予对方以实施权；②原许可合同的许可方与被许可方在合同中或事后约定，双方各自对合同技术做出后续改进并取得专利权的，相互给予对方以实施权；③利益密切相关的企业为始终处于技术上的优势地位，相互许可对方实施其专利权。

（二）许可费率

知识产权许可费率是决定许可费用的重要参数。关于许可费率，虽然有约定俗成的情况，比如专利许可费率的 25% 原则（25% 规则的首倡者是罗伯特·金希德（Robert Goldscheider），他对 20 世纪 50 年代的一系列专利许可案例进行了研究，得出了 25% 这样一个平均值）。但是在实际业务中，许可方和被许可方要围绕许可业务综合收益框架来谈判许可费率，在许可业务中，一般采用“入门费 + 权利金”的费用模式。权利金计算，通常采用“利润 × 许可费率”或“销售额 × 许可费率”公式来计算。即首先谈判确定入门费和权利金的比例，其次谈判确定基于利润收取权利金还是基于销售额收取权利金，最后谈判确定许可费率。

许可费率的确定和以下几个方面的因素有直接关系。

（1）知识产权的市场影响力。比如，解决核心关键技术难题的专利（权）、有品牌效应的商标（权）、有广泛受众的作品的著作权，这些知识产权的许可费率显然高于一般的知识产权。

（2）知识产权的保护力度。在保护力度大、保护环境好的地方，模仿的成本和风险比较高，容易形成许可方市场，许可方在许可谈判中处于有利地位，对许可费率的决定有较大主动权。反之，在保护力度小、保护环境差的地方，模仿的成本和风险不太高，双方的许可合同谈判成为综合博弈。

（3）许可类型及所涉及行业、领域。不同类型的许可、不同种类的知识产权，许可费率不同；知识产权所涉及行业不同，许可费率亦不同；所涉及的领域不同，许可费率也不同。

（4）许可人和被许可人的市场地位关系。市场地位强势的一方，在许可费率谈判中占据主动地位。

（三）许可人与被许可人

在商业运营意义上讲，许可人和被许可人是利益联盟或利益共同体。许可人是知识产权权利人，是知识产权的提供方；被许可人是知识产权的使用方，双方共同用好知识产权、创造价值获取收益。在许可合同签订、开始执行后，许可人和被许可人取长补短、相互配合，向着同一个目标一起努力。

（四）许可合同

知识产权法律对许可合同也有明确的规定，如签订合同、履行相应的行政管理手续等。

（五）有关许可的法律规定

《专利法》第十一条规定：发明和实用新型专利权被授予后，除本法另有规定的以外，任何单位或者个人未经专利权人许可，都不得实施其专利，即不得为生产经营目的制造、使用、许诺销售、销售、进口其专利产品，或者使用其专利方法以及使用、许诺销售、销售、进口依照该专利方法直接获得的产品。

外观设计专利权被授予后，任何单位或者个人未经专利权人许可，都不得实施其专利，即不得为生产经营目的制造、许诺销售、销售、进口其外观设计专利产品。

《专利法》第十二条规定：任何单位或者个人实施他人专利的，应当与专利权人订立实施许可合同，向专利权人支付专利使用费。被许可人无权允许合同规定以外的任何单位或者个人实施该专利。

《商标法》第四十三条规定：商标注册人可以通过签订商标使用许可合同，许可他人使用其注册商标。许可人应当监督被许可人使用其注册商标的商品质量。被许可人应当保证使用该注册商标的商品质量。经许可使用他人注册商标的，必须在使用该注册商标的商品上标明被许可人的名称和商品产地。许可他人使用其注册商标的，许可人应当将其商标使用许可报商标局备案，由商标局公告。商标使用许可未经备案不得对抗善意第三人。

《著作权法》使用他人作品应当同著作权人订立许可使用合同，本法规定可以不经许可的除外。许可使用合同包括下列主要内容：①许可使用的权利种类；②许可使用的权利是专有使用权或者非专有使用权；③许可使用的地域范围、期间；④付酬标准和办法；⑤违约责任；⑥双方认为需要约定的其他内容。

三、作为交易促成手段的诉讼和解

知识产权诉讼的一个突出特点是高和解率，这在很大程度上表明，知识产权诉讼的目的在于争取商业利益，诉讼是促成交易的手段。这个手段有两种利用形式，一种是实施主体对实施主体的诉讼，另一种是非实施主体对实施主体的诉讼。

（一）实施主体之间的诉讼和解

这是知识产权常规诉讼和解，近年来有名的有：苹果与三星的和解（2018年）、苹果与高通的和解（2019年）、华为和高通的和解（2020年）、小米与InterDigital的和解（2021年）、小米与华为的和解（2023年），等等。

诉讼和解是当事人意思自治的体现。当事人意思自治，是指民事案件当事人在不违反公共利益，不侵犯国家、集体和他人的合法权益的前提下，有权根据自己的意愿，自主地处分本人民事上的实体权能和程序权能，而不受外来干涉的权利。《最高人民法院关于民事诉讼证据的若干规定》中，规定了庭前证据交换制度，通过庭前的证据交换，使双方当事人对案件的大致趋势心中有数，对案件的事实有全盘的了解，也非常清楚自己所拥有的证据的优劣之势。在这样的情况下，对于一般的当事人而言，多数当事人会选择和平解决其纠纷。

（二）NPE 对实施主体的诉讼和解

知识产权领域的 NPE 有很多种，大多数大学、科研机构，甚至研发为主的企业，都被视为 NPE，这是正常的 NPE。还有一类是非正常的 NPE，即某些机构和个人利用 NPE 这种形式，采用激进的、轻率的知识产权诉讼策略，纠缠甚至骚扰实体公司试图投机获利，与知识产权以法律来培育和鼓励创新的本意恰恰背道相驰，此类公司一般被称为“专利流氓”（Patent Troll）。一般来说，区分一个 NPE 是合理进行的专利运营活动，还是“专利流氓”，判断因素有如下几个。[1]

（1）是否有轻率起诉或滥诉行为（Frivolous Litigation or Vexatious Litigation）。例如，没有在起诉前对侵权事实和证据进行足够的调查、短时间内对多个实体公司发起大量诉讼等。

（2）诉讼所使用的专利实际上并无价值或对现有技术没有贡献，即使用的都是低质量专利（No value or contribution to the prior art.）。

（3）诉讼所使用的专利是否有一定研发投入支持。与合理运营的 NPE 不同，“专利流氓”为了大幅减少获取专利的成本，持有的专利大多通过简单的头脑风暴或者凭空臆想所得。

（4）在诉讼之前是否和被诉人进行过专利许可谈判（Patent License Practice）。由于“专利流氓”自己也知道所持有的专利资产实际上价值不高，所以一般并不会和被诉人进行关于专利许可的接触和谈判，而是直接起诉以达到勒索的目的。

（5）专利权人的起诉行为是否对被诉人造成较大的困扰，而造成所谓的“寒蝉效应”（Chilling Effect）。例如，利用大量诉讼给被诉人造成大量的应诉成本（Legal cost）而使得被诉人倾向于“破财消灾”（付费和解），又或在特殊时间点（如被诉公司即将上市之际）发起诉讼使得被诉人宁愿“大事化小”而不愿积极应诉（Hesitate to defense），等等。

---

[1] 申伟．“专利流氓”盯上大疆零度？ 17 项专利被判无效 [EB/OL].（2017-12-29）[2023-05-06]. https://uav.huanqiu.com/article/9CaKrnK6br0.

延伸阅读 5

读《烧掉舰船》，从微软转型看知识产权战略[1]

《烧掉舰船》一书由微软副总裁马歇尔·菲尔普斯主编，详细描述了其如何逐步带领消除10年前不主张专利（NAP）条款当前对公司专利业务的影响，并实施知识产权战略带领微软公司进行战略上的调整，将知识产权在“开放式创新”时代下，作为微软公司占据行业地位的有力武器。

马歇尔在就职于微软之前，曾任IBM公司的知识产权与许可副总裁，利用知识产权武器成功使得IBM公司摆脱经营困境。当时，IBM公司所面临的问题存在当前问题与长远问题两个方面。对于IBM来说，解决当下美国司法部对于公司的反垄断诉讼，通过司法途径及律师团队的努力便能在一定时间段内解决，然而，面对如此低迷的经营状况，IBM公司在未来应该成为一个什么样的公司是一个更加值得公司高层思考的问题。

由于决策效率低下的原因，马歇尔带领本部500余人前往日本作为IBM亚洲地区的事务处理中心。在日本，马歇尔团队与日立、三菱、富士通等计算机公司就主机软件的专利许可问题进行了一段时间的谈判，这让马歇尔认识到了知识产权的主要作用并不应该作为打击竞争对手、获得赔偿金的诉讼工具，而应被视作公司的业务及金融资产。认识到这一点后，时任副总裁的马歇尔在IBM命悬一线之时，做出如下变革：

① 将商业与行业关系部门更名为知识产权与许可部门；

② 终止该部门与行业的联系及其他项目；

③ 精减人员；

④ 通过改善研发投入与产出不平衡现象，改善公司业务；

⑤ 采取积极的专利政策；

[1] 佚名.读《烧掉舰船》，从微软转型看知识产权战略[EB/OL].（2020-04-14）[2023-05-06]. https://zhuanlan.zhihu.com/p/130460285.

⑥ 与研发部门合作，通过将各个部门研发的技术授权给竞争对手，分发授权所得利润；

⑦ 找到侵权公司并与其签署许可协议，并试图在许可中增加额外的专利技术或技能。

通过一系列组织架构及专利许可的改革，IBM 公司在 2000 年当年的利润收入总额中，有 25% 来自知识产权的与授权的项目。如果说马歇尔利用知识产权拯救 IBM 公司于水火之中更多地集中于组织架构以及技术的对外许可，马歇尔在微软公司利用知识产权所做的变革，则是将知识产权内嵌入微软公司发展总战略之中，并使知识产权作为战略核心，发挥作用。

2003 年，微软正面临着巨大的挑战：公司有限的专利系列产品并不能有效地保护其庞大的研发投资，也无法为当今新的商业机会提供强有力的支持。在马歇尔看来，造成微软现在局面的原因，要归咎于在专利业务上，微软一直专注于反垄断起诉与高昂的诉讼费用的防守状态，被视为行业内的垄断者。在开放资源运动背景的今天，要用合作态度，克服“堡垒式心态”，摒弃单独行动的防守状态。作为行业中的领军人物，微软的一举一动都对整个信息技术行业的发展形态及方向产生深远的影响，作为技术创新的中心，加速创新的最好战略是加强与其他公司的合作，知识产权是这种合作方式强有力的纽带。因此，马歇尔所要解决的问题重点是：在“开放式创新”的理念下，用一种新合作战略使微软公司与大小型公司、咨询企业及软件发明的个人发明者进行知识产权相关合作及交流的同时，仍能保住行业 C 位。

新合作战略的真正考验，是要使微软完全放弃 10 年内带来收益的 NAP 条款，此条款要求：经授权使用 Windows 的个人电脑者及设备制造者及初始设备制造商（OEMs），在他们已经将新的微软软件推向市场之后，不得以专利侵权起诉微软，相互之间也不得起诉。这一条款会加剧合作方在专利侵权方面的损失，进而成为影响微软与国内外技术行业关系的关键因素。要解决这一关键问题，马歇尔认为应采用专利交叉许可战略彻底取代NAP条款，将知识产权视为一种完全的，多功能的业务，为微软获得积极的机会。

为进行企业战略导向的改进，马歇尔进行了一系列改革：

一是开发专利系列产品。

微软在专利业务方面主要存在两个主要的问题。其一，公司没有充分地保护最有战略价值的技术；其二，用来创造价值的技术数量不足。为改进这一现状，在马歇尔的领导下，微软知识产权部门采取了以下措施：

（1）雇佣公司内部律师设计专利，不再依靠外部律师。此举能够提高公司的专利质量，使得公司拥有专利具有战略相关性，避免不必要的研发支出。

（2）建立“虚拟法律公司”。此举能够帮助公司以外的律师在节约成本的情况下，完成审查优先技术的任务，进而增加专利申请及通过审查的专利数量，提升专利质量。

（3）提升专利技术价值。通过专利授权获取收入；自主开展经营活动；抵制侵权诉讼；采用与其他公司合作等方法，利用知识产权的商业价值，使得拥有的技术能够最大化地为公司获取利润。

（4）“超前发明”。以“开放式创新＋包容性价值”促进合作为理念，研发部门与生产部门定期举行研讨会议，关注下一个产品周期创新关注问题的转化。其间，与会人员将解决以下问题：

“如果我正在从事的创新活动在未来五年内发挥作用，那么我能否对此申请专利？”

“哪些项目在未来五到十年内可能会变得更为重要而我们尚未开始研究？”

“我们是否应该在该领域从事一些发明，获得一些知识产权，进而为自己留有一席之地，以便抓住这个令人兴奋的新机会？”

我认为，这几个问题不论在哪个行业都是值得思考的，通过对这几个问题的探究，可以找到公司未来技术发展的方向，认清合适的合作对象，并牢牢锁定目标，抓住机会，提前在某些技术领域占据一席之地。同时，使得知识产权成为企业各个部门之间内部的社交力量。

二是组织模式的改变。

在经过全面的调查后，马歇尔发现，若想将知识产权理念贯彻于微软整个公司体系之中，则需要对负责专利的部门进行组织模式的改变。而企业的组织变革，一定会遇到阻力。

（1）经营战略总会牵扯到文化因素。微软的企业文化导致员工的冷漠与不擅交际。员工大多坐在格子间中，完成自己手中的任务。因此，马歇尔首先与各个部门的负责人及主要代表人进行深入的沟通，使微软员工逐渐改变僵化刻板的理念，向他们灌输开放、走出去的理念。

（2）组织结构变革。马歇尔进行了一系列的授权活动，将组织结构由职能型转向事业部型结构，将权力下放，使自己将精力放在最重要的事务上。同时，增加授权部门，使得微软现有的私人关系逐步向合作关系转化。授权部门存在的意义主要是开拓交易渠道，为客户介绍技术、解答问题，促进知识产权的合作与技术的交流，也进一步验证了“开放式经营”对于当前微软处境的正确性。已存在的法律部门则更多地关注公司哪些专利可以授权？是否对于那些试图克隆微软产品的公司也提供技术支持？何种申请者可以获得微软的授权？这些都关系到微软专利业务在实行“开放式资源”理念的同时，保证自身拥有技术的安全性与竞争优势的稳定性。值得一提的是，在决定授权何种技术时，微软又给了公司经营者启示：企业一些处于成长期或遇到技术瓶颈的技术，可将其“投资”给小型的新建企业或个人，他们大概率能够将这些基础技术开发为新的产品或服务，成为独立发展的业务，也可使企业认识到该项技术潜在的商业用途。

第六章 知识产权金融

知识产权金融是知识产权与金融相结合的创新型业务。我国目前的知识产权金融产品主要有知识产权保险、知识产权质押融资、知识产权证券化和知识产权运营基金四种。

一、保险

知识产权保险，是指保险人为被保险人在开展知识产权创造、保护、运用、管理及服务等知识产权活动时，对保险事故所造成的经济损失承担赔付责任的保险。知识产权保险的标的均为无形资产的知识产权，其保障对象主要为各类知识产权活动中的潜在损失，以及各类经营活动中涉及知识产权的潜在损失。知识产权保险的投保人主要是各类知识产权的权利人或其利益相关人。[1]

截至2022年年底，已有超过22个省份、99个地市开展了知识产权保险业务，覆盖了专利、商标、著作权、地理标志、集成电路布图设计、植物新品种以及商业秘密等知识产权类型，涵盖知识产权创造、保护、运用各个环节，累计为超过2.8万家企业的4.6万余件专利、商标、地理标志及集成电路布图设计提供了逾1100亿元风险保障。[2]

（一）保险种类

知识产权保险责任，通常可按照保险责任类别、承保标的物的知识产权

❶ 国家知识产权局发展研究中心，中国人民财产保险股份有限公司．中国知识产权保险发展白皮书2022 [R]. 北京，2022.

❷ 谷业凯．我国知识产权保险覆盖企业超2.8万家 [N]. 人民日报，2023-02-09，第02版．

类型，或者知识产权全生命周期所处的阶段进行划分。

按照保险责任类别，知识产权保险可分为费用补偿类、被侵权损失类、侵权责任类和融资担保类等类型。

按照保险标的物涉及知识产权的类型，可分为专利保险、商标保险、著作权保险、地理标志保险、集成电路布图设计保险、植物新品种保险和知识产权综合保险等。

按照知识产权保险功能，可划分为激励创新类、转化运用类和风险保障类保险。

（二）我国知识产权保险的发展

1. 相关指导性政策

2015 年，《中共中央　国务院关于深化体制机制改革加快实施创新驱动发展战略的若干意见》首次在中央文件中提出“推进专利保险试点”的工作要求。同年，《国务院关于新形势下加快知识产权强国建设的若干意见》（国发〔2015〕71 号），明确提出“积极推进知识产权海外侵权责任保险工作”。2017 年，《国务院关于强化实施创新驱动发展战略进一步推进大众创业万众创新深入发展的意见》明确提出“推广专利权质押等知识产权融资模式，鼓励保险公司为科技型中小企业知识产权融资提供保证保险服务”。2019 年 11 月，中共中央办公厅、国务院办公厅印发《关于强化知识产权保护的意见》提出，“鼓励保险机构开展知识产权海外侵权责任险、专利执行险、专利被侵权损失险等保险业务”。2021 年，中共中央、国务院印发《知识产权强国建设纲要（2021—2035 年）》，明确提出“积极稳妥发展知识产权金融，健全知识产权质押信息平台，鼓励开展各类知识产权混合质押和保险，规范探索知识产权融资模式创新”。同年，国务院印发《“十四五”国家知识产权保护和运用规划》（国发〔2021〕20 号）也明确提出“鼓励知识产权保险、信用担保等金融产品创新，充分发挥金融支持知识产权转化的作用”“拓展知识产权投融资、保险、资产评估等增值服务”“鼓励保险机构开展知识产权海外侵权保险业务”等具体工作安排。这一系列重要文件为知识产权保险深化发展明确了重点方向。

2. 相关工作性政策

2017 年，《中国保监会关于保险业支持实体经济发展的指导意见》（保监发〔2017〕42 号），提出“研究开展专利保险试点工作，分散科技企业创新风险，降低企业专利维权成本，为科技企业自主创新、融资、并购等提供全方位的保险服务”。同年，国家知识产权局连续发布《关于引入专利质押融资保证保险完善专利质押融资风险补偿机制的通知》（国知办函管字〔2017〕96 号）和《关于抓紧落实专利质押融资有关工作的通知》（国知办函管字〔2017〕733 号），要求有关地方推广有关试点经验，引入专利保险机制，设立地方性风险补偿资金，积极引导企业为质押项目购买专利执行保险和融资保证保险，实现贷款、保险、财政风险补偿捆绑的专利权质押融资项目落地。

3. 业务部门的实践

在实践方面，我国探索了两种新的知识产权保险工作模式。一是由保险公司组织律所、知识产权服务机构和产业专家组成知识产权保险专业服务联盟。二是由若干保险公司组合建立知识产权保险共保体，发挥各自业务所长，弥补一些保险公司在知识产权保险业务经验方面的不足。例如，2020 年 6 月上海的国泰财产保险有限责任公司、太平科技保险股份有限公司、富邦财产保险有限公司、华海财产保险股份有限公司组成的知识产权保险共保体，为某企业的专利、商标、软件著作权、集成电路布图设计等 223 项知识产权和商业秘密承保，提供了 350 万元的保额。

（三）知识产权保险典型案例

中国人民保险财产股份有限公司（以下简称“人保财险”）是国家知识产权局唯一的战略合作伙伴，引领国内专利保险发展，建立了世界领先的知识产权保险产品体系。以下介绍几个人保财险的知识产权保险业务案例。

1. 北京市知识产权保险试点

2020 年 1 月，北京市知识产权局、北京市金融监管局、北京银保监局等七部门联合印发《北京市知识产权保险试点工作管理办法》和《北京市知识产权保险试点工作实施方案》，旨在通过商业保险的风险分担机制，分散企业知识产权维权和价值转化过程中的风险，实施方案分散企业知识产权维权和价值转换过程中的风险，通过政府给予一定比例保费补贴的方式，支持北京市单项冠军企业和重点领域中小微企业，将具有创新性、引领性、前沿性的专利向保险公司投保知识产权保险。截至 2022 年年底，北京市知识产权保险试点项目人保财险已为437家冠军企业及中小企业的4521件专利，提供了50.29亿元的风险保障。

人保财险北京分公司独家承保的北京市知识产权保险试点项目，作为唯一保险项目，成功入选国家服务业扩大开放综合示范区首批十大最佳实践案例。入选2020年北京保险行业重大承保、理赔、科技创新保险案例。2021年和2022年连续两年获评中国国际服务贸易交易会“两区”建设十大最具影响力政策。

这个案例的主要创新点有：

一是创新研发，量身定做保险产品。以北京市知识产权保险试点政策为指导，结合北京市不同类型企业的需求推出“北京专利卫士保险方案”，保障首都企业在专利维权过程中所产生的调查费用、法律费用、证物费用，以及无效环节诉讼费用和直接经济损失。

二是政府引导与市场机制相结合，打造“北京模式”。北京市政府对知识产权保险工作进行政策指导，人保财险优化知识产权保险产品，由企业自愿投保，协商签订保险合同。政府政策指导与商业机制相配合，形成了可持续的良性模式。

三是实施高精尖产业发展与精准支持企业相结合。北京市知识产权保险的试点项目，精准锁定最需要金融创新支持单项冠军企业和重点领域中小微企业。“保险+法律咨询+专利体检”，创新打造全链条服务。

四是人保财险与专业律所、代理所合作，为投保企业提供“保险+法律咨询+专利体检”的全链条服务。

2. 知识产权海外纠纷法律费用保险

2022年年初北京市印发《2022年北京市知识产权海外纠纷法律费用保险试点工作方案》，按照“政府引导、市场主导”的原则，首次实施为期三年的北京市知识产权海外纠纷法律费用保险试点工作。每年重点支持不少于5家北京市出口型企业，对每家企业提供不超过保费80%且最高不超过80万元的财政资金支持。

知识产权海外纠纷法律费用保险试点项目总结了国内外知识产权保险发展情况以及工作经验，创新服务创新主体需求，北京市知识产权局指导试点保险公司聚焦企业实际需求开发知识产权海外险试点产品。一方面降低了企业海外维权成本、提升企业海外维权积极性，另一方面将风险管理服务作为保险产品的一部分，在鼓励企业维权的同时，帮助企业降低风险，逐步丰富海外知识产权保护应对手段，提升企业应对纠纷的解决能力，增强企业“走出去”的信心。

人保财险北京市分公司坚持需求导向、市场导向、效果导向，通过重点企业走访调研，全国首创开发了知识产权海外纠纷法律费用保险产品，采用“保险+服务”的模式，为企业提供全方位的风险管理服务，协助企业化解知识产权海外纠纷中面临的法律费用应诉高的最大难题，全力推进北京市海外知识产权保护的首次落地。

保险产品具有保障全面、赔偿触发清晰快速等特点，为试点企业在应对知识产权海外纠纷所产生的法律费用给予保险保障，每家企业年度保障金额累计 600 万元，满足企业快速平衡财务波动的需求。经过在线申报、承保评审、复核等流程，试点保险公司为 7 家海外出口业务较多的企业承保了知识产权海外纠纷法律费用保险，其中试点项目提供保费补贴 400 万元，累计提供保险保障金额 4200 万元。

人保财险北京市分公司凭借《“保险+服务”知识产权保险新模式》案例的创新做法和实践效果，在 2022 年中国国际服务贸易交易会上脱颖而出，荣膺服贸会“业态创新服务示范案例”奖项。在中国国际服务贸易交易会“北京主题日”活动上，北京市知识产权保险试点工作入选北京“两区”建设十大最具影响力政策。

3. 青岛市专利质押融资保证保险

青岛市市场监管局下设的青岛市知识产权事务中心组织专利评价、保险、担保、银行及经纪服务机构建立专利权质押保险贷款服务联盟，制定联盟章程和工作规程，建立专业化的“荐评担险贷”工作流程，推出专利权质押保险贷款风险化解体系。为了加强风控，青岛市采取由区市主管部门或联盟机构推荐的方式选取贷款企业。由知识产权咨询机构对拟质押的专利进行法律性、技术性、经济性评价，从传统代理转型为知识产权运营，服务于担保、保险和银行。三类金融机构将银行承担 100% 贷款风险转变为保险、银行和担保三方以 6∶2∶2 比例进行风险分担，形成共保体。截至 2022 年年底，人保财险青岛市分公司累计承保 246 家 / 次企业，帮助企业获得银行融资超过 6 亿元。

客户与市场的认可引起官媒的关注与点赞，2022 年 4 月《人民日报》经济版刊发文章，对专利权质押保险贷款“青岛模式”进行报道，肯定了保险在纾解科技型企业融资难题方面的重要作用。

这个案例被原保监会专报至中共中央办公厅、国务院办公厅并命名为“青岛模式”，国务院督查组给予充分肯定，省委领导批示在全省复制推广；入选国家支持民营企业改革发展的典型做法；“青岛模式”培育的企业案例成为全球众多技术与创新支持中心（TISC）中唯一入选世界知识产权组织的“4.26 典型案例”，用 8 种语言在世界知识产权组织官网首页宣传推广；《人民日报》多次报道，《经济日报》《中国知识产权报》等十余家媒体跟踪报道。2022 年 3 月 31 日，“打造‘青岛模式’破解贷款难题”工作案例入选“国家知识产权局知识产权信息服务优秀案例”。

4. 知识产权海外侵权责任保险

2020 年 5 月，在广州市黄埔区、广州开发区知识产权局的见证下，京信作为首批企业之一投保全国首单知识产权海外侵权责任保险保单，开发区政府为区内投保知识产权保险的企业，按投保费用的 60% 给予补贴。

2020 年 12 月，京信在美国遭遇专利流氓 A 公司的无端侵权诉讼，2021 年 1 月人保财险、京信法务、知识产权及技术专家以及中外律所组成的专项应对小组迅速成立，分析确认京信产品不侵权的事实，并确定应对策略。在案件实施过程中，人保财险高度重视，与京信时刻保持良好沟通，信息共享，2021 年 5 月，综合各方面因素，经过多轮谈判，最终与对方达成了较低金额的和解。2021 年 8 月，案件顺利结案，人保财险于 9 月完成全部理赔款（包括法律费用及和解金额）的支付，为京信拓展海外业务、进行更及时的知识产权维权保护，提供了强有力的经济保障和专业团队支持。

该产品的创新点主要在于针对海外知识产权侵权设计，弥补国内市场空白，此款保险标的涵盖广，包括专利、商标、域名等，为我国企业在海外面临的知识产权纠纷提供全面的风险保障，保险责任宽，承保我国企业在货物制造、出口、销售、许诺销售等环节中涉嫌的知识产权侵权导致的损失以及与之签订销售等协议的第三方因相关产品承担的上述损失以及法律费用，可以为国内企业走出去保驾护航。

在落地过程中取得各级政府、广东省知识产权海外促进会等对外机构以及广东出口企业的支持。人保财险广东省分公司搭建了知识产权海外侵权责任保险服务体系，主要包括内部强大的服务团队以及外部服务体系。服务团队基于中国人保粤港澳大湾区知识产权保险中心，由广东人保财险省、市、支三级业务骨干组成。外部服务体系包括：承保前提供专业的风险控制服务，通过专业风险分析报告辅助风险控制；承保中通过为客户提供 12 项增值服务，一定程度上降低企业成本；出险后提供国内外并行的理赔服务，更专业地推动海外诉讼进度，维护国内企业利益。

截至 2022 年 9 月，人保财险广东省分公司已为 42 家 / 次企业提供超 1.28 亿元的海外侵权责任风险保障，涉及的行业有芯片、新材料、新能源汽车、高端机械设备、电子通信、生物医药、文娱产业等多领域，支付赔款数百万元。

二、质押融资

知识产权质押融资，是指企业以合法拥有的专利权、商标权、著作权中的财产权经评估作为质押物从银行获得贷款的一种融资方式。发达国家知识产权质押融资主要体现在金融规制缓和上，即通过修改担保法等和质押融资直接相关的法律，放宽质押物限制，允许知识产权进入金融质押业务。2023 年，全国专利商标质押融资额达 8539.9 亿元，同比增长 75.4%，惠及企业 3.7 万家。[1]

（一）我国知识产权质押融资的发展历程

我国知识产权质押融资起步于 1995 年。[2] 当年，《中华人民共和国担保法》即规定“依法可以转让的商标专用权、专利权、著作权中的财产权”可用于质押。1996 年，原国家专利局发布了《专利权质押合同登记管理暂行办法》。当时正值改革开放后我国兴起又一轮金融业改革，在国民对专利权、知识产权保护等概念尚不熟知的情况下，我国便已推出了专利权质押的配套措施，政策的起步点较早、前瞻性较强。然而在此后的金融业改革大潮中，虽然新机构、新业务纷纷涌现，专利质押业务却几乎裹足不前。根据目前可

---

[1] 银晟. 2023 年全国专利商标质押融资同比增长 75.4%——知识产权专利转化运用加速推进 [EB/N].（2024-01-05）[2024-02-06]. https://www.gov.cn/lianbo/bumen/202401/content_6924386.htm.

[2] 本节内容重点参考的文献是：赵廷辰．我国知识产权质押研究（上篇）[R]. 中银研究宏观观察，2022 年第 31 期（总第 428 期）.

查到的数据，当时全国一年质押的专利件数寥寥无几。例如，2005 年全国专利申请授权数已达 21.4 万件，但当年专利质押仅有 7 件。

2007 年，国家发展和改革委员会等六部门联合印发了《建立和完善知识产权交易市场指导意见的通知》。其中提出，政策性银行可以“按稳妥审慎原则”，经批准后开展知识产权质押贷款业务；而对于商业银行则未提及知识产权质押贷款，只提出鼓励为拥有自主知识产权的中小企业提供信贷服务。在当时来看，知识产权质押融资难度大、风险高，我国银行业一方面刚经历了大规模的不良贷款处置，另一方面在经济高速增长中又不乏其他优质信贷资产。因此，无论是监管部门还是金融机构，对知识产权质押的态度都非常谨慎。

2010 年 8 月，财政部等六部委联合印发了《关于加强知识产权质押融资与评估管理支持中小企业发展的通知》，首次明确提出商业银行“对中小企业以自主知识产权质押的贷款项目予以优先支持”，并提出了融资性担保机构为知识产权质押提供担保和可由经财政部门批准设立的资产评估机构对知识产权进行评估等配套措施。同年 10 月，国家知识产权局出台了新的《专利权质押登记办法》(1996 年出台的《专利权质押合同登记管理暂行办法》同时废止)。自此之后，我国知识产权质押融资进入了新阶段。

2010 年政策发布的主要目的在于要扶持中小企业。当时刚刚经历全球金融危机，各项金融改革进入相对平稳期，对知识产权质押这样一项复杂创新业务，似乎宜继续采取保守态度。但实际上全球危机对我国金融体系冲击相对可控，对实体经济影响则较为严重，尤其是外贸需求萎缩后大量中小企业遭遇经营困难。2009 年，国务院发布了《关于进一步促进中小企业发展的若干意见》，这促使此后多部门出台支持政策助力解决中小企业融资难问题，2010 年的知识产权质押支持政策便是其中一项。

党的十八大以来，我国对科技创新的重视程度明显加大，在十八届三中全会精神以及中共中央、国务院《关于深化科技体制改革加快国家创新体系建设的意见》等文件要求下，2014 年人民银行等六部委联合印发了《关于大力推进体制机制创新扎实做好科技金融服务的意见》，明确提出了“科技金融”的表述，并提出要“大力发展知识产权质押融资”，政策支持力度达到新高度。自此之后，知识产权质押的意义已不再限于助力中小企业融资，而进一步上升至支持科技创新发展。

2017年以来，在高质量发展的内在需求和中美博弈的外部压力下，我国对实现科技自立自强、支持科创企业成长的重视程度不断提升。2017年7月国务院下发《国务院关于强化实施创新驱动发展战略进一步推进大众创业万众创新深入发展的意见》，其中提出要推广专利质押等知识产权融资模式。9月，国务院办公厅下发《国务院办公厅关于推广支持创新相关改革举措的通知》，要求推广"贷款、保险、财政风险补偿捆绑的专利权质押融资服务"。10月，国家知识产权局办公室发布《国家知识产权局办公室关于抓紧落实专利质押融资有关工作的通知》，对各省专利权质押融资增长目标和相关配套措施提出明确要求。2019年8月，银保监会等三部门联合发布《中国银保监会、国家知识产权局、国家版权局关于进一步加强知识产权质押融资工作的通知》，提出"高度重视知识产权质押融资工作的重要性""鼓励银行保险机构积极开展知识产权质押融资业务，支持具有发展潜力的创新型（科技型）企业"。自2020年以来，多个部门密集出台了多项政策文件，对知识产权质押融资的业务增长目标、鼓励政策、配套支持措施等做出了多方面要求。最近的专门政策文件是国家知识产权局、中国银保监会、国家发展和改革委员会2021年联合印发的《知识产权质押融资入园惠企行动方案（2021—2023年）》，该方案要求聚焦产业园区，强化"政企银保服"联动，在措施优化、模式创新和服务提升等方面积极行动，推动知识产权质押融资工作深入园区、企业和金融机构基层网点，更好服务实体经济，有效缓解创新型中小微企业的融资难、融资贵问题，激发全社会创新创业活力，推动经济高质量发展。

（二）我国知识产权质押融资代表性实践模式

北京、上海、武汉在我国知识产权质押融资实践中的探索比较成功，相应的知识产权质押融资模式分别被总结为"北京模式""上海模式"和"武汉模式"。[1]

1. 北京模式

北京模式是直接质押融资模式，也是一种以银行创新为主导的市场化的

---

[1] 商务部服贸司. 北京、上海、武汉：创新知识产权质押融资模式[EB/OL].（2020-08-20）[2023-10-31]. https://mp.weixin.qq.com/s/HoekMqn_UKAEkcQkTKy-ow.

知识产权质押贷款模式。在这种模式下，北京市科学技术委员会充分发挥政府的引导、协调、扶持和服务的功能，银行则对科技型中小企业进行市场评估，推出了中小企业专利权和商标专用权质押贷款品种，而且还推出了各类“贷款”产品。但该模式存在门槛高、小企业难以受益等问题。

北京模式的基本特点主要有以下几点。

一是搭建平台，努力实现企业融资需求与知识产权金融服务精准对接。成立中关村知识产权投融资服务联盟，已吸纳包括银行、创投、保险、担保、评估和知识产权运营等各类机构40余家。举办联盟沙龙，召开质押融资对接会，探索构建“贷前有辅导，贷时有选择，贷中有监测，贷后有补贴”的全链条、一站式知识产权金融服务平台。

二是加强研究，不断深化知识产权融资担保服务。开展高精尖产业知识产权现状及融资担保贷款需求课题研究，深入了解人工智能、医药健康等高精尖产业核心专利技术发展状况。推出基于“知识产权运营＋投保贷联动”模式的“智融保”产品。

三是主动上门，积极打破政企“信息不对称”瓶颈。有关部门、单位走访数十家中关村企业和金融机构，深度沟通知识产权质押融资工作。制作发放《企业知识产权质押融资政策辑要》。

四是贴息资助，帮助降低企业融资成本。通过中关村国家知识产权制度示范园区知识产权质押贷款贴息专项资金等，向中关村企业发放知识产权质押贷款贴息专项资金。

五是风险共担，构建知识产权质押融资保险“中关村模式”。北京市知识产权局正式推出适合中关村的知识产权质押融资保险产品，并推动有关单位签订知识产权质押融资保险合同。

2. 上海模式

上海可以归纳为“银行＋政府基金担保＋专利权反担保”的混合质押模式，是一种以政府推动为主导的知识产权质押贷款模式。此模式中，上海浦东生产力促进中心提供企业贷款担保，企业以其拥有的知识产权作为反担保质押给上海浦东生产力促进中心，然后由银行向企业提供贷款，各相关主管部门充当了“担保主体＋评估主体＋贴息支持”等多重角色，采用知识产权简易评估方式，简化贷款流程，加快放贷速度，政府成为了参与的主导方。

在推行过程中，该模式存在科技专项资金利用效率较低的问题，且一旦产生坏账则主要由政府买单，政府将承担较大风险。

上海模式的基本特点主要有以下两点。

一是加大支持政策力度。在2018年修订的《上海市专利资助办法》中，对开展质押融资业务涉及的专利进行一定的资助，引导企业利用知识产权质押贷款。指导各区出台专项政策支持中小企业专利质押贷款，对开展专利质押融资的企业进行贷款贴息。

二是推出各具特色的融资产品。工商银行推出“评估机构＋银行＋处置平台”三方合作的产品模式。通过引入第三方服务机构对企业专利进行价值度评估，分为“优、良、一般、差、不可”五级，以把控专利自身风险。银行通过信用体系把控企业运营风险，依托国际运营（上海）平台对坏账进行处置。浦发银行在原“银行＋评估机构＋担保机构”风险共担的产品机制下对产品进行改良优化。上海银行引入担保机构，对担保机构进行间接授信。

3. 武汉模式

武汉模式则是在借鉴北京和上海浦东两种模式的基础上推出的“银行＋科技担保公司＋专利权反担保”的混合模式，其中最大的亮点是引入了专业担保机构，一定程度上分解了银行的风险。

武汉模式的基本特点主要有以下几点。

一是引入评估机构，对企业已获授权的专利进行评估，出具正式价值评估报告，为保险公司和银行提供参考。确定5家评估机构为武汉市知识产权质押贷款的评估机构，畅通知识产权质押贷款的流通渠道，为商业银行开展知识产权质押评估提供便利。

二是引入保险公司，根据专利权价值评估报告等资料，组织下户调查，出具承保意向书，最终开具保证保险保单。

三是银行对企业专利权价值评估报告组织下户调查、评审，出具贷款通知书，见到保险机构保险保单后发放贷款。

四是政府启动相关配套机制，实行保险公司、财政、银行5∶3∶2的风险共担机制，同时为企业提供利息补贴及保费补贴。对通过专利质押获得贷款并按期还本付息的企业，保费享受保险补贴60%，对专利权质押贷款利息总额的50%给予贴息。

三、证券化

知识产权证券化（Securitization of Intellectual Property，或 IP-Backed Securitization）的通常定义为：发起机构（通常为创新型企业）将其拥有的知识产权或其衍生债权（如授权的权利金），移转到特设载体（Special Purpose Vehicle，SPV），再由此特设载体以该等资产作担保，经过重新包装、信用评价等，以及信用增强后发行在市场上可流通的证券，借以为发起机构进行融资的金融操作。

（一）知识产权证券化的特点

相较于传统证券化产品，知识产权证券化操作的最大特点是其基础资产不再是实物资产，而是无形的知识产权。此外，知识产权证券化工作需要调动诸多部门，需要企业和金融机构的有效配合。所以部门之间的配合、沟通和协调，企业与金融机构之间的交流，是影响和制约知识产权证券化工作的重点内容。研究显示，知识产权证券化可以帮助企业利用知识产权进行融资，拓宽企业融资渠道，有利于引导金融资本向高新技术产业转移，推动科技成果转化，促进知识产权成为驱动企业创新发展的引擎。知识产权证券化是企业增加知识产权投融资额、实现知识产权价值挖掘的重要途径。同时，作为一种重要的金融创新，知识产权证券化可有效地缓解中小企业融资难的矛盾。

世界上最早的知识产权证券是 1997 年 1 月在美国发行的以摇滚歌星大卫•鲍伊（David Bowie）的音乐作品为基础资产的版权债券，鲍伊证券化融资的成功使得后来知识产权证券化逐渐成为美国资本市场常用的融资方式之一。1997—2010 年，美国通过知识产权证券化进行融资的成交金额高达 420 亿美元，年均增长幅度超过 12%。但是，美国等发达国家的知识产权证券的基础资产几乎都是版权作品，只有为数甚少的几例是专利。我国在这方面有所不同，即有大量的专利作为基础资产发行证券、进行融资。自 2018 年 12 月首个知识产权证券发行以来，截至 2022 年年底，沪深交易所共发行 91 单知识产权证券化产品，发行规模 210.04 亿元。[1]

---

[1] 冯飞．贾文勤：探索知识产权证券化进阶模式 [EB/N].（2023-03-09）[2023-12-25]. https://www.cnipa.gov.cn/art/2023/3/9/art_3184_182626.html.

（二）知识产权证券化操作流程简述

知识产权证券化产品的交易结构与资产证券化大致相同，参与主体包括原始权益人、投资者、SPV 发行人及其他第三方服务机构（图 6-1）。

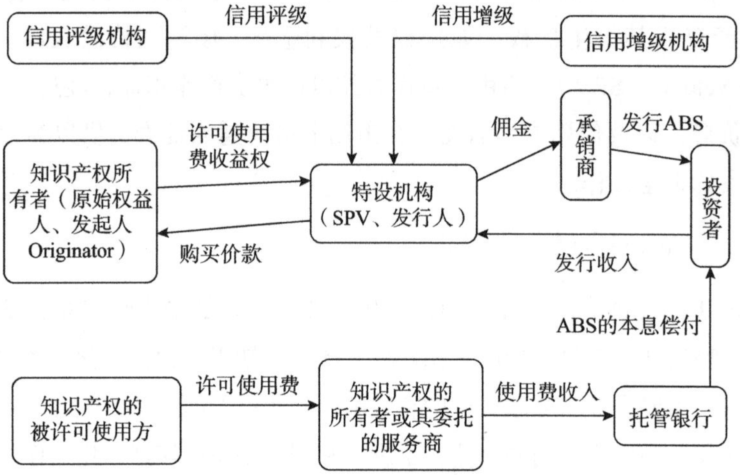

图 6-1　知识产权证券化流程[1]

发起人作为原始权益人，是知识产权的所有者，将依托于知识产权的基础资产出售给 SPV。SPV 获得基础资产的所有权，同时以其预期的现金流收入作为基础发行证券。投资者通过认购 SPV 发行的证券，享受基础资产预期现金流入带来的收益，间接分享知识产权收益。此外，资产评估机构、信用评级机构、信用增强机构等的参与，使得产品的交易结构、风险分担机制更加完善。

四、运营基金

2023 年 10 月，国务院办公厅印发的《专利转化运用专项行动方案（2023—2025 年）》提出："支持高校、科研机构通过多种途径筹资设立知识产权管理资金和运营基金。"知识产权基金是知识产权运营的一种重要方式，专注于投资和运营知识产权资产，通过知识产权价值提升、许可、转让等方

[1] 李鹏，曹立帆．我国科技型企业知识产权证券化的模式选择与实现路径研究 [J]．中北大学学报（社会科学版），2021，37（6）：1-10.

式获取收益。

（一）知识产权运营基金的兴起与发展

2012 年 OECD 发表的题为“The Role of Government-backed Patent Funds as Innovation Policy Tools”的报告是知识产权基金研究的一个重要信号，标志着知识产权基金受到公私部门的共同关注。2011 年 3 月，法国政府出资 1 亿欧元成立法国专利基金（France Brevets），支持法国企业、高校和研究机构经营专利资产并获取必要的研究基金。日本政府于 2013 年投资 2800 万美元成立日本产业创新机构株式会社（IP Bridge），致力于构筑专利权人和专利使用者之间的关联，匹配专利需求和供应，并利用专利帮助中小企业更快更好地发展。

2014 年 4 月，北京市海淀区政府、中关村管委会联合社会资本，启动了全国首支市场化运营的知识产权基金——睿创专利运营基金。2015 年 12 月，北京市重点产业知识产权运营基金成立，该基金计划规模为 10 亿元，这支基金是我国首支由中央、地方财政共同出资引导发起设立的知识产权运营基金，被业界称为继法国、日本、韩国之后的第四支主权专利基金。

从 2014 年至今，我国陆续出现了十几支知识产权运营基金，规模大多在 3 亿 ~6 亿元。例如，2019 年成立的成都市知识产权运营基金（以下简称“运营基金”）是由市财政资金出资设立，总规模为人民币 3 亿元，委托成都生产力促进中心代表财政出资行使出资人权利，成都科创动力投资发展有限公司按市场化方式具体运作运营基金。运营基金的运作遵循“政府引导、市场运作、利益共享、风险共担”的原则，通过母基金的方式，联合投资机构、产业功能区运营机构、高校院所等合作发起设立多支围绕成都市新经济产业领域和重点产业领域的知识产权运营子基金，聚焦知识产权运营。

（二）知识产权运营基金的类型

知识产权基金种类繁多，可依据投资主体和投资领域等标准进行划分。[1]根据投资主体属性，可分为政府主导型、私营主导型和公私合营型三类。近年来，由中央和地方财政引导，联合社会资本设立的政府主导型知识产权基

[1] 卜天舒 . 我国知识产权资本化的方向与保护浅析 [J]. 清华金融评论，2021，3：88-90.

金在我国较为常见。主权专利基金也属于政府主导型知识产权基金的一种，在全球范围内拥有较广的覆盖面，美国、日本、德国、法国和韩国等国政府陆续进行尝试。而私营主导型知识产权基金更加注重基金收益，易受主要投资者的意图影响。公私合营型知识产权基金由政府资金及相关政策作为引导，并由良好市场积极性的私营部门管理，国内首支知识产权基金睿创专利运营基金即应用此模式。

根据投资地域划分，我国出现了专门针对海外市场知识产权布局的海外专利运营基金，如七星天海外专利运营基金，还有中央财政和地方财政引导的地方性知识产权运营基金，如北京市重点产业知识产权运营基金等。

（三）知识产权运营基金运作模式

专利投资基金（Patent-based Investment Funds，PBIFs）是知识产权运营基金最典型的模式。

PBIFs 的运作划分为四个步骤：发起、选择、发展和退出。PBIFs 作为独立主体，通过其特有的运营结构将资本、技术来源、技术需求者三方紧密结合在一起。一方面，PBIFs 面向投资者筹集运营所需资金，投资者获得相应股份和投资收益；另一方面，PBIFs 连接专利发明人和技术需求者，使用筹集资金从专利发明人处购买专利或获得许可，在进行技术孵化后将成熟度更高的技术转让给技术需求方。这一模式可以实现技术与资本的对接，成为技术孵化的有效方式。

PBIFs 模式融合金融手段成功实现专利挖掘与孵化，有三个主要特点：一是以知识产权的价值提升为主要盈利手段，通过专业服务提高技术成熟度、实现高价值盈利，摆脱传统的以诉讼或专利实施许可的收益模式；二是以长期资金作为知识产权投资运营的主要资金来源，尊重知识产权价值实现的长周期规律，有利于技术本身的发展；三是面向实际需求，投资于与实体经济相契合的技术领域，发掘知识产权产品化潜力和市场价值。

PBIFs 作为新型知识产权投资工具，对我国知识产权投融资与运营具有较强借鉴意义。其具体运作模式可以总结为：将重大原始创新和关键领域的早期核心技术作为投资标的；强化投资基金的技术熟化功能，以资金和技术双重要素支持加速阶段的开发和验证；通过技术变现实现知识产权增值收益。PBIFs作为结合资本和技术要素、助力科技成果跨越“死亡谷”的特色投资机构，本身也具备长期生存与发展的能力。[1]

五、典型国家政府推动知识产权金融的实践

英国、韩国、新加坡三个国家的政府推动知识产权金融的实践最有参考价值。概言之，美国除了通过国会修订若干法律允许金融机构开展知识产权金融业务外，行政部门不采取具体举措参与知识产权金融的发展，而英国、韩国和新加坡的政府行政部门则有很多具体举措。

（一）英国的实践

英国是老牌、成熟的市场经济国家，政府和市场的关系在法律框架内早已理顺，政府部门参与市场活动的渠道、手段等非常有限且非常制度化，发布战略、指南、规划等是其常见形式，在知识产权金融服务这个新兴领域也是如此。

英国国家知识产权局（Intellectual Property Office）2013年、2014年连续发布三个知识产权金融服务的规划性报告：“Banking on IP”“Banking on IP：An Active Response”和“IP Finance Toolkit”，相对完整地勾画了英国知识产权金融服务体系和实现路径。不过，这三个报告都没有直接涉及资金支持和资质要求这两类“硬条件”，由此可见英国的实践有明显的引领性特点。

1. 用原则和建议阐释知识产权金融服务发展框架

三个报告中的第一个2013年发布的“Banking on IP”，提出了英国知识产权金融服务体系建设和发展的“两项原则”和“十项建议”。两项原则是：①为解决知识产权融资过程中的信息不对称问题，需要在知识产权局的支持下建立资源工具箱（Resource Toolkit）；②知识产权金融体系必须构建于现有的制度之上，而不是创造一种全新的企业融资模式。十项建议是：①在融资过程中，知识产权或无形资产必须进行评估；②需要将知识产权的价值考虑在内；③尽职调查指南有助于控制成本；④贷款中应该包含灵活有效的费用；⑤通过完善金融领域基础设施推动知识产权市场、知识产权金融

[1] 刘碧波，安砾，刘罗瑞．知识产权基金的海外实践[J]．中国金融，2023，15：58-59.

发展；⑥支持知识产权和无形资产纳入日常管理工作；⑦鼓励金融机构制定可承担的风险缓解战略；⑧基于资产的金融技术应适用于知识产权和无形资产；⑨进一步研究激励私人投资参与知识产权金融的措施；⑩知识产权金融需要整体思维。

其中，第一项原则提到的资源工具箱，目的是在通过信息公开、资源共享等方式，尽量减小企业与金融机构之间因信息不对称对知识产权融资活动带来的负面影响。这个资源工具箱的具体内容在2014年的“Resource Toolkit”报告中得到了充分展示。

第二项原则提到的“知识产权金融体系必须构建于现有的制度之上”，直接链接了英国已经实行的四个和知识产权有关的金融服务计划。第一个是Enterprise Finance Guarantee（企业融资担保计划），2009年启动，针对金融危机以政府担保方式鼓励银行向中小企业提供信贷；第二个是Enterprise Investment Scheme（企业投资计划），通过提供一系列税收优惠政策为小型企业吸引投资者；第三个是Business Finance Partnership（企业融资合作计划），2012年启动，支持那些无法进入资本市场的中小型企业。第四个是Patent Box（专利盒），针对企业从专利或包含专利的产品中取得的收入可以减免部分税收。

2. 用“共识”“沟通”和“信心”构建知识产权金融服务发展路径

英国国家知识产权局发布的三个报告中的第二个是2014年发布的“Banking on IP：An Active Response”，提出了英国知识产权金融服务发展的三个重要路径。

一是“建立共识”。在知识产权融资过程中，金融机构更为关注知识产权在市场交易活动中所具备的市场竞争力和经济价值，企业则强调知识产权对应的技术方案的独创性、先进性等技术方面因素，对于相应技术方案具有市场价值或者市场潜力的也倾向于从技术的角度而非市场的角度进行评估。因此，增进金融机构与企业之间的共识，是建设和发展知识产权金融服务首先要解决的问题。

二是“增进沟通”。在金融机构和企业之间建立共识的重要措施，是增加两者之间的沟通渠道。因此，政府主管部门将通过扩展沟通渠道、建立沟通平台、协调沟通机制等具体方式，以服务者的角色推动企业和金融机构之间的有效沟通。

三是“提升信心”。金融机构参与知识产权金融服务积极性不高的主要原因，在于对知识产权金融服务所涉及的价值评估、风险防范等重要问题缺乏信心。由于知识产权的特点，金融机构在价值评估、担保措施和处置方式等方面尚未形成流程化、系统化的工作机制。在知识产权金融服务的风险防控方面，也缺乏足够的实践经验与应对措施。因此，英国政府主管部门将风险管理作为提升金融机构信心的重要措施，并提出四项具体措施：

第一，降低风险（Reducing Risk）。通过市场化的风险分担工具，降低知识产权金融服务的市场风险。例如，通过企业融资担保计划（The Enterprise Finance Guarantee Scheme）、欧委会和欧洲投资银行联合设立的风险分担金融计划（The European Investment Bank Risk Sharing Finance Facility）等国家或者地区间的市场化金融工具，尽量分担金融机构推广知识产权金融服务的风险。

第二，推广保险（Risk Insurance）。把推广知识产权保险措施作为主要措施，推动知识产权与金融服务的深度融合，提升企业与金融之间的合作程度。为此，英国设立知识产权企业法庭（IP Enterprise Court），推广替代性纠纷解决机制，降低纠纷解决成本，提高纠纷解决效率，解决知识产权保险“风险高、需求低”的问题。

第三，知识产权市场（IP Marketplace）。通过知识产权市场，提升知识产权交易活动对金融服务的需求。例如，针对版权与外观设计领域的在线交易平台（The ACID Marketplace）、针对专利领域的在线交易与服务平台（ICAP Patent Brokerage）、针对技术创新领域的服务平台（Easy Access IP）等。以交易中介、服务平台等形式出现的知识产权市场，将有助于提升知识产权交易活动的效率，增强知识产权交易过程的透明性与公平性，能够为知识产权金融服务的发展提供基础。

第四，知识产权评估（IP Asset Values），建立专业化、系统化和数字化的知识产权价值评估系统，通过大数据分析实现对知识产权价值以及相关风险的评估。

3. 用工具箱提示发展知识产权金融服务的重点举措

英国国家知识产权局发布的三个报告中的最后一个是2014年发布的“IP

Finance Toolkit”，进一步展示了“建立共识、增进沟通”的资源工具箱的具体内容，核心点是从企业管理和运用知识产权的规范性、战略性和前瞻性等方面，推动企业主动、积极地与金融服务机构进行对话，进而提升企业的知识产权金融服务运用能力。

IP Finance Toolkit 的主要目标有四个：一是帮助企业与金融机构建立有效的沟通机制或平台，着力解决知识产权金融服务在具体业务环节出现的企业与金融机构之间“各说各话”等难以沟通的现象。二是指导企业建立有利于申请知识产权金融服务的标准化、专业化知识产权管理制度，以便与金融机构流程化的业务体系进行有效对接。三是帮助企业在发展战略方面积极进行知识产权的规划和布局，避免企业在发展过程中出现注重技术研发、忽视知识产权保护以及商业化的问题。四是提高企业特别是技术密集型的中小企业利用自身在技术和知识产权方面积累的优势，积极运用知识产权金融服务的意识。

此外，该报告的另一个主要内容，是企业知识产权商业化战略路线的指导方案，包括五个方面的具体措施：一是业务背景，即企业创新与技术研发成果的主要应用场景或相关的商业模式。二是知识产权类型，因为不同的商业模式与创新活动，对应着版权、专利、商标或地理标志等不同类型的知识产权保护客体。三是知识产权风险，包括侵权风险、被侵权风险以及第三方提出的知识产权无效风险等企业面对的三类知识产权风险。而及时、正确地对企业知识产权风险进行评估，是影响企业知识产权商业化战略的重要因素。四是知识产权许可情况，许可、转让等方式是企业知识产权商业化的重要途径。五是知识产权管理措施，主要包括企业知识产权内部管理与外部管理两方面。

（二）韩国的实践

韩国的知识产权金融服务对象主要是中小企业，而中小企业的立身之本是信用。韩国政府通过对中小企业的信用管理开展知识产权金融服务，可谓提纲挈领、纲举目张。下面以韩国最具影响力的知识产权金融服务机构——韩国科技金融公司（Korea Technology Finance Corporation，KOTEC）为例具体说明韩国知识产权金融服务的信用管理模式。

1. 法制化的机构设置

以 KOTEC 为代表的科技金融服务机构在韩国知识产权金融发展进程中

发挥了重要作用。KOTEC 依据《韩国技术金融公司法》设立，属于非营利性政府附属机构（也被称为“半官方机构”，类似于我国的事业单位），作为减轻中小企业信贷约束的直接政策工具。机构设置法治化的优势在于通过法律的形式明确机构的主要职能，政府以出资形式提供的直接资金构成了 KOTEC 资本基础的重要来源，解决了相关机构在运营过程中的资金来源、管理机构和运营模式等基础性问题。

2. 市场化的运作方式

KOTEC 是由政府成立的非营利性公共担保机构，主要从事信用担保、技术评估、股权投资和技术转让。但是在具体的业务运营方面，KOTEC 则依赖于市场化的运作方式。金融机构向 KOTEC 提供缴款，作为参加 KOTEC 信用担保计划所获得的收益的回报。除了这些之外，来自担保费、技术评估费和存款利息的其他利润也是 KOTEC 股本资金的来源。政府主管部门对于具体业务没有进行干预，但是在服务机构的运作、各项社会资源的调配过程中发挥了重要作用。

3. 专业化的服务流程

专业化服务流程，是 KOTEC 在科技金融领域长期业务实践中探索与积累的宝贵经验，也是金融服务机构专业化业务能力的集中体现。知识产权金融服务领域的各项具体业务，具有专业性强、市场风险大、法律风险高的特点，并且普遍存在技术提供方与资金提供方之间分歧大的现象。还涉及金融服务机构自身各项业务部门、资源之间的衔接。因此，特别需要金融服务机构制定专业化的服务流程，确保具体业务的效率，有效排查各项服务环节中的风险，确保具体业务的交易安全。

4. 多元化的评估团队

多元化的评估团队，是 KOTEC 推动知识产权金融服务在人力资源方面的重要特点。KOTEC形成了一支以“多学科背景、多技术领域、多业务能力、多用工形式”为代表的多元化知识产权（技术）评估团队，能够通过灵活、高效的组织形式，应对各项复杂、具体的技术评估业务。通过完善技术评估体系和工作机制以吸引高水平的人才加入技术评估团队，并在大量的业务实践中培养和锻炼技术评估人员的工作能力，实现了机构发展与人才培养的良性循环。

5. 信息化的评估系统

通过将科技金融领域积累的业务经验与数据挖掘、人工智能为代表的信息技术进行有效结合，KOTEC 建立了信息化的技术评估系统，有效提升了知识产权价值评估业务的效率，降低了知识产权权利人与资金提供方之间关于知识产权价值评估的分歧。多元化评估团队与信息化评估系统的对接，共同构成了韩国科技金融服务机构推进知识产权金融服务的核心。

（三）新加坡的实践

新加坡“知识产权金融计划（IP Financing scheme）”，源自新加坡政府2013年3月提出的“知识产权中心蓝图（IP Hub Master Plan）”。该蓝图指出，新加坡政府希望凭借世界一流的法律及金融基础设施、优质的人力资源及重要的地理位置，在未来10年将新加坡发展成为亚洲地区的知识产权中心。为此，新加坡知识产权局（IPOS）针对科技型企业设立了总金额为1亿美元的“知识产权金融计划”（IP Financing Scheme），并以此计划为主线，发展出有效可行的知识产权金融服务混合补贴模式。

1. 具体举措

（1）知识产权质押贷款。

“知识产权融资计划”是新加坡政府发起的，由指定金融机构参与的（Participating Financial Institution，PFI），为帮助新加坡注册之技术密集型企业以商业发展和扩张为目标的知识产权货币化项目。该计划中，政府和金融机构将共同承担知识产权贷款的风险，以此鼓励和提高相关金融机构对知识产权作为贷款抵押物的接受程度。同时，指定的金融机构将在评估贷款申请人的商业项目及其信贷可靠性的过程中负责尽职调查相关工作。金融机构只认可由指定评估机构的知识产权评估人员出具的知识产权评估报告。

IPOS 以评估机构在知识产权价值评估领域的业务能力与实践经验，作为选择指定评估机构的主要依据。同时，IPOS 还提供指南，供评估人员参考，以提升评估机构向申请人所提供评估服务的质量。此项目所涉贷款的利率并不是固定的，而是由金融机构视申请人评估状况而定。有关贷款资金的指定用途、利率、偿还结构和附加抵押要求等具体事项，由贷款人和金融机构双方协商而定，并经由金融机构批准。

（2）知识产权质押贷款补贴方式。

根据该计划的具体要求，知识产权质押贷款的主要业务流程可以分为三步：第一，申请人获得金融机构的初步信用评估；第二，申请人在指定评估机构中选择一名知识产权评估师，对专利的价值进行评估；第三，申请人将正式的贷款申请和专利价值评估报告一并提交给指定的金融机构，等待金融机构批准。

对于符合要求的贷款申请，IPOS 将对专利价值评估方面的费用给予补助。具体的补助方式有两种：专利评估成本的 50%；专利评估价值的 2% 或 25 000 新加坡元，IPOS 将以（两者中）孰低进行补助。此项补助的条件是：首先，补助不适用于所有类型的知识产权客体和知识产权质押贷款，只适用于新加坡注册的企业，以授权专利作为质押物经过规定的评估程序从指定金融机构获得的贷款；其次，在贷款资金用途方面，申请人必须在企业的经营活动中，按要求使用了贷款所得的资金。

2. 基本特点

一是政府引导。知识产权融资计划的主要特点是政府引导下通过政府与银行共同承担部分债务风险作为具体方式，帮助企业使用知识产权获得银行贷款的计划。政府主要通过贴息贷款、信用担保以及引导基金等为科技活动提供融资支持。该模式有助于解决融资过程中的信息不对称和融资风险分担问题。

二是市场化评估。知识产权评估是对知识产权的市场价值进行评估的一种特殊的无形资产评估，主要着眼于知识产权的未来经济效益，通过价值评估促进知识产品的开发和有效利用。市场化的知识产权评估机制能够实现评估效率和评估权威性之间的平衡，并避免政府管理部门过度干预市场交易活动。

三是有限补贴。政府补贴已成为激励企业创新研发、加快经济发展方式转变的主要推手。在知识产权金融服务体系建设和发展的初期，政府补贴能够有效降低市场主体享受政策的门槛和成本，有助于推动相关政策的落实。但同时也可能会引起知识产权金融服务发展过度依赖政策推动的问题。对此，新加坡采取有限补贴的措施推动知识产权金融服务的落地，实现了政府引导与市场发展之间的平衡，有助于推动知识产权金融服务体系实现稳定、可持续的发展之路。

（四）对比和启示

一是充分认识具体国情。英国、韩国和新加坡三国各具特点的政府推动知识产权金融的实践，和各自国家的法律制度安排有关，也和各自国家的社会文化特质有关。一方面，知识产权金融服务要在现有的法律制度体系中启动和展开；另一方面，相对于比较稳定的法律制度体系而言，各国的社会文化特质为政府参与知识产权金融服务提供了较大的模式选择空间。英国采取规划引导模式，与英国的法制和市场的成熟、发达程度有直接关系，也与英国长期以来形成的重视系统化、逻辑化的社会文化特质有直接关系。同样，韩国采取信用管理模式和韩国政府旨在利用知识产权金融扶持、支持科技型中小企业有关，也和韩国成功实现经济赶超的政府组织市场的经验有关。新加坡采取混合补贴模式和新加坡政府对经济社会的影响力以及社会各界对政府较为充分的信任有关。甚至严格地说，这三个国家的三种模式不可能串用。所以，设计、选择怎样的知识产权金融服务模式，必须深入研究政府与市场的关系、社会文化特质、所处的发展阶段和所欲通过知识产权金融解决的现实问题。

二是充分理解现实金融环境。英国国家知识产权局提出的发展知识产权金融服务的第二个原则就是知识产权金融不能另起炉灶。事实上，即便从朴素的认识出发，认为知识产权金融就是知识产权和金融的结合，那知识产权也是现实中既存的知识产权，金融也是现实中既存的金融。特别是从知识产权的角度看，应该充分理解金融的特性、规律以及金融界对知识产权的认识、评价。因为知识产权金融服务必须在现实中既有的金融环境中展开。即便是创新发展了知识产权金融服务工具和知识产权金融产品种类，基本上也都是既有金融工具、金融产品在知识产权领域的衍生或者是和知识产权特点的叠加。

三是有远见的顶层设计。英国、韩国、新加坡的知识产权金融服务模式的设立和运行，都和有远见的顶层设计有直接关系。新加坡知识产权金融服务模式是落实新加坡律政部（Ministry of Law）主导下的知识产权指导委员会（IP Steering Committee）提出的“知识产权中心蓝图（IP Hub Master Plan）”

行动。对于知识产权金融这个新生事物而言，提不出有远见的顶层设计就难以动员社会相关资源的投入，也就很难取得有说服力、影响力的效果。新加坡的知识产权蓝图、英国的知识产权报告、韩国的相关法律规定等，都是有远见的、发展知识产权金融的顶层设计。

延伸阅读 6

促进科技与金融结合的知识产权策略[1]

科技与金融结合是我国实施创新驱动发展战略、建设创新型国家、实现高水平科技自立自强的必由之路。宏观上，科技与金融结合有助于促进科技成果高效、快速转化，优化创新资源的配置和有效运用，推动产业优化升级，提升环境质量等经济质量指标。微观上，科技与金融结合有助于缓解初创型 / 小微型科技企业的融资困难，降低研发活动风险，促进企业的研发投入和技术创新，进而提升企业财务绩效和长期发展潜力。以专利为典型代表的知识产权，既是创新成果的直接体现，也是激励和保护创新的法律工具，在科技与金融结合中的重要地位和作用尤为突出。

世界主要创新型国家都高度关注科技与金融结合中的知识产权，如 1994 年陶氏化学公司（Dow Chemicals）用专利质押获得了 1 亿美元的银行贷款；2000 年药业特许公司（Royalty Pharma）依托其与耶鲁大学签订的专利许可协议首创全球药品专利证券化业务。近年来，美国医药领域的专利证券化已经较为普遍。2021 年 6 月，日本金融厅、东京证券交易所修改《上市企业治理规则》（Corporate Governance Code），其中加入了两点知识产权内容：一是上市企业要披露知识产权投资具体信息；二是上市企业董事会要对企业知识产权投资进行有效监督。上市企业是一国的精英经济组织集合，也是推动经济转型升级的关键抓手。《上市企业治理规则》要求上市企业公开报告知识产权信息，显然是想在督导上市企业强

[1] 刘海波，王鹏飞，张亚峰．促进科技与金融结合的知识产权策略 [J]. 中国科学院院刊，2022，37（9）：1216-1225.

化知识产权工作的同时，加速、加深知识产权与实体经济和金融的融合。2021 年 7 月，英国政府发布《英国创新战略：创造引领未来》（*UK Innovation Strategy*：*Leading the future by creating it*），提出了创新投资的方向和创新战略的四个支柱并明确了知识产权在其中的作用；英国国家知识产权局局长蒂姆•摩斯（Tim Moss）表示，知识产权居于英国创新战略的核心地位，将设立新的“知识产权获取”（IP Access）基金。

近年来，我国科技事业实现了历史性、整体性、格局性重大变化，但是在建立健全科技与金融结合机制方面还相对滞后。本文通过探讨知识产权促进科技与金融结合的实践和面临的问题，研究利用知识产权促进科技与金融结合的策略，旨在为进一步完善科技与金融结合的机制提出有学理基础的建议。这在当前新一轮科技革命和产业变革同我国转变经济发展方式的历史性交汇期，具有重要的现实意义。

1. 科技、金融、知识产权的互动

1）发展趋势：互动加强，缠绕加深

科技与金融的融合方式不断发展创新。一方面，金融制度、金融工具在科技创新领域的应用为研发活动注入新的资金资源，促进了科技成果的产出、商业化和科技型企业的融资。另一方面，金融行业积极利用科技成果发展壮大自身。例如，信息和通信技术（ICT）的发展和普及催生了互联网金融，区块链技术的成熟和应用催生了虚拟货币、数字资产等。事实上，这两个方面都没有脱离熊比特（Schumpeter）对创新进行的经典界定：生产要素的新组合。

科技与知识产权的联系日益增强。一方面，“保护知识产权就是保护创新”，科技创新越活跃，知识产权制度越重要。美国经济学家蒂斯（Teece）的研究表明，无论是在工业经济时代，还是在数字经济时代，专利、商标、技术秘密等知识产权法律保护机制都为创新者提供了阻止创新被模仿的独占性机制。另一方面，专利本身就是受到法律保护的权利化的科技成果，这也是专利通常被用作一个有效指标测量创新的原因。

金融和知识产权的相互需求持续强化。一方面，基于现代信息技术源源不断产生的金融产品对知识产权保护提出了要求，也得到了积极回应，各国的商业方法专利绝大多数绑定了金融产品。另一方面，金融资本成为知识产权转化的重要支撑。已有研究发现，我国实施的专利质押融资对企业绩效具有显著的净效应，知识产权运营机构通过不同金融模式能够有效推动科技成果转化。初创企业通常具有轻资产特征，融资比较困难，而知识产权作为重要的无形资产有利于提高企业获得融资的筹码。在科技型初创企业经营发展过程中，高质量的知识产权资产组合能够提高其融资能力。欧洲专利局的调查显示，相对于大企业而言，小企业申请专利的货币化导向更加明显，包括进入资本市场和获取许可收益；而大企业申请专利的主要目的是阻止竞争对手模仿。

科技发展及其与金融的结合拓展了知识产权保护运用的空间。2017 年 6 月，世界上最早的非同质化代币（Non-Fungible Token，NFT）项目之一 Crypto Punks 发布，其官网数据显示上一年的 NFT 交易次数为 8465 次，平均销售额为 278 171.63 美元。NFT 以其背后的图像、音乐、视频、艺术品等为资产支撑，多是知识产权保护的客体，并以著作权为主，因此 NFT“铸造”过程中的一个重要环节就是“创作”。实践中，还有在知识产权授权基础上创造 NFT 的模式。例如，美国国家篮球协会将其品牌“NBA”许可给 Dapper Labs，用于创造相关 NFT 产品。在 NFT 形成后，如果进行二次交易的话，创作者一般在每次交易过程中都能获得一定比例的提成费。NFT 具有可验证性、透明执行、有效性、不可篡改、可访问性、可交易性等特征；由于注册并存储于区块链的分布式账本，其生成和交易等相关记录难以被篡改，这为知识产权保护和运用提供了新的思路。

2）实践启示：向科技投资，用知识产权获利

现代科技活动本质上是一种投资。世界知识产权组织（WIPO）发布的报告《全球创新指数2020》专门以“谁为技术出资”为年度主题。纵观这个报告，可以把这个主题的潜台词理解为“谁向科技投资、如何从中获利”。早在2011年4月，美国高智发明（Intellectual Ventures）公司创始人兼首席执行官梅尔沃德（Myhrvold）在《哈佛商业评论》发表文章 *The big idea: Funding Eureka!*，主张高智发明公司“试图努力建立一个支持发明创造的资本市场，该市场与支持创业企业的风险投资市场和振兴低效率企业的私募股权市场相似”，“让应用研究成为一个有利可图的活动，吸引比现今多得多的私人投资”。正是因为高智发明公司的模式在盘活科技市场上的有效性，我国学者提出了借鉴其经验成立专利投资公司的建议。

① 向科技活动的投资包括两个关键环节

环节1：向产出科技成果的研究开发活动进行投资。研发投资的主要资金来源包括3个方面：①政府财政投入，如我国国家自然科学基金委资助的项目、科学技术部资助的各类研发项目、中央高校基本科研业务费资助的项目等；②企业投入，主要指企业利用其营业收入或其他收入开展研发活动；③基金会投入，如比尔及梅琳达·盖茨基金会资助的研发活动。由于研究开发是高投入、高风险活动，通过将市场资本引入该环节有助于扩大研发投入资金来源渠道，促进创新成果的产出，而且市场资本自身的利益导向也有助于研发产出的后期商业化利用。

环节2：在科技成果形成后针对其市场转化进行投资。科技成果的转化需要跨越“达尔文之海”和“死亡之谷”，资本的介入有助于提高成果转化成功的机会。①在国家层面。2008年全球金融危机爆发后不久，一些主要发达国家就开始探索利用新的投资模式从知识产权角度激发科技的作用。一个重要表现就是在政府支持下各类主权专利基金的兴起，这些基金通过投资研发投资活动、开展知

识产权运营，促进专利等科技成果的商业化。例如，2009年，美国政府设立了社会创新基金（Social Innovation Fund）；2010年，韩国政府支持设立了“智力发现有限公司”（Intellectual Discovery）；2010年，法国政府支持发起被称为欧洲第一个完全致力于专利推广和商业化的投资基金France Brevets；2010年，日本设立了生命科学知识产权平台基金（Life Sciences Intellectual property Platform Fund）。② 在企业层面。以高智发明公司为例，其设有一支“发明科学基金”（Invention Science Fund，ISF），不仅在研发环节的前端对发明家、技术专家进行资助，还设置了ISF孵化器，旨在将该公司的发明成果与有经验的创业家匹配，促进科技创业。③在高校层面。很多高校通过机构设置等举措促进成果转化。例如，美国斯坦福大学从1970年就正式设立了技术许可办公室（Office of Technology Licensing），在该办公室成立50周年内实现超过21亿美元许可总收入；英国牛津大学设立名为“牛津大学创新”（Oxford University Innovation）的公司专门负责科技成果的商业化。

② 知识产权在两个环节发挥关键作用

在环节1，有效的、制度性的知识产权管理可以为研发过程提供策略支持。对在先技术文献的检索能够帮助研发人员明确相应领域的知识基础，避免重复研发，提高创新效率，更好地进行集成创新。通过全面检索掌握在先专利技术，还有助于申请人制定研发和知识产权布局策略，而人工智能、大数据等相关技术的发展和运用充分提高了专利检索的效率。例如，在核心技术已经被竞争对手申请专利的情况下，是选择替代性技术方案进行研发，还是选择在既有技术的基础上研发周边技术进行“围堵”。

在环节2，是否拥有高质量知识产权是科技成果能否吸引投资的重要影响因素。核心技术是科技型初创企业获得盈利和成长壮大的关键驱动力。对于大多数企业而言，如果没有知识产权对其技术进行保驾护航，将很容易丧失市场上的垄断优势；即使暂时获得了

"领先优势"，也很容易被拥有强大资本支持的竞争对手挤占。知识产权与金融的创新性结合有利于促进、保障科技的商业化实施。比如，实践中诞生了各类知识产权保险、知识产权税收优惠政策，欧洲国家广泛采纳的"专利盒"政策就是一个直接体现。

2. 我国促进科技与金融结合的知识产权实践

从投资角度看待科技创新时，知识产权的作用就显得具体、明确而且突出。因为在选择投资对象时，无论是政府、企业还是其他主体，都希望把资金投到权利边界清晰、权利内容完整、权利保护严格有力的资产上去。在我国，从政策文件到操作举措，科技投资中或明示或默认地为知识产权留下了适当的位置。

从政策方向上看，相较于十几年前，知识产权在我国科技与金融结合实践中已经得到较多体现。政策制定已经充分覆盖向科技投资的两个环节。在环节 1，2021 年 7 月，《国务院办公厅关于完善科技成果评价机制的指导意见》发布，要求"充分发挥金融投资在科技成果评价中的作用"，强调引导企业家、天使投资人、创业投资机构等各类市场主体提早介入研发活动。在环节 2，2014 年，科学技术部、财政部联合发文，在国家科技成果转化引导基金下设立创业投资子基金；2015 年，修订后的《促进科技成果转化法》要求"国家鼓励政策性金融机构采取措施，加大对科技成果转化的金融支持"；2017 年，国务院印发的《国家技术转移体系建设方案》要求"引导社会资本加大对技术转移早期项目和科技型中小微企业的投融资支持"。

从工作指导上看，2015 年 3 月，《国家知识产权局关于进一步推动知识产权金融服务工作的意见》印发，提出"引导和促进银行业、证券业、保险业、创业投资等各类金融资本与知识产权资源有效对接"，并重点强调了知识产权质押融资、专利保险、知识产权出资等模式。2017 年，国务院印发的《国家技术转移体系建设方案》要求"开展知识产权证券化融资试点，鼓励商业银行开展知识产权质押贷款业务”。2021年，修订发布的《中华人民共和国科学技术进步法》（2022年1月1日实施）明确“国家鼓励金融机构开展知识产权质押融资业务，鼓励和引导金融机构在信贷、投资等方面支持科学技术应用和高新技术产业发展”。2022年，国家知识产权局发布《关于专利侵权纠纷行政裁决案件中区块链电子证据效力的批复》，肯定了区块链电子签名在知识产权维权中的作用。在地方层面，北京、上海、广东等地专门制定了推动知识产权金融工作发展的政策。

从市场实践上看，在政府支持和市场拉动的双重动力下，知识产权质押融资、知识产权证券化、知识产权保险等模式不断发展。质押融资方面，2021年，我国专利商标质押融资金额达到3098亿元，融资项目达1.7万项，惠及企业1.5万家。证券化方面，2019年3月，我国首支知识产权证券化标准化产品“第一创业——文科租赁一期资产支持专项计划”在深圳证券交易所成功发行；2020年9月，“浦东科创二期知识产权资产支持专项计划”在上海证券交易所挂牌；2021年11月，我国首支纯商标知识产权证券化产品“长城嘉信－国君－广州开发区科学城知识产权商标许可资产支持专项计划”正式发行。保险方面，国家知识产权局于2016年开展了专利保险试点示范工作，并遴选了21个区域或单位进行推进；北京市自2020年开始实施为期3年的知识产权保险试点工作，截至2022年4月，已经为20余个重点产业的3366件专利上保险。

3. 我国科技与金融结合中面临的知识产权挑战

当前我国正在加快建设科技强国、知识产权强国，健全现代经济体系和金融体系。在科技、金融、知识产权结合方面进行了有益的探索和创新，并取得显著成效，同时也存在一些问题有待改善。

在科技投资的环节1，学术研究所产出的知识产权的整体质量和市场布局仍显不足。根据调研，我国发明专利转让价格相对较低，有41.2%集中在5万～10万元；高校有效发明专利产业化率为3.8%，许可率为4.4%，转化率为3.6%，整体实施率为14.7%。

一方面，专利技术水平低是转化困难的主要障碍，截至2018年年底，大专院校有效发明专利平均维持年限为5.4年。另一方面，高校、科研机构的学术导向使其专利的市场潜力相对不高，调查显示我国产学研合作产出占有效专利的6.5%。此外，学术科研机构内的知识产权专业服务支撑力量不足，高校样本中建立知识产权专职管理机构的比例为44.2%，科研机构的这一比例为36%。

在科技投资的环节2，科技型初创企业面临短期生存与长期布局的冲突抉择。对于创业者和投资人的访谈发现以下4个现象。①部分创业人员已经充分意识到知识产权的重要性，但是他们也强调，知识产权对于创业企业而言，主要是“防守之盾”，而非“攻击之矛”。②初创企业早期的主要关注点在于占领市场和获得生存，在采取知识产权相关举措方面存在能力与资金方面的双重约束，通常在融资的时候才发现知识产权的重要性。③部分初创企业仍然认为知识产权作用不大，主要体现于大学生创业或者尚未形成清晰商业模式的创业企业。④初创企业在产学研合作方面不具有优势，创业人员表示“小公司根本就没有能力与高校开展深度合作”，实践中比较可行的是联合申请一些政府项目。

知识产权可能不是科技与金融结合取得成功的决定因素，但是绝对有可能成为科技与金融结合走向失败的直接因素。我国设立科创板以来，企业申请上市过程中，以专利为代表的知识产权是其在招股说明书中进行重点说明以论证技术优势的内容之一，自主知识产权情况、知识产权涉诉情况也是证券交易所审核问询的重点关注内容。上海证券交易所在《公开发行证券的公司信息披露内容与格式准则第41号——科创板公司招股说明书》第三十三条和第六十二条专门对技术专利许可和授权、核心技术和商标权属等方面的风险进行强调。一位知识产权学者在公开场合表示，“我了解到很多科创板上市公司的老板，对于企业应当如何安排知识产权的知识都比较欠缺”。实践中，已经出现不少企业在上市过程中因知识产权问题而遭遇失败的案例，如支撑核心技术的自主知识产权不足、遭遇知识产权侵权诉讼（表 6-1）。在兼并收购中，由于知识产权具有的垄断性能够给企业带来竞争优势，企业的兼并收购也越来越以知识产权的获取为核心目标，这意味着有可能带来垄断问题。2020 年 7 月，美国英特尔公司与苹果公司对 Fortress 公司提起联合诉讼，理由是后者投资、收购、创造了大量专利主张实体，形成专利聚集，妨碍了市场竞争。这类收购也容易引起监管部门的关注。2019 年发布《国务院反垄断委员会关于知识产权领域的反垄断指南》，2020 年最高人民检察院组建知识产权检察办公室，为知识产权反垄断检察提供了可能。

表 6–1　企业上市知识产权相关问题案例

企业	终止类型	与知识产权相关的内容
博拉网络股份有限公司	被终止	核心技术为自主研发及具有技术优势依据不充分（已取得的专利为受让取得）
传神语联网网络科技股份有限公司	撤回	部分核心专利处于质押状态
北京天科合达半导体股份有限公司	撤回	3 项专利因未及时缴纳年费而导致失效
贵州白山云科技股份有限公司	撤回	涉及专利诉讼纠纷
深圳宜搜天下科技股份有限公司	撤回	涉及版权诉讼纠纷；发明人离职
安翰科技（武汉）股份有限公司	撤回	涉及专利诉讼纠纷

资料来源：根据上海证券交易所网站（kcb.sse.com.cn）信息整理。

科技在金融领域的应用带来新的知识产权挑战。例如，NFT 作为一种渠道和模式可以起到有效保护知识产权的功能，但是在 NFT 形成过程中却存在一定的确权风险，即由于 NFT 平台不需要对 NFT 背后的资产进行严格的权属审核，导致 NFT 形成后，其背后受到知识产权保护的作品可能遭到侵权。2022 年 4 月 20 日，杭州互联网法院就一起侵害作品信息网络传播权纠纷案件作出判决，进一步突出了这一问题的紧迫性。该案件起因是被告经营的“元宇宙”平台上的NFT侵犯了原告的知识产权，而平台没有在NFT铸造时尽到注意义务，法院审理认为被告构成侵权。此外，对于金融产品本身的知识产权保护也还有待强化，尽管金融产品本身具备一定的知识产权属性，但是实践中的金融产品仍然以商业方法为主；然而，在《专利法》中，商业方法作为第二十条第二款规定的“智力活动的规则和方法”在一般情况下不具有可专利性。

4. 用知识产权促进科技与金融结合的策略选择

1）制定策略的主要考虑

策略的选择从来都不具有普适性，恰当的策略始终应当基于特定的情境制定，并结合情境的变化进行动态调整。

（1）国家需求——以知识产权促进科技与金融的结合要考虑我国的国家发展阶段和国家战略需求。我国正在加快实施创新驱动发展战略，努力实现高水平科技自立自强，突破国外技术封锁、解决“卡脖子”技术难题是当前的燃眉之急。为此，必须解决好向科技投资两个环节的内部问题，并充分注重两个环节的衔接，以知识产权制度辅助和保障研究开发，以高质量研发为产业发展提供科技基础，以创新获利反哺科技研发，并通过将金融引入各个环节实现良性循环。从长期来看，我国要真正实现高质量发展，还需要进一步加强产业转型升级，而这个过程面临越来越明显的环境约束。

（2）行业属性——不同行业对于知识产权的依赖程度和依赖方式存在差异，制定策略要充分考虑行业间的异质化。部分行业技术更新迭代快、企业间技术相互依赖性强，因此不同企业间，甚至上下游企业间，既有竞争也有合作，知识产权交叉许可比较普遍。典型代表是信息和通信技术行业，在数字经济背景下，相关企业更容易快速明确商业模式并获利，也相对容易吸引投资。但是还有部分行业研发过程漫长，甚至在形成产品后还要经过同样漫长的审批才能上市。典型代表是医药行业，医药行业关系国计民生，但是我国在医药技术方面还相对落后于美欧等国家和地区。相对于信息技术，医药技术研发的时间和资金成本更高，失败风险也更高，在科技投资的环节 1 难以引起资本市场的关注。

（3）禀赋差异——制定策略要充分考虑国家、区域、创新主体等不同层面禀赋条件。在国家层面，我国加强科技与金融结合的两个主要优势是举国体制和庞大的市场规模，但是同时存在科技评价、金融体系等方面的不足。在区域层面，要充分考虑区域内部的产业特征、人才基础、科技创新、金融发展等方面的条件。在创新主体层面，充分考虑机构类型、机构规模、创新能力等情况。

（4）目标导向——知识产权策略要服务于科技与金融结合的具体目标，实现公共政策与市场机制的有效配合。知识产权制度对于政府而言是为了保护和激励创新，对市场而言是为了获取创新利益。在这样的宗旨下，企业应当提高自主知识产权水平，优化知识产权布局；而大学和科研机构应当结合实际情况，在明确有必要申请专利的情况下，申请最终能够在市场发挥作用的专利，而不应当把专利与学术论文等同起来作为对科研人员的科研绩效进行评价的关键指标。

2）制定策略的具体建议

（1）加强科技与金融结合实践中的各类知识产权制度建设。在国家层面设立推动知识产权运营与科技创新深度融合的工作专班，负责知识产权特别是专利与科技创新的对接、融合工作。支持科技创新主体加强内部知识产权制度体系建设，无论是高校、科研机构还是科技型企业，有条件的应当建立独立建制配合专业人员的知识产权工作制度，没有条件设立独立建制部门的应当设置专业知识产权管理岗位，独立部门和专业人员都难以实现的要以设置兼职知识产权管理人员为底线。建立健全专利、商标等知识产权价值评估管理体系，加快开发智能化知识产权评估工具，进一步发挥金融在科技评价中的作用。探索实施企业无形资产信息公开披露制度，便于投资者利用这些信息对企业价值做出正确判断。

（2）结合技术特征为科技与金融结合提供高质量知识产权储备。强化企业在科技与金融结合中的主体地位和在知识产权创造中的主体地位，聚焦医药制造、医疗器械、半导体等技术领域补足知识产权短板。针对特定核心技术领域，持续跟踪全球专利技术进展，组织力量进行专利文献分析，为创新主体的研发路径、专利撰写、专利布局提供指导。构建科学合理的专业技术领域知识产权保护体系，发挥知识产权保护制度激励创新的功能。充分发挥国家对于急需科技的研发组织作用，加强政府力量和国家资本在创新链早期介入战略性技术，通过有效的公私合作带动民间资本参与研发。

（3）创新基于知识产权的市场化科技与金融结合运作模式。审慎地、积极地、稳妥地创新科技投资两个环节的金融模式和知识产权支持政策。需要明确，相关策略是基于现有制度框架的举措创新，而非盲目的颠覆性举措，比如NFT相关市场行为要在现有制度约束下开展。建设全国统一的要素和资本市场，推进建立国家知识产权和科技成果产权交易机构。考虑设立国家知识产权运营母基金，采用“母基金+子基金”的投资模式，支持相关创新主体独立设立、联合设立或参与知识产权运营子基金，开展全球知识产权布局，培育、创造高价值专利。基于现有的金融市场和金融制度情况，不断健全有关知识产权质押融资、证券化、保险的体制机制。推动区块链等相关新兴技术在知识产权交易、存证方面应用。

（4）将知识产权嵌入产业链、创新链、资金链等促进科技与金融结合的政策。产业链中，通常上游行业的知识和技术密集度更高，附加值也较高；而下游行业有可能从事的是组装、销售等内容，附加值相对较低。高科技领域的资本更容易在上游聚集，因此应该成为知识产权的重点布局领域。创新链可以简化为研究开发、产出技术成果、实现具体产品等关键环节。其中，从研发到技术、从技术到产品两个环节风险较高，相应的资本回报率也较高。因此，应当将金融资本、民间投资等更多地引导向创新链的早期环节，不断强化科技活动中知识产权导向。我国还应进一步促进企业基础研究，引导有条件的企业主动加大研发投入开展技术研究、参与国家相应科技计划项目。

第七章 知识产权评估

知识产权评估是知识产权运营的基础性工作，目的在于分析、把握知识产权价值，为知识产权运营提供基础认识。

一、基本要求

（一）把握知识产权评估的作用和意义

国务院办公厅印发的《国务院办公厅关于完善科技成果评价机制的指导意见》（国办发〔2021〕26号）提出的完善科技成果评价机制的四个坚持，对准确把握知识产权评估有重要指引作用，这四个坚持是：坚持科技创新质量、绩效、贡献为核心的评价导向。坚持科学分类、多维度评价。坚持正确处理政府和市场关系。坚持尊重科技创新规律。该意见中还有和知识产权评估直接关联的内容，即："建立健全重大项目知识产权管理流程，建立专利申请前评估制度，加大高质量专利转化应用绩效的评价权重，把企业专利战略布局纳入评价范围，杜绝简单以申请量、授权量为评价指标。"该意见中的具体内容虽然是针对重大项目，其实质观点值得在知识产权评估具体工作中体会把握。

（二）以法律法规政策以及行业规则为业务基础

知识产权属于无形资产，知识产权评估需要遵守无形资产评估的法律法规政策及相应的行业规则。《中华人民共和国资产评估法》[1]是我国资产评估的基础法律，该法的第二条即提到了无形资产，第二条的具体内容是："本法所称资产评估（以下称评估），是指评估机构及其评估专业人员根据委托对不动产、动产、无形资产、企业价值、资产损失或者其他经济权益进行评定、估算，并出具评估报告的专业服务行为。"

中国资产评估协会（以下简称"中评协"）是我国资产评估行业的全国性行业组织，在资产评估领域有很高的权威性。中评协2023年8月印发的《资产评估执业准则——知识产权》，是知识产权评估的行业规则。该准则第四条规定："执行知识产权资产评估业务，应当遵守本准则及相关准则。"该准则第三条界定了知识产权资产评估的内涵，第七条说明了知识产权资产评估的目的。第三条规定："本准则所称知识产权资产评估，是指资产评估机构及其资产评估专业人员遵守法律、行政法规和资产评估准则，根据委托对评估基准日特定目的下的知识产权资产价值进行评定和估算，并出具资产评估报告的专业服务行为。"第七条规定："知识产权资产评估的评估目的通常包括转让、许可使用、出资、质押融资、诉讼、仲裁、司法执行财产处置、财务报告等。"

中评协还在2017年9月修订并印发了《专利资产评估指导意见》。该意见第十一条明确了专利资产的评估对象，第十四条明确了执行专利资产评估业务时应当关注的事项。第十一条规定："专利资产评估业务的评估对象是指专利资产权益，包括专利所有权和专利使用权。专利使用权是指专利实施许可权，具体包括专利权独占许可、独家许可、普通许可和其他许可形式。执行专利资产评估业务，应当明确专利资产的权利属性。评估对象为专利所有权的，应当关注专利权是否已经许可他人使用及使用权的具体形式，并关注其对专利所有权价值的影响。评估对象为专利使用权的，应当明确专利使用权的许可形式、许可内容及许可期限。"第十四条规定："执行专利资产评估业务，应当关注专利资产的技术状况、实施状况及获利状况。"

---

[1]《中华人民共和国资产评估法》由中华人民共和国第十二届全国人民代表大会常务委员会第二十一次会议于2016年7月2日通过，自2016年12月1日起施行。2022年11月29日，《中华人民共和国资产评估法（修订征求意见稿）》向社会征求意见。

二、工作原则

（一）评估目的决定评估方法

所谓评估目的决定评估方法，是指根据不同的评估目的选择不同的评估方法，而不是、实际上也不存在适用任何一种评估目的的评估方法，因此在开始评估之前，清晰地界定评估目的是非常重要的。笼统而言，评估目的越单一、评估方法越好选择。在很大程度上，评估目的和评估结论的使用在方向上是一致的。例如，以研发管理为目的的评估，要围绕研发管理选择评估方法、设计评估指标、组织评估工作，所得评估结论要在研发管理中使用。换言之，以研发管理为目的的评估得出的评估结论，自然不能适用于质押融资业务。日本特许厅（Japan Patent Office，JPO）曾经把知识产权评估目的归纳为八种：财务上的评估、税务上的评估、决定买卖价格时的评估、决定实施许可价格时的评估、决定担保价值时的评估、决定或实施 M&A 时的评估、在权利侵害诉讼中的评估和为内部管理服务的评估。我国常见的知识产权评估，除了前面《资产评估执业准则——知识产权》第七条说到的目的外，根据知识产权运营的实际情况，还可以有以下七种目的：日常管理的资产核算、企业破产时的资产清算、面向法律诉讼的评估、面向研发管理的评估、融资评估、面向基于技术的企业并购的评估和面向技术转移的评估。

（二）评估指标体系要具备科学性针对性合理性

所谓评估指标体系要具备针对性、科学性、合理性是指，评估指标体系的设计要符合针对性、科学性和合理性的要求。针对性是要基于评价目的针对评价对象设计评价指标体系，针对性也是评价目的性的引申和落实。科学性是对指标设计的科学要求，即对评估对象的面上全覆盖、横向不交叉、纵向不相容。虽然在实际工作中很难达到这样高的理论要求，但是有遗漏、有交叉、有兼容，必须要有合理的解释和弥补。合理性除了有前述的合理性解释的含义外，还要求把评估成本控制在合理范围内。

（三）评估评估者

所谓评估评估者是指出于任何一种目的的知识产权评估都无法避免专

家，即人的因素的介入。虽然在知识产权评估中越来越多地使用大数据、云计算等技术手段，但仍然不能彻底排除专家因素。因此，如何选择、替换、管理评估专家，就是知识产权评估的一个重要内容，而且这项内容必须是由评估组织者完成。

本书接下来以专利许可这种知识产权运营的典型形式为重点进行讨论。

三、常用评估方法

成本法、市场法、收益法是常用的三种评估方法，中评协在《专利资产评估指导意见》、世界知识产权组织在其网站都推荐了这三种方法。[1]

（一）成本法

成本法[2]是指在评估资产时按被评估资产的现时重置成本扣减各项贬值来确定资产价值的方法。成本法的基础公式为：

$$V = C - D - E$$

式中　V——被评估资产的评估值；

C——重置成本价值；

D——功能性贬值；

E——经济性贬值。

技术的重置成本价值是指按现时的条件，按目前价格标准，按过去开发该技术消耗人力、物力、资金量、检测要求及活动宣传情况计算成本值，这一成本值即为重置成本现值。其主要有以下几个要素组成，即开发成本、技术检测费用及技术宣传费用。

技术的功能性贬值指选用一个相适应的先进的参照物，将应用被评估的技术所生产的产品与应用参照物生产的产品进行比较，按成本、销售、利润综合分析，计算被评估资产与参照物之间的成本增加值或利润减少值，这一数值可视为被评估对象在可使用年限内的功能性贬值。

---

[1] WIPO. 评估知识产权资产 [EB/OL]. [2023-12-28]. https://www.wipo.int/sme/zh/ip-valuation.html.

[2] 北京国曦英泰资产评估有限公司. 成本法——无形资产专利（技术）的评估 [EB/OL].（2022-06-27）[2023-11-26]. https://zhuanlan.zhihu.com/p/534352681.

技术的经济性贬值主要是由国家宏观经济政策或市场环境等因素的变化造成的。

关于成本法的使用,《专利资产评估指导意见》给出的提醒是:“采用成本法进行专利资产评估时，应当合理确定专利资产的重置成本。重置成本包括合理的成本、利润和相关税费等。确定专利资产重置成本时，应当确定形成专利资产所需的直接成本、间接费用、合理的利润及相关的税费等。”（第三十二条）“采用成本法进行专利资产评估时，应当合理确定贬值。”（第三十三条）世界知识产权组织给出的评论是:“成本法通过计算类似（或相同）知识产权资产的成本来确定知识产权资产的价值。成本法尤其可用于知识产权资产易于复制且资产的经济效益无法准确量化的情况。这种方法不考虑浪费的成本，也不考虑资产的独特性或新颖性。”

（二）市场法

市场法[1]是指在市场上选择若干相同或近似的资产作为参照物，针对各项价值影响因素，将被评估资产分别与参照物进行比较调整，再综合分析各项调整的结果，确定资产价值的方法。市场法基于可比情境下转让类似知识产权的实际价格。这种方法的优点是简单且基于市场信息，因此常常用于计算一个近似值，以此确定使用费、税收和收益法的投入。

市场法的基础计算公式是

$$p=p_0 \cdot a \cdot b \cdot c$$

式中 p ——技术的价格；

p_0——相似技术的实际交易价格；

a ——技术经济性能修正参数；

b ——时间修正参数；

c ——技术寿命修正参数。

应用市场法作为评估手段时应具备充分活跃的市场，以及可比参照物及公开信息。由于技术本身的创造性和新颖性一般较难在公开市场上找到可以参照的技术资产的交易资料，市场法的运用在技术评估中有一定的局限性。

---

[1] 叶志高 . 专利（技术）评估思路探讨 [EB/OL].（2021-10-22）[2023-11-26]. https://zhuanlan.zhihu.com/p/424404697.

实际应用市场法时，虽然专利资产具有的非标准性和唯一性特征限制了市场法在专利资产评估中的使用，但这不排除在评估实践中仍有应用市场法的必要性和可能性。国外学者认为，市场法强调的是具有合理竞争能力的财产的可比性特征。如果有充分的源于市场的交易案例，可以从中取得作为比较分析的参照物，并能对评估对象与可比参照物之间的差异做出合适的调整，就可应用市场法。

关于市场法的使用，《专利资产评估指导意见》给出的提醒是："采用市场法进行专利资产评估时，应当收集足够的可比交易案例，并对专利资产与可比交易案例之间的各种差异因素进行分析、比较和调整。"（第三十一条）世界知识产权组织给出的评论是："市场法基于可比情境下转让类似知识产权的实际价格。这种方法的优点是简单且基于市场信息，因此常常用于计算一个近似值，以此确定使用费、税收和收益法的投入。"

（三）收益法

收益法[1]是指在知识产权有效使用期间，知识产权的预期收益按折现率转换为现值的评估方法。与传统的两种评估方法市场法、成本法相比较而言，收益法是最适合进行知识产权价值评估的方法，是对未来的获利能力进行评估，体现了预期收益的原则其结果更加准确，更能体现出价值最大化。收益法的优势在于考虑到了货币时间价值的影响，考虑的是知识产权的未来收益，再通过折现率折合成现值进行计算，评估价值更科学、更合理、更符合客观现实的实际需求。

收益法的基础公式是

$$p=\sum_{t=1}^{n} B_t(1+i)^{-t}$$

式中　p——技术价格；

B_t——第 t 年该技术产生的收益；

i——折现率；

n——技术寿命。

---

[1] 中芮信息科技集团有限公司. 探索知识产权未来收益价值评估[EB/OL].（2021-07-22）[2023-11-26]. https://zhuanlan.zhihu.com/p/392277958.

关于收益法的使用,《专利资产评估指导意见》给出的提醒是:“运用收益法进行专利资产评估时，应当收集专利产品的相关收入、成本、费用等数据。”（第二十七条）“采用收益法进行专利资产评估时，应当确定预期收益。专利资产的预期收益应当是专利的使用而额外带来的收益，可以通过增量收益、节省许可费、收益分成或者超额收益等方式估算。确定预期收益时，应当区分并剔除与委托评估的专利资产无关的业务产生的收益，并关注专利产品或者服务所属行业的市场规模、市场地位及相关企业的经营情况。”（第二十八条）“采用收益法进行专利资产评估时应当合理确定专利资产收益期限。”（第二十九条）“采用收益法进行专利资产评估时应当合理确定折现率。折现率可以通过分析评估基准日的利率、投资回报率，以及专利实施过程中的技术、经营、市场、资金等因素确定。”（第三十条）世界知识产权组织给出的评论是:“市场法基于可比情境下转让类似知识产权的实际价格。这种方法的优点是简单且基于市场信息，因此常常用于计算一个近似值，以此确定使用费、税收和收益法的投入。”“收益法是最常用的知识产权评估方法。它根据知识产权的预期收益对知识产权进行评估，并折算为现值。此方法最适用于现金流为正的知识产权资产、估计未来现金流有一定把握的资产，以及可以使用风险代理因子来获得贴现率的资产。”

四、《专利评估指引》

国家标准《专利评估指引》（GB/T 42748—2023）提供了一种发明专利、实用新型专利评估的基础性方法及工具体系，用于在特定目的和场景下对专利资产价值的评定和估算，即专利价值度。为专利的经营管理、许可转让、作价入股、质押融资等市场活动提供参考和支持。有利于引导各相关方把握专利的法律价值、技术价值、经济价值等特征，将推动完善专利评估机制，规范专利评估活动，为专利资产管理和运用提供有力支撑，促进创新资源有序流动和高效配置，最终促成专利的市场定价和价值实现。

《专利评估指引》适用于企业、高校、科研组织、金融机构、评估机构等主体在各类场景的专利评估。《专利评估指引》根据不同应用场景下专利价值分析评估指标选取和权重确定的适应性调整，以实例的方式对专利许可转让、金融、财务报告、侵权救济、管理等主要场景下的操作流程和关注重点进行推荐性列举。

五、专利价值评估 BCN 模型

BCN 模型是面向许可的专利评估模型。BCN 分别代表着商业潜力评估（Business，B）阶段、研发成本核算（Cost，C）阶段和许可价格谈判（Negotiation，N）阶段。这三个顺序递进的阶段设计的逻辑是：第一阶段 B 阶段的目的是用较小的成本建立起第二阶段 C 阶段、第三阶段 N 阶段评估的基础。第二阶段使用会计方法评估研发成本，第三阶段引入谈判策略确定许可价格。

第一阶段：商业潜力评估（Business，B）

日本特许厅 1999 年 4 月发布了专利评价指标（技术转移版），旨在有效果和有效率地推进专利技术的实用化和产业化。日本特许厅把该评价指标的使用者设定为技术转移中介服务机构、企业、大学 TLO、公立研究机构、金融机构等。该指标是世界最早的专利价值评价指标体系。该指标经过简化，2000 年 12 月实用版公布。日本特许厅发布的专利评价指标包括五部分，即基本情况、固有权利评价、流动性评价、产业化评价、综合评价。基本情况指的是被评价的专利以及评价本身的一些基础性信息。具体包括：

A：基本情况

[1] 发明的名称

[2] 专利号（或专利申请号；包括该专利在国外申请的情况）

[3] 申请时间（以及专利有效期）

[4] 权利人（或申请人）

[5] 填写时间（评价表填写时间）

[6] 评价人（评价人所在单位、评价人姓名、在本评价表中负责评价的项目）

[7] 评价角度（从什么样的角度评价本项专利，即技术转移接受方、技术转移中介方、准备开展技术转移的企业等）

B：固有权利评价

◎作为权利的技术支配力

评价内容	分值					
	5分	4分	3分	2分	1分	0分
专利权利化状况	异议、无效等审查后仍然成立	无异议权利成立	虽在审查中、异议或无效审查中等	申请期间且专利性有疑问	不可专利化	申请被拒绝
专利有效期	15年以上	10年以上	5年以上	3年以上	1年以上	1年不满或失效
发明的技术特征	基本技术发明	依据基本技术的发明	大幅度改良技术的发明	中等程度改良技术的发明	小幅度改良技术的发明	
权利的强度	非常强	强	中等程度	弱	非常弱	
抵触的可能性（和第三方保有权利的利用关系）	没有相抵触的权利	同一权利人有特许意愿；存在相抵触的权利	其他权利人有特许意愿；存在相抵触的权利	同一权利人特许意愿不明；存在相抵触的权利	其他权利人特许意愿不明；存在相抵触的权利	没有特许意愿；存在相抵触的权利
和替代技术相比的技术优势	不存在替代技术		存在替代技术但本技术占优势		存在替代技术，而且比本技术有优势	

◎作为技术的完善程度

评价内容	分值				
	5分	4分	3分	2分	1分
发明的适用程度	产品水平	试制品水平	实验证明水平	数值计算水平	概念水平

C：流动性评价

◎技术转移的可信度

评价内容	分值				
	5分	4分	3分	2分	1分
追加产业化开发的必要性	没有必要	小规模、短时间的追加开发	中规模、中时间的追加开发	大规模长时间的追加开发	超大规模长时间的追加开发

续表

评价内容	分值				
	5分	4分	3分	2分	1分
专利拥有者对技术接受方后续开发支援的有无	不需要技术支援或者可以全面享受后续技术	可以十分享受后续技术	可以享受一部分后续技术	在享受后续技术方面没有安全感	不能享受
技术导入时技术指导的有无	不需要技术指导，或者可以无条件享受技术指导	比较低的价格享受技术指导	支付相当的代价接受技术指导	很难接受技术指导	不能够接受技术指导
许可制约条件	独占的常规实施权、专用实施权、购入可能没有限制	独占的经常实施权、专用实施权、购入可能有其他限制	只有非独占的通常实施权，没有其他制约	只有非独占的通常实施权，存在其他限制	独占的通常实施权、有设定的专用实施权

◎权利的安全性

评价内容	分值				
	5分	4分	3分	2分	1分
权利人损害对应义务及协助	权利人有完全义务对应侵害	权利人有侵害对应义务，但在履行上不稳定	权利人有侵害对应协助义务	权利人的协助不稳定	权利人没有侵害对应义务

D. 产业化评价

◎发明产业化的可能性

评价内容	分值				
	5分	4分	3分	2分	1分
产业化实施时的障碍	没有规制上的障碍，也没有其他方面的障碍	有规制或其他方面的障碍，但容易应对	应对规制或其他方面的障碍需要花费时间、费用	应对规制或其他方面的障碍，需要花费相当的时间、费用	应对规制或其他方面的障碍，很困难

续表

评价内容	分值				
	5分	4分	3分	2分	1分
该技术对产品给予的贡献	非常大	大	中等程度	小	非常小
替代技术出现的可能性	没有	低	有可能	可能性高	事实上存在
侵害对应的容易性	非常非常容易	非常容易但存在费用上的制约	容易	困难	实质上不可能

◎来自产业化的收益

评价内容	分值				
	5分	4分	3分	2分	1分
产业规模	非常大	大	中等程度	小	非常小
受益期待额	非常大	大	中等程度	小	非常小

第二阶段：研发成本核算（Cost，C）

对专利技术价格的判断和确定，目前通行的估价方法有成本法、效益法和市场模拟法。顾名思义，成本法就是成本加利润的方法，效益法就是根据专利技术产生的效益确定专利技术的价格，市场法就是根据既往类似的专利技术产业化交易、模拟市场条件确定市场价格。当然这三种方法都有各自的长短处和适用范围。成本法存在的一个最大的问题就是无法处理技术开发成本高而市场前景不大、开发成本低而市场前景广阔的现象。这样会使按成本评估的技术价格与实际成交价格相差悬殊，评估值就失去了参考意义。应用效益法要求的是要对技术应用后的经济效益进行有明确的和有说服力的预测，但是任何预测都不易达到这个标准。市场模拟法最接近评估目的，但是它的条件是存在类似技术交易的实例，所谓技术相似是技术功能、应用目的相近，交易情况相似；当技术功能不同时，也仅是程度上的区别，而且技术功能差别程度易于比较、测定或估计。而一项新专利却很难满足这个条件。

第三阶段：许可价格谈判（Negotiation，N）

实际上，包括专利技术交易在内的任何交易的价格都是价格形成过程的结果，而价格形成过程是交易双方谈判的过程，而且交易双方在真实意思充分表达前提下达成的价格协议是受到法律保护的。这样，对技术估价或定价研究就不应该脱离对谈判的研究，研究的结果应该有助于谈判的展开和深入。当然，不论怎样确定的价格，价格都可以分成成本和利润两部分，也就可能根据价格的这两个组成部分设计技术价格的谈判过程。一般说来，技术开发者即交易谈判中的卖出方愿意尽快收回开发期间投入的成本，但是因为有通货膨胀和银行存款利息的比照，技术开发者更愿意在单纯的成本之上追加社会投资平均收益作为开发成本。由于社会平均收益不是一个容易被算出、同时也是容易产生歧义的概念，可以用同期长期国家国债受益替代。通常情况下，长期国家受益高于银行存款利息且没有有价证券的风险，容易被专利技术开发者接受。而专利技术开发者作为风险的先行承担者，也应该得到专利技术购买方的认可和适当的补偿。

就成本部分达成协议后，开始谈判利润部分。在正常情况下，买卖双方对专利技术的市场前景和收益预期存在差异，利润部分是谈判的焦点。为了解决这个焦点，可以在价格的基础上，把结算方式引入谈判的内容中来，用结算方式来捆绑双方的利益和观察彼此对这项专利技术的商业信心。这里所谓的结算方式包括现金、股权和期权。在非高通胀期，现金是交易中最高的保障，股权和期权则带有程度不等的风险。由于购买方支付了专利技术开发者的成本（实际上是发生成本+长期国债收益），风险转移到购买方一侧。购买方在支付出售方利润时，可以采用现金、股权和期权混合的方式来分散自己的风险。如果出售方愿意大比例地接受非现金的支付方式，那就表示专利技术开发者对这项专利技术的商业前景有很大的信心。当然，放弃的现金部分应该得到相应的补偿，也可以采用专利技术入股等形式推进新专利技术的商业化过程。

延伸阅读 7

《高价值专利（组合）培育和评价标准》[1]

1. 范围与内容

本标准规定了高价值专利（组合）培育和评价的流程，适用于进行高价值专利（组合）培育和评价活动。高价值专利（组合）培育和评价分为高价值专利（组合）培育流程和高价值专利（组合）评价流程两大部分。

2. 术语与定义

基本专利是指独立的、不依附于其他专利的原始专利，是最后获得一系列专利发明的基本，或者说之后一系列专利都是在本专利的基础上改进；是覆盖了创新技术成果的基本方案的最主要技术特征、为其提供最大保护范围的若干专利，能够发挥对该技术成果最基础、最重要的保护和控制作用。

核心专利指的是制造某个技术领域的某种产品必须使用的技术所对应的专利，很难通过规避设计手段绕开；是覆盖了创新技术成果的核心方案的最主要技术特征、为基本专利提供细化支撑、并将其产品化的基础专利或成为优选方案的专利。

专利挖掘是指在技术研发或产品开发中，对所取得的技术成果从技术和法律层面进行剖析、整理、拆分和筛选，从而确定用以申请专利的技术创新点和技术方案。

专利布局是指综合产业、市场和法律等因素、对专利进行有机结合，涵盖了利害相关的时间、地域、技术和产品等维度，构建严密高效的专利保护网，最终形成有利格局的专利组合。

专利导航是指在科技研发、产业规划和专利运营的活动中，通过利用专利信息等数据资源，分析产业发展格局和技术创新方向，明晰产业发展和技术研发路径，提高决策科学性的一种模式。

---

[1] 该标准是国家知识产权运营公共服务平台研制发布的企业标准，发布日期为 2019 年 6 月 20 日。

专利预警是指通过收集与分析本行业技术领域及相关技术领域的专利信息和国内外市场信息，了解竞争对手的行为，把可能发生专利纠纷的前兆及可能产生的危害、建议采取的对策措施及时告知相关政府部门、行业组织及业内企业；同时发布专利权被侵害的信息，建议行业组织和业内企业采取应对措施。

3. 高价值专利（组合）培育流程

高价值专利（组合）培育过程是一个复杂的过程，受到多种因素的综合作用，主要包括培育环境、培育人员、培育资源。培育环境包括创新主体的外部政策环境以及内部环境；培育人员包括研发人员、知识产权管理人员、专利咨询人员、专利代理师以及专利审查员等；培育资源包括资金投入、情报资源、信息化平台等。

培育目标包括三种类型：a）保护核心技术，围绕核心技术构建严密专利网，提高竞争者的规避设计难度和研发成本；b）获取先发优势，依据技术发展方向，进行前瞻性的专利布局；c）对抗竞争对手，围绕竞争焦点布局有针对性的专利，形成竞争者具有对抗作用或牵制作用的专利筹码。

保护核心技术的高价值专利（组合）培育流程：①行业专利布局态势分析，包括专利申请态势分析、专利技术生命周期、技术功效矩阵分析、技术路线分析；②微观专利导航，包括创新主体技术发展现状分析、重点产品（技术）专利导航分析、重点产品（技术）开发策略分析；③高价值专利培育方案制定，包括技术成熟度培育、技术独立性培育、技术不可替代性培育、法律价值培育、基于市场预判和政策的市场价值培育；④专利布局规划与专利挖掘，包括对原始创新的强基保护、考虑技术应用场景的扩展、对原始创新的延续保护；⑤高价值专利组合构建，包括专利类型的组合、技术多维度的专利组合、产品结构多维度的专利组合、专利应用领域的延伸组合与技术、法律、市场立体保护结构的组合。

获取先发优势的高价值专利（组合）培育流程：①行业专

利发展趋势分析，包括专利申请态势分析、专利技术生命周期分析、技术功效矩阵分析、技术路线分析、技术未来发展方向分析；②产业发展方向专利导航，包括全球产业转移趋势、技术创新热点方向、协同创新方向；③高价值专利培育方案制定，包括技术先进程度培育、技术应用广度培育、法律价值培育、基于市场方向预判、基于政策环境；④专利布局规划与专利挖掘，包括考虑技术应用场景预判、考虑技术的全要素革新、考虑面向标准的储备式布局；⑤高价值专利组合构建，包括策略型专利阻塞组合、专利应用领域延伸组合。

对抗竞争对手的高价值专利（组合）培育流程：①专利预警与微观专利导航，包括竞争对手专利布局态势分析、竞争对手专利技术实力比较、竞争对手技术布局路线分析、竞争对手专利诉讼和运用策略分析、专利侵权风险分析、专利规避方案设计；②高价值专利培育方案制定，包括技术独立性培育、技术不可替代性培育、法律价值培育、基于竞争情况的市场价值培育；③专利布局规划与专利挖掘，包括围绕竞争对手核心专利的布局挖掘策略、针对竞争对手的差异化专利布局挖掘策略；④高价值专利组合构建，包括围绕竞争对手核心专利的产业链上下游构建专利组合。

4. 高价值专利（组合）评价流程

高价值专利（组合）评价流程主要包括确定待评价专利、判定是否高价值专利、判定是否高价值专利组合、判定结合和优化维护建议以及完成评价报告。

第八章 专利导航

专利导航是专利制度在产业运行中的综合应用，也是专利战略在产业发展中的具体实施，更是知识产权战略支撑创新驱动发展战略的具体体现。专利导航的目的是探索建立专利信息分析与产业运行决策深度融合、专利创造与产业创新能力高度匹配、专利布局对产业竞争地位保障有力、专利价值实现对产业运行效益支撑有效的工作机制，推动重点产业的专利协同运用，培育形成专利导航产业发展新模式。

一、试点工程

为贯彻落实党的十八大精神，实施创新驱动发展战略和知识产权战略，有效运用专利制度提升产业创新驱动发展能力，加快调整产业结构，提高产业整体素质和竞争力，2013 年 4 月 2 日，国家知识产权局发布了《国家知识产权局关于实施专利导航试点工程的通知》。

国家知识产权局实施专利导航试点工程是以专利信息资源利用和专利分析为基础，把专利运用嵌入产业技术创新、产品创新、组织创新和商业模式创新，引导和支撑产业科学发展的探索性工作。专利导航试点工程的总体目标是力争利用 5 年左右时间，初步形成专利导航产业发展有效模式，包括基本建立专利导航产业发展工作机制、初步形成专利导航产业发展工作体系、不断夯实专利导航产业发展工作基础，以及持续优化专利导航产业发展工作环境。

专利导航试点工程的重点任务主要包括六个方面：建立专利导航产业发

展工作机制；优化产业的专利创造；鼓励专利的协同运用；培育专利运营业态发展；完善专利运用服务体系；构建专利导航产业发展的政策支撑体系。

为全面带动重点任务的落实，专利导航试点工程以分类搭建工作平台的方式具体实施。主要包括三类实施方式：①面向产业集聚区，建设一批专利导航产业发展实验区；②面向行业发展，培育一批专利协同运用试点单位；③面向市场主体，培育一批专利运营试点企业。

专利导航试点工程的实施计划分为三个阶段。第一阶段为启动阶段（2013年4—6月），第二阶段为培育/建设阶段（2013年7月—2018年6月），第三阶段为总结阶段（2018年7月—12月）。在启动阶段，国家知识产权局制定印发《国家专利导航产业发展实验区申报指南（试行）》《国家专利协同运用试点单位申报指南（试行）》和《国家专利运营试点企业申报指南（试行）》；各有关省（区、市）知识产权局和相关部门（单位）根据实际情况，指导和组织有关产业集聚区、行业协会或企业单位制订工作方案，做好申报工作；国家知识产权局对工作方案进行审核和批复。在培育/建设阶段，在有关产业集聚区、行业协会或企业单位开展培育（建设）工作；国家知识产权局会同有关省（区、市）知识产权局和相关部门（单位）对培育（建设）工作进行跟踪指导，并给予必要的支持。在总结阶段，国家知识产权局会同有关省（区、市）知识产权局和相关部门（单位）对培育（建设）工作进行总结；研究提出“专利导航工程”具体方案建议；制定指导性文件，全面启动专利导航工程。

二、《专利导航指南》

由国家知识产权局组织起草的《专利导航指南》（GB/T 39551—2020）系列推荐性国家标准于2020年11月9日批准发布，并于2021年6月1日起正式实施。

《专利导航指南》系列标准为政府部门、企事业单位、行业组织、服务机构等各类主体提供了实施专利导航项目的基本工作流程和典型应用方法。各类主体根据创新发展决策工作的实际需求，选择适用的相关标准，按照标准的规范要求，在具备专利导航项目实施的基础条件下，遵循专利导航项目启动、项目实施的业务流程，产出专利导航成果，并通过建立成果运用机制、开展绩效评价等手段确保专利导航成果的有效运用，实现为创新发展决策提供有效支撑的目标。

标准的制定主要经历了三个阶段的准备。2012 年由国家知识产权局党组首次提出后，经全国范围的试点探索，逐步由面向产业、企业、区域引导创新决策延伸到知识产权分析评议、区域布局等工作。2018 年机构改革，“按产业领域加强专利导航”纳入重新组建后的国家知识产权局的主要职责。2020 年国务院办公厅将“以产业数据、专利数据为基础的新型产业专利导航决策机制”认定为第三批支持创新改革举措，要求国家知识产权局与国家发展和改革委员会、科学技术部共同指导推广。

《专利导航指南》的内容框架主要由三部分支撑：专利导航总则、专利导航专项指南和专利导航服务要求。内容间的逻辑关系主要为专利导航总则指导专利导航专项指南，专利导航服务要求保障专利导航总则和专利导航专项指南的实施。具体而言，专利导航总则提出了专利导航项目实施的通用模板，包括术语和定义、基础条件、专利导航项目启动、专利导航项目实施、成果产出与成果运用。专利导航专项指南以专利导航总则为基础，分别面向不同应用场景，提出了针对区域规划、产业规划、企业经营、研发活动、人才管理等各类别专利导航项目实施的逻辑分析模型和特殊要求，其中，区域规划类专利导航、产业规划类专利导航、企业经营类专利导航分别用于服务支撑区域、产业、企业的创新发展决策，相关成果输出可作为其他类别专利导航的前置输入和重要参考，研发活动类专利导航、人才管理类专利导航可单独实施，也可组合实施，并可被其他类别专利导航引用。专利导航服务要求规定了在有外部机构提供相关服务的情况下针对专利导航服务提供的全面要求，包括服务提供者、服务准备、服务提供与服务评价和改进。

《专利导航指南》系列标准主要呈现内容的全面性、方法的实用性、成果的有效性三方面特点。首先，内容的全面性。该系列标准将专利导航试点工程、知识产权分析评议和知识产权区域布局等实践探索的专利信息利用方法，拓展为面向区域规划、产业规划、企业经营、研发活动、人才管理等不同应用场景的专利导航方法，以专利导航总则提出专利导航项目实施通用模板，以各专项指南提出面向不同应用场景的逻辑分析模型和特殊要求，以专利导航服务要求规定在有外部机构提供相关服务的情况下针对专利导航服务提供的全面要求。既有专利导航服务创新资源有效配置的产业、区域等战略层面的内容，又有服务企业技术创新、合规管理、风险防控和投资并购等操作层面的内容。其次，方法的实用性。该系列标准将专利导航实施过程解构为专利导航基础条件、专利导航项目启动、项目实施、成果产出、成果运用和绩效评价等工作流程，并对专利导航项目实施中的信息采集、数据处理、专利导航分析等关键步骤分解为输入、步骤与方法、输出、质量控制，便于各类主体灵活运用流程化、模块化的工具和方法开展专利导航工作实践。最后，成果的有效性。一方面在项目实施过程中以质量控制的方式加强全过程管理，确保专利导航研究的系统性、分析方法的科学性、成果呈现的规范性；另一方面以绩效评价的方式加强结果管理，要求对照专利导航工作需求，采取目标管理评价方法进行成果运用绩效评价，确保专利导航的决策建议有效应用。

延伸阅读 8

日本推进知识产权图景对中国的启示[1]

2022 年 1 月 28 日，日本知识产权战略本部官网发布了《关于知识产权·无形资产的投资·活用战略的开示及治理指南（1.0 方案）》（以下简称《指南》），其中有一个词出现多达 25 次，这个词就是近年来把日本知识产权界、金融界和实业界牢牢铆在一起的 IPL（Intellectual Property Landscape）。

一、IPL 是什么

《指南》单设知识框解释 IPL：在企业制定经营战略或事业战略时，将知识产权信息融入经营或事业的信息中，分析上述信息，并将分析结果（对现状的俯瞰和对未来的展望等）与经营者或事业负责人共有。这里的共有，应作如下理解：以呈现分析结果为契机，以讨论制定经营战略或事业战略为目的，进行论证和协调、接受分析结果反馈等双向的交流。

《指南》认为，IPL 的最大价值是通过把知识产权等无形资产可

[1] 刘海波，黄钱欣．日本推进知识产权图景对我国的启示 [N]. 中国科学报，2022-05-25.

视化，让决策层直接感受到知识产权等无形资产对本企业的经营发展发挥了多大的和什么样的作用，从而推动企业基于IPL进行对内对外两方面的活动：对内促进知识产权部门和其他部门之间的交流，让知识产权部门融入各部门的日常工作中，形成重视知识产权等无形资产的企业文化；对外，在这个高度重视知识产权等无形资产的数字经济时代，充分展示企业可持续发展的潜力和竞争力，强化与投资者和金融机构的对话沟通能力，争取更多、更优质的投资。

二、《指南》为什么反复强调IPL

2021年6月，日本金融厅、东京证券交易所修改了《上市企业治理规则》（*Corporate Governance Code*，CGC），加入了知识产权的内容。要有两点：一是上市企业要披露知识产权投资具体信息；二是董事会要从促进企业可持续性发展的角度出发，对企业知识产权投资进行有效监督。

由于CGC中加入了知识产权的内容，因此，上市企业落实CGC中关于知识产权的要求需要一套实施办法，所以《指南》就应运而生。而IPL在《指南》中反复出现，其目的就是为上市企业公示知识产权提供标准化工具和规范性语言。这背后体现了日本正在加速、加深知识产权与实体经济和金融的融合，推动知识产权发展进入一个新阶段。因此，甚至有专家因CGC修改加入知识产权内容而称2021年为“日本知识产权意识改革元年”。

三、对中国的启示

知识产权制度的基础性作用和意义是促进知识产权信息的传播和利用。中国实践中和IPL较为接近的概念有知识产权分析评议和专利导航。应该说，日本推进IPL的举措，对我们利用好知识产权等无形资产的信息，建设知识产权强国，有一定的参考借鉴价值，具体而言，有“三个更”。

一是“更广”，即以更广的视野看待知识产权。IPL的直接渊源是PL，即Patent Landscape，可称为“专利图景”。日本将PL发展为IPL，体现了看待知识产权的一种更广的视野。《指南》在论述IPL的相关内容时，用的就是“知识产权•无形资产”这样一种表达。IPL中的IP比IPR（知识产权）更具弹性，在数字经济时代，需要更重视IP及IPL的决策辅助价值。随着数字经济的兴起、发展，出现了以数据为代表的、用既有知识产权范畴不能很好概括的新型无形资产，无形资产的范围包括了技术、品牌、设计、内容、数据、技术诀窍、客户网络、信誉、价值链、供应链、由此产生的组织能力和方法等。因此，中国也可拓宽视野，超出专利、商标、著作权等类型化知识产权权利覆盖的范围，从无形资产的角度来看待知识产权。

二是“更深”，即推进知识产权等无形资产和企业经营更深融合。CGC加入知识产权的内容，与此相对应，日本知识产权战略本部推出《指南》，反复强调IPL，这体现了日本致力于将知识产权等无形资产与企业经营深度融合。此举一方面体现了日本长期投资者在筛选、评价投资对象时开始重视知识产权；另一方面也体现了日本意欲提高无形资产在企业资产构成中的比例。中国发展到现阶段，企业经营的环保意识和社会责任意识越来越高，而知识产权等无形资产在其中起到了越发重要的作用，也因此将越发受到投资者的重视。上市企业是一国经济组织的精华集合，也是推动经济转型升级的关键抓手。中国可以考虑采取措施，提高上市企业知识产权等无形资产信息披露水平，一方面可以带动中小企业的知识产权工作；另一方面也可以促进企业提高无形资产占总资产的比例。

三是“更全”，即培养能力更全面的知识产权人才。2016年日本特许厅发布报告，建议把“IPL”和“知识产权投资和管理”“开放与闭合战略”“组织设计”并列为企业知识产权战略的四个基本内容，提出企业知识产权人才培养要从这四个方面着手。该建议被2017年修订的《日本知识产权人才技能标准》采纳。日本特许厅还在 2021 年 10 月举办了“IPL 推进协议会的活动和会员企业的相应举措”研讨会，免费公开 IPL 讲座。日本 IPL 的主力推手、金泽工业大学大学院杉光一成教授在讲座中从 CGC 与知识产权的关系入手，阐述了活用 IPL 新的可能性，反响甚大。中国培养知识产权人才可以借鉴 IPL 的理念，将 IPL 作为知识产权人才能力的重要方面，在应用中充分发挥和迭代提升 IPL 的效力，提升知识产权人才综合活用知识产权等无形资产的能力，全方位提高人才能力素质和水平层次。

第九章 用知识产权运营强化政产学研合作

政产学研合作创新是产学研合作发展到一定阶段的产物，即产学研合作创新的一种高级形式。官产学研合作创新来源于1981年日本的一个研究报告《下一代产业基础技术研究开发制度》，其中心内容是保证“官、产、学”各方面力量相互协作和充分发挥各自的优势。我国产学研合作创新的表述也从最初的产学研，逐步发展成现在的政产学研中金用（政府、产业、大学、科研机构、中介、金融机构、用户）。总之，本书此处所称政产学研，即是各类资源的合作创新。

一、知识产权在政产学研合作创新中的功能和作用

（一）官产学研合作创新代表性理论研究概述

1. 交易费用理论

1937年，著名经济学家罗纳德·科斯（Ronald Coase）在《企业的性质》一文中首次提出交易费用理论。科斯指出，交易费用就是利用价格机制的费用，或者说利用市场交换手段进行交易的费用，它包括度量、界定和保障产权的费用，发现交易对象和交易价格的费用，讨价还价、订立合同的费用，督促契约条款严格履行的费用，等等。

产学研合作本质是技术转移，技术在产学研主体之间的流动是有目标的，也是一个价值增值和权益关系改变的过程，因而产学研合作本身就是一种交易。交易费用存在于产学研合作的全过程中。

产学研合作关系的建立需要交易费用。企业注重市场运营，对技术的

需要往往是具体的、成熟的和动态的；大学往往追求技术的先进性，对企业的实际需求缺乏了解，势必导致合作关系的建立需要花费大量人、财、物等成本。无论采取何种合作模式，产学研合作各方都需要签订契约合同，这就会带来谈判费用。产学研合作本身就可能存在技术条款和市场开发失败等风险，在合作过程中一些诉讼成本也是难以消除的。

总而言之，产学研合作存在较高的交易费用，根据科斯的交易费用原理，在交易成本不为零的时候，制度是重要的。合作本身就是一项试图降低技术交易成本的制度安排，而这种制度安排的顺利达成和有效运作又需要第三方——政府的合理规制。这里的第三方规制既包括在经济中普遍适用的法律规章，还包括专用于合作的制度机制，有了这种制度机制，产学研结合便更易于形成。因此，政府在降低产学研合作交易费用、增强信任程度、提高合作效率等方面有非常重要的作用。

2. 国家创新体系理论

1997 年，世界经济合作与发展组织（OECD）发表了《国家创新体系》专题报告，在这个报告中，OECD 认为创新是不同的社会主体就生产、传播和应用不同类型的知识的相互作用的复杂过程，这些复杂过程决定着一个国家的创新能力。为此该报告指出，国家创新体系的实质是为了实现某种目的，政府、企业、大学、中介机构等社会组织围绕启发、引进、改造和传播新技术而形成的一种相互作用的网络机制。

国家创新体系理论重视政府、高校、企业、中介机构等在创新体系中的作用，认为创新实际上是这些正式组织相互作用的结果，这些社会组织在新技术从创造到扩散、市场化等各个阶段起着不可替代的作用，任何一方的缺失都会影响到整个过程。

按照这一理论，产学研合作作为国家创新活动的一部分，不仅是高校和企业二者之间的交流互动，在他们的合作当中政府的政策以及相应的中介体系也应该得到建设和发展，才能确保产学研合作的顺利进行和合作预期效果的实现。

3. 公私协力理论

公私协力理论（Public-Private Partnership，PPP）最初是研究公民或第三部门参与公共服务方式的理论，目的是将民间“创业精神”及“成本效益原则”带入政府服务功能中（在这点上，与新公共管理理论有相似之处），同时，也主张邀请民间组织，基于“公民参与”和共同承担公共责任的自觉，与政府共同从事公共事务执行和公共建设工作。

关于 PPP 的具体定义有很多，以至于德国学者诺伯特·波茨（Norbert Portz）甚至认为“试图去总结 PPP 是什么或者应该是什么几乎没有任何意义，它没有固定的定义，并且很难考证这个含义模糊的英文单词的起源，PPP 的确切含义要根据不同的案例来确定”。

PPP 本身的价值指向提示可以在管产学研合作创新中具有很大的应用潜力，比如有学者在创新集群的研究、德国创新体系的研究中使用了 PPP 的基本理念。

4. 三重螺旋理论

1996 年 1 月，在荷兰阿姆斯特丹召开的由美国国家科学基金会、欧盟和荷兰教育文化与科学部等发起的专题研讨会上，以美国的埃兹科维茨（Henry Etzkowit）和荷兰的雷德斯多夫（Leydesdorf）为代表的欧美研究人员认为，为实现国家创新战略，应采用“三重螺旋”（Triple Helix）模型来加强大学、产业、政府之间的合作，促进国家科技创新体系的形成和发展。埃兹科维茨和雷德斯多夫指出，现代大学的地位与作用已经发生了根本性的变化，培养人才、科学研究和社会服务构成了大学的三大使命，大学已经由社会次要机构上升为社会主要机构，成为与产业、政府同样重要的组成部分。大学应当与产业建立良好的合作伙伴关系，而政府应当支持这种关系的形成，但大学要保持相对独立性，在与产业互动的同时，仍要保持自己的独特身份和特征。

在三重螺旋模型中，整个系统形成的是一个立体的空间结构，政府及其机构形成行政链；以集团的形式组织在一起的企业形成生产链；所有的高校形成科技链，这三链之间互相影响，共同进化形成了创新网络系统。三螺旋强调三者之间的合作互动关系，在公立和私立、科学和技术、大学与产业之间的边界不再是确定的，而是流动的，三者相互重叠并承担过去属于其他两方领域的任务，而且在自身领域中每一个又都有内部转变，他们的共同利益则是为其所在的社会创造价值，具体参考图 9-1。

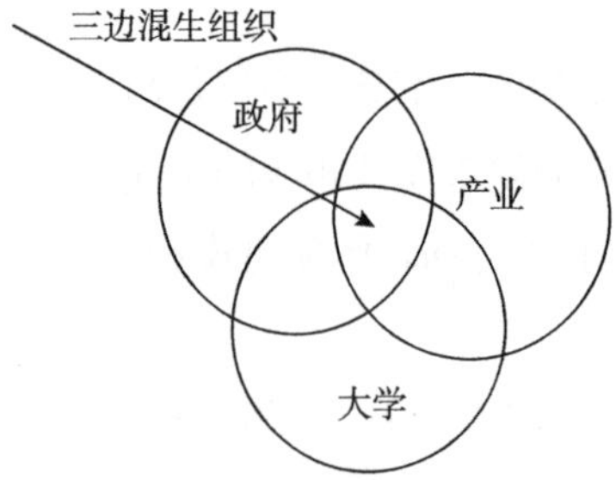

图 9-1 三螺旋关系示意图

三重螺旋理论为产学研合作促进区域

经济发展提供了强有力的理论支撑，从另一种角度来思考如何提升产学研合作效果。它把大学、公共研究机构纳入了区域经济发展体系当中，强调这些社会组织在提高地区创新能力，促进区域经济发展中的作用。产学研合作不仅仅是企业和大学之间的一种知识、物质等资源要素的交换，其中还涉及政府的作用，是政府宏观行为和企业、大学微观行为共同活动的结果，这三者任何一方的行为都会影响到产学研合作的效果。

5. 简要评论

交易费用理论是说明市场机制的重要理论之一，也是强调市场机制之于经济、社会发展的基础作用的重要理论，其影响远远超出了纯粹的经济学领域，很多学者把这个理论应用到政治学、社会学等领域，取得了有价值的研究成果。这个理论重视企业的市场主体地位和市场机制的基础作用，而把政府置于制定维护市场机制正常运行的规则的守卫者的位置。在这个理论中，作为“官”的政府，在创新中的角色是规则提供者和维护者。所以，在交易费用理论关于官产学研合作创新的研究中，官并不是平等的合作者。在现在强调政府主动参与创新的环境下，这个理论在官产学研合作创新的研究中有一定的局限。

国家创新体系理论是20世纪80年代之后产生的理论，这个理论重视各类创新要素组成的创新网络及创新网络的运行。这个理论虽然揭示了政府在创新中的地位和作用，但是在政府如何发挥作用的细节上还有些暧昧之处。例如，在分析政府把资金投入创新活动时，这个理论更多地关注政府直接投资在创新环境的营造上，而不是对具体创新单元的直接支持上。这显然是出于尊重经典的市场规律的考虑。但是，在经历了金融危机的冲击后，这个理论在这个方面面临着挑战。

公私协力理论是从社会利益角度提出政府和非政府各方的合作理念，对创新这种现在已经是泛在的社会活动具有非常重要的启发意义。但因为应用PPP理论进行创新研究的具体工作还不多见，其价值还有待于进一步开发。

相对而言，三重螺旋理论是能够满足现在研究官产学研合作创新需求的理论，它一方面把政府作为创新合作方来看待；另一方面也重视市场机制的基本原理。本研究将主要参考这个理论展开对研究主题的探讨。

（二）政产学研合作创新概念的界定

本书认为，政产学研合作创新是在当前形势下，对产学研合作创新的发展，是社会合作创新的一种形式。在这种合作创新形式中，政府既是规则提供者，也是资源提供者；既是公平维护者，也是优胜选拔者和奖励者。为了在全球创新竞争中获得优势，政府有时要通过优先提供资源等手段，支持创新优势者。

这个界定有以下几点含义：

第一，政产学研合作创新不但不排斥、不否定产学研合作创新，而是为了能在新的竞争形势下，更好地支持产学研合作创新。同时，也修正和补充了过去产学研合作创新的某些不足之处。

第二，在合作创新中，政府既要提供规则也要提供资源。为了提供更好的规则和更有效地使用资源，政府需要开放自己的垄断领域，更多地吸收民间智慧，如吸引和接受民间力量和智慧进入政府政策制定过程。

第三，在创新竞争开放化、全球化的环境下，政府可以在一些亟须发展的战略领域，直接为该领域的优秀者提供资源。这意味着，传统的公共资金不进入竞争领域的观念需要更新。

第四，政产学研合作创新本质是赢得竞争优势和创新收益，也是推进自主创新的一种新方式。

事实上，政产学研合作创新在 2008 年金融危机爆发之后，在发达国家有了明显的表现。例如，2009 年 5 月初至 7 月末，美国、英国、日本、韩国四国政府出面组织的官民合作新型技术投资基金陆续浮出水面，这些“技术主权基金”旨在全球范围内收购和运营领先技术，在未来整合产业链条，形成技术垄断。

（1）美国。2009 年 5 月，美国总统奥巴马宣布将在 2010 年财政预算中动议拨款 5000 万美元成立一支社会创新基金（Social Innovation Fund），以政府身份发掘和投资创新型、结果导向的慈善项目，并指定曾负责谷歌公司公益慈善事业的高管索纳尔·沙赫（Sonal Shah）掌管新设立的白宫社会创新与公民参与办公室。这一举措显示了美国政府对社会创新特别重视，使社会组织受到鼓舞。

（2）英国。2009 年 6 月，英国政府设立了一个 1500 万英镑的“创新投资基金”，旨在帮助高成长技术型中小企业解决融资问题。9 月底，英国首相布朗宣布将投入 10 亿英镑成立“国家投资公司”投资于高技术制造业，并希望 10 年内带动 100 亿英镑的资金介入新技术的应用。

（3）日本。2009 年 7 月 26 日，日本成立了产业创新机构，该机构内设产业创新委员会，就相关企业的未来、对其投资回收的可能性进行评估，以决定投资对象。日本官方和民间共向产业创新机构投资 905 亿日元（约合 65 亿元人民币）。日本政府先期出资 820 亿日元，东京电力、松下、日立、三菱、东京 UFJ 银行等 16 家企业共计出资 85 亿日元。加上政府保证金，最大投资规模将达 9000 亿日元。该机构从银行筹措资金时，日本政府将以 8000 亿日元保证金担保。日本政府呼吁正处于投资低迷的其他民间资金投入，以提高相关产业的竞争力。

（4）韩国。2009 年 7 月 29 日，韩国宣布年内成立发明资本基金，该基金计划出资 200 亿韩元，其中政府出资 50 亿韩元，其他 150 亿韩元来自民间。

这些政府基金宣布时间之集中、资金潜力之庞大、宗旨目的之相近、各方合作之密切，预示着这些国家的创新政策和创新活动进入了一个新阶段。综合分析这 4 个新型基金，可以发现它们存在着以下特点：①官民结合。基金的组成和运营上都体现了政府和民间的结合。②社会创新。这些基金通过官民合作的形式把社会的力量集合起来。③要素集成。这些基金都关注的是把尖端的技术变成产品，这是一个要素集成的工作。④技术主权。这些基金是用来购买各地的新技术、新研发成果，只有这样才能保证国家在核心问题上的话语权。

（三）我国政产学研合作创新的主要模式

我国的政产学研合作创新基本分成以下几种模式。

1. 联合攻关模式

联合攻关是指由各级政府主管部门组织发布涉及国民经济或地方经济发展中的重大技术（工程）项目招标指南，以课题为载体，由产学研各方派出人员组成课题组进行研究开发的合作。

联合攻关模式通常包括科技攻关计划、新产品开发计划和产学研工程计划等。

这种模式的优势是：①优势互补。能够充分发挥产学研各方主体的力量，有利于构建企业与大学、科研机构的合作网络关系，尤其有利于跨行业、跨学科的政产学研合作的开展。②高抗风险性和充足的资金保障。有利于企业与大学、科研机构形成合作的网络关系，便于合作的开展。

这种模式的局限性是：①政府干预作用强，不利于市场引导作用的发挥，一定程度上降低了企业的创新积极性；②合作研究的目标比较单一，难以形成持续的创新动力；③随着科研课题的完成，科研小组也归于解散，难以形成相对稳定的研究团队，不利于知识的积累，不利于产学研各方的深入合作。

2. 共建研发基地模式

共建研发基地是指各级政府主管部门根据本地区科技与经济发展的重点领域的需要，组织高校或科研院所、当地企业共同建立的研究院、重点实验室和工程中心等研发基地。

共建基地的优势是：①共建科研基地可以为企业储备技术和人才，对于企业研发能力的持续提高有非常大的作用；②科研基地可以使企业对大学和科研院所的某些专业领域的技术创新进行持续的投入，同时也使高等院校和科研院所的研究更加贴近市场需求，同时缩短了技术成果产业化的进程；③三方主体的优势可以充分发挥，高等院校和科研院所具有基础理论知识扎实、实验手段先进、研发能力强的优势，而企业则具有技术开发、生产过程技术化的优势，因而三方结合可以充分发挥他们的优势。

共建基地的局限性是：①合作各方必须有强烈的合作意向，有共同的合作方向，而且要在产学研组织与合作制度等各方面达成一致；②需要合作各方或者至少有一方具有较强的经济实力。因而这种模式只是比较适合那些资金雄厚的大企业，对于资金短缺的小企业则很难。

3. 共建研发实体模式

共建研发实体是指各级政府主管部门根据本地区发展高新技术产业的需要，倡导产学研各方出资或者技术入股共建企业，进行技术开发或者技术经营。这种模式的新近发展是共建新型研发机构。

这种模式主要有两种形式：一是建立产业与科研联合体，就是高校和科研院所与企业共同研制、开发、生产，组成研、产、销一条龙的高科技研发实体，其特点是结合高校科研机构的科技开发优势和企业的生产经营能力优势，采取有限责任公司的运转模式共建紧密型的产学研联合体，最终组成一种新型的科技企业。二是技术入股，合作生产，其特点是多采取股份制合作形式，高校和科研院所以高科技的成果折算成股份向企业投资入股，利益共享、共担风险。

优势：①互利共赢优势明显。企业降低了技术开发成本的同时拥有了自己的核心技术或专利技术。同时，科研院所、高校既拥有了新的科研基地又带来了长期经济效益。②股权分配方式解决了产学研各方的利益分配问题。

局限性：①学（研）方和产业方之间在经营理念上存在偏差。以公司的形式共建的实体，经济利益是第一位的，科研利益因此被放在次要位置，由此可能产生不利于高校和科研院所发展的情况。②股权设置的好坏是影响该模式产学研合作顺利进行的关键，如何调动合作方的积极性非常重要，设置不好也容易引起产权方面的纠纷，不利于技术进步。

4. 共建大学科技园模式

共建大学科技园是指政府主管部门根据本地区发展高新技术的需要，提出发展大学科技园的建设规划和发布园区建设项目指南，倡导产学研各方以大学为依托，通过创办科技企业或者高技术公司，实行研发、开发和生产相结合，从而促进科技成果转化为商品和产业的一种官产学研合作创新模式。

大学科技园实质是一个科技企业孵化器，政府主管部门通过政策导向，为大学科技园区营造了一个局部优化的内外环境条件，一方面可以更多地吸纳大学知识创新的成果来园区进行工程化开发，另一方面可以为企业来园区孵化提供服务和培训。

这种模式的优势是：①有利于将高校的学科优势转化为产业优势，促进经济发展；②有利于社会资金的吸收利用；③有利于高校的学科建设和应用型人才培养。

这种模式的局限性有：①规模不大，聚集效益差，抗市场风险和国际竞争能力低；②功能错位，协同度不高，表现为部分工业园侧重于吸引资金，混同于经济开发区，园区内的企业协同度较低，协同效益不显著。

5. 组织大学和地方整体对接合作模式

组织大学和地方整体对接合作模式是指各级政府根据区域地理环境和经

济产业发展特点，针对某一特色产业内的大量企业，组织大学同这些企业集群开展产学研合作创新。

这种模式的优势是：能充分发挥规模效应，迅速带动区域内的产业技术升级，提升区域经济和民营经济的竞争力。

这种模式局限性有：合作双方必须有强烈的合作意向，有共同的合作方向。

6. 战略联盟模式

战略联盟是指政府主管部门为根据国家战略性产业的关键共性技术研发需要，以契约关系为纽带，组织一批相关企业、大学、科研院所和中介机构形成协同创新的利益共同体。

战略联盟通常具有跨地区、大规模的特点，合作的目的直接体现在提升产业的国际竞争力，甚至制定行业技术标准的战略层面。战略联盟是一种在更大范围、更高层次、更宽领域开展的产学研合作模式，是提升企业和产业竞争力的有效形式。

这种模式的优势是：①产学研技术创新联盟的外部经济性高，交易成本较低，技术创新能力强。②能有效形成合作中要素与资源整合的双向协同效应。③具备较为持久的发展潜力，联盟成员之间具备共生性、互动性和柔韧性的特点。

这种模式的局限性有：①维持成本较高。由于涉及利益群体众多，形成过程复杂，该模式维持成本较高。②战略联盟在实施过程中容易出现逆向选择和道德风险等问题。

（四）知识产权是政产学研合作创新的纽带

在以上六种政产学研合作创新模式中，具有法人资格的是企业、大学和科研院所，获得直接利益的是这些法人。市场经济是法治经济，也是权利经济。产权结构权利的主要表现形式包括对无形物主张权利的主要形式的知识产权和对有形物主张权利的物权，上述权利共同决定着创新的收益。因此，知识产权是官产学合作创新的纽带。更因为大学和科研院所是智力成果的开发人，企业是该技术成果的需求方；合作创新的客体是智力成果即知识产权；内容是各方享有的权利和应承担的义务。因此，知识产权是政产学研合作创新的聚焦点，起着纽带的作用，政产学研合作不能离开知识产权而开展，若是脱离了知识产权，政产学研合作就变成了“无源之水，无本之木”。

知识产权问题贯穿于政产学研合作创新的全过程。政产学研合作创新首先源于新智力成果的诞生，随后由智力成果的转化延续到产品设计、试制、生产直至营销和市场化的系列活动。这个过程到智力成果创造与保护、成果创新过程中的风险承担、智力成果的权益归属以及利益分配、智力成果的转化与实施以及后续成果的权利归属等一系列特殊及复杂的问题，这些问题直接或间接地与知识产权密切相关。

当前影响政产学研合作创新第一位的要素是利益分配，更进一步讲，是知识产权的权属和利益分配机制。由此可见，知识产权问题直接影响着产学研合作的广度、深度、效率和效果。合作各方如果能够围绕知识产权处理好各种关系，就能实现各方合作的初衷和利益诉求。反之，如果不能解决知识产权相关的争议，不但无法实现产学研合作的初衷，对成果转化和双方利益都会产生很大损失。

综上所述，政产学研合作创新的关键在于，依靠知识产权的权属和利益分配机制，合理划分产学研各方在合作中的利益。

二、用知识产权运营强化政产学研合作创新

（一）政府主导是促进区域经济发展和整体创新能力的有效途径

政产学研合作创新应与区域特色和产业结构调整政策相一致，各级政府在合作创新中应发挥主导作用，将高校的科技优势转化为区域的产业优势，推动地方产业结构升级和技术进步。政府官员的推动是日本山形大学的有机材料发光粒子项目成果产业化的关键。尽管江苏常州知名的大学很少，但是常州市政府通过制定一系列转变经济发展方式和产业结构转型升级的政策文件，并从常州市经济发展实情出发，引进名校为区域内企业的发展提供科技支撑，走出了一条找市场、找合作企业、“招兵买马”、盖楼、圈地、引进高校院所的以政府为主导、市场为导向的新型政产学研合作体系。

（二）共建科研基地和大学科技园是提升中小企业创新能力的有效手段

企业是创新的主体，中小企业则是创新的生力军。树立企业的创新主体

地位，难点在于中小企业创新能力的提升。美国的“企业孵化器”模式和科技工业园区模式都非常注重创新型中小企业的培养。深港产学研基地单独设立了国家孵化器和创投公司，分别以投入初创期和成长期的科技企业为主要目标。常州市国家大学科技园也设立了孵化基地。因此，随着政产学研合作层次的不断深化，各级政府推动共建科研基地和大学科技园等高级合作形式是提升我国中小企业创新能力的有效手段。

（三）以高校为支撑，专利申请注重用途评价，推动科技成果转化

政产学研合作创新中，高校扮演着非常重要的作用，尤其是创业型大学的兴起，如何推动科技成果转化成为当前政产学研合作创新的突破口。日本奈良先端科学技术大学院大学（以下简称“日本 NAIST 大学”）的知识产权转移措施对我国推动科技和经济有机结合具有重大借鉴意义。长期以来我国的高校注重论文和科研成果，忽视成果产业化，尽管一些高校设立了技术转移机构，试图提升科技成果转化，但效果都很难令人满意。一个很重要的原因就是，高校往往集中于知识产权价值评价，忽略了知识产权的用途评价，这样，高校自认为很成熟的、很有价值的技术成果很多时候不能融入物质性产品，而且还容易引发产学研合作中的技术是否成熟、利益分配不均等知识产权冲突。因此，开展政产学研合作创新，应以高校为支撑，在专利申请前注重知识产权用途评价，推动科技成果转化。

（四）企业为主体，从早期资金投入到后期知识产权拥有

政产学研合作创新要坚持以企业为主体，实质就是要企业成为创新中决策和研究开发投入的主体、技术创新活动和创新成果利益分享的主体。美国加利福尼亚大学社会利益信息技术研究中心要求合作企业前期投入资金，对于具有潜力，并能提供新思路的企业，给予了优厚条件，放宽投入资金的限制。

我国目前政产学研合作创新中一个关键问题就是知识产权归属问题。知识产权归属争议的存在不但影响了企业的积极性，有时也让高校和科研院所的后续研发失去实际意义。造成这种争议的直接原因是立场差异。企业是政产学研合作的最大赢家，是合作服务的最终归宿。为了平衡这种差异，应发挥政府的信用和中立性，推动合作各方站在综合考虑高校学术建设和企

业商业利益的立场上看问题。合作初期，企业出资金，高校出“智慧”，鼓励后期知识产权流入企业，当然这就需要高校保障知识产权用途评价的质量，确保企业的投资收益，否则，又会出现信任脆弱，打压企业的创新积极性。

（五）政府推动人才合作网络建设是政产学研合作创新的根本保证

加利福尼亚大学社会利益信息技术研究中心要求加州大学师生与产业研究人员一道，从研究想法的产生到技术开发，甚至可能到技术商业化共同参与到科研项目中。日本的政府“协调者”制度，如山形大学的官产学合作机构——风险企业研究室成员除了科研人员之外，还有政府调派来的官员、从企业聘请的资深管理人员、多年从事商务活动的人员。日本 NAIST 大学要求官产学部门人员开动脑筋，创造性地开展技术转移，同时还把科研人员组织参与到技术转移的过程中来。不仅如此，该大学技术转移取得良好成效的秘诀就是承担专利申请评价工作的技术转移办公室聘请的 6 名外部人员全部是在企业工作多年的、有丰富的从市场角度评价技术经验的人员，年龄都为 60 岁左右。日本的委托研究员制度也非常普遍，企业经常派遣技术人员到日本国立大学接受研究生水平的指导，把握最新的研究动态，以提高研究素质和研究能力。我国广东省的“企业科技特派员”模式实质就是对日本政府“协调者”制度的借鉴，因此，要加快我国政产学研合作创新的发展，应总结广东省“企业科技特派员”的成功经验，发挥政府主导作用，推动人才合作网络建设，这是提升科技成果转化，减少长期稳定的政产学研合作机制的根本保证。

（六）建立风险与利益一致的政产学研合作机制

依靠知识产权的利益分配机制是决定政产学研合作成效的又一关键因素。政产学研合作本身就是高风险和高收益并存的。加利福尼亚大学社会利益信息技术研究中心实行合作企业会员分级制度，不同级别的会员得到不同的承诺和收益，但总体上看，是一种风险与利益一致的机制，谁投入资金多谁享有的收益就高。

延伸阅读 9

名古屋大学的实践[1]

一、名古屋大学产学合作代表案例

（一）高纯度蓝光 LED

名古屋大学的产学合作是日本产学合作的一个代表。1999—2008 年的 10 年间平均而言，名古屋大学技术许可费占日本全大学技术许可费 62.9%，最高时连续两年为 98.2%。

名古屋大学技术许可收入主要来源于该校工学部教授赤崎勇研究的高纯度蓝光 LED 技术。近年来技术许可收入的减少也和赤崎教授的专利权到期有直接关系。“明年赤崎教授的蓝光 LED 专利权全部到期，技术许可的收入还可能进一步减少”，“围绕蓝光 LED 技术的产学合作是日本到目前为止最成功的一个事例，收入多、影响大”。根据日本科学技术振兴机构 JST 组织的评估，在 1997—2005 年，赤崎教授蓝光 LED 的技术转移直接接收方丰田合成应用该技术的产品的销售额为 36 000 亿日元，对产业界的直接经济波及效果表现为增加值达 3500 亿日元，创造 3.2 万个就业岗位。JST 补助的 5.5 亿日元全部返还，并且给国家方面带来了约 46 亿日元的技术实施收入。

高纯度蓝色发光 LED 曾被誉为 20 世纪中不可能实现的难题，众多研究者为之遭受挫折。赤崎教授通过 20 年不懈的努力，利用化合物半导体氮化镓，于 1989 年在世界上首次成功研发出蓝色发光 LED，推动了半导体研究领域的革命，开启节能新光源，因此也被誉为氮化物之父。“立志不悔”是赤崎教授一贯以来的研究信念，他的功绩也受到社会各方面公认。他获得了 2004 年日本文化功劳奖等多项奖项，近年来也一直被列为诺贝尔奖候选人。

赤崎教授蓝光 LED 技术可以广泛应用于信号灯、新时代光盘、大型显示屏和一般照明等各领域，对社会的贡献程度非常大。氮化

---

[1] 刘海波 . 名古屋大学知识产权与技术转移调研报告 [R]. 北京 : 中国科学院 , 2010.（未公开发表）

镓类的氮化物半导体，不仅于光源应用上，在信息社会中必不可少的超高速大容量晶体管和紫外线检出器的应用方面也发挥巨大作用。

围绕赤崎教授蓝光 LED 技术的产学合作正式开始于 1987 年。此前的一段时间，产学双方进行了多次探讨。最初赤崎教授回绝了丰田合成通过产学合作、把自己的研究成果产品化的提议，理由是自己的研究成果离生产出产品还有相当的距离，研究成果不是一朝一夕就能实现产品化的。考虑到赤崎教授的慎重和本企业急需新产品突破经营困境的需要，当时的丰田合成负责人亲自拜访赤崎教授，明确表示，赤崎教授的研究成果蕴含着巨大的应用潜力，不管有多大困难、不管需要多长时间，一定坚持下去，直到成功。鉴于丰田合成的诚意、热情和意志，1987 年，赤崎教授同意和丰田合成合作，把蓝光 LED 技术推向产品化和产业化。

这个产学合作项目一经立项随即得到日本科学技术振兴机构 JST 的大力支持，在 1987—1990 年的三年时间里，JST 资助这个项目 5.5 亿日元。资助的条件是产业化成功后，丰田合成返还资助的 5.5 亿日元。如果不成功，资助费返还义务可以免除。

经过各方、主要是产学双方的艰苦努力，1995 年，蓝光 LED 技术终于实现产品化和产业化。借助这个项目，丰田合成开拓了新的事业领域，实现了股价翻番。这个产学合作项目多方共赢，成为名古屋大学产学合作的经典案例，也成为日本产学合作的杰出代表。

为了牢记全球 LED 先驱、氮化物之父赤崎教授在该领域的特别贡献，2006 年秋，名古屋大学建设了赤崎纪念研究馆，向校内师生和社会公开展示赤崎教授的研究历程和成果。除了宣传展示功能之外，赤崎纪念馆还与培育科技风险企业的创业人才中心、转化技术成果的科技孵化中心连为一体，形成名古屋大学的官产学合作区。名古屋大学的官产学合作本部也设在赤崎纪念馆内，负责全校相关事业的整体统筹规划与具体对策支援。官产学合作本部还通过招标方式征集校内高尖端技术研发项目，为中选项目提供专门研究实验室，促进研究交流和官产学合作项目。作为中部地区官产学合作的重要基地，以赤崎纪念馆为中心的三位一体设施，不仅整体有效地推动了名古屋大学的学术研发，更担负着帮助地区发展的重要功能，受到各方瞩目。

（二）第一个再生医疗企业

Japan Tissue Engineering Co.，Ltd.（以下简称“J-TEC”）是日本第一家从事再生医疗产品生产的企业，其主要产品是再生皮肤和再生软骨，1999 年成立，2007 年在 JASDAQ 上市，2010 年其产品销售额近 2.4 亿日元。这个企业的基础技术来自名古屋大学医学部的上田实教授。在 1999 年 2 月 25 日发表的成立通告中，这样写道：“株式会社 NIDEK、株式会社 INAX、富山化学工业株式会社在名古屋大学医学部口腔外科学讲座教授上田实先生的指导下，研究开发人体组织、细胞的移植，探索将来的事业化。”

J-TEC 现在的主要产品是人体皮肤。人体皮肤再生技术最初由哈佛大学教授罗伯特·格林（Robots Green）开发，1983 年第一次临床应用取得成功，1985 年相关成果在《新英格兰医学》上发表。当时在名古屋大学从事皮肤移植基础研究的上田教授从报纸上读到这个消息后，马上找来刊登研究成果的《新英格兰医学》仔细阅读，并下决心从此开始研究皮肤培养。1991 年夏季，上田教授去哈佛大学拜访格林教授，获得了人体皮肤培养液，并很快在名古屋大学开始了人体皮肤的培养试验。

在得知上田教授试验成功的消息后，很多医院和烧伤专科都来委托上田教授培养皮肤，多的时候一个月有四五例，这严重地增加了实验室成本、影响了实验室的正常科研。为此，上田教授设想了三条解决方法：一是请公立的血液中心承担这项业务，二是请民间企业承担这项业务，三是自己的实验室正式开展这项业务，向患者收取费用。

上田教授首先向名古屋市保健卫生局以及爱知县议会说明自己的设想，结果是没有任何反应，上田教授放弃了这条出路。而第三条出路面临着保险制度等方面的障碍，也被放弃了。上田教授坚信这样一个可以真正造福人类的技术只有通过企业的形式才能广泛推广。实际上，上田教授也知道皮肤培养方法发明人格林教授就是这样做的，上田教授在1991年拜访格林教授时也去拜访了负责格林教授技术转移的企业BioSurface，这个企业的负责人莱因哈德，实际上也是格林的合作研究者。对格林教授的人格和技术十分景仰的上田教授一旦放弃依靠行政和保险制度推动人体皮肤培养技术普及的幻想，集中考虑设立企业时，获得了“极大的开放感”。从那以后，上田教授开始有意识地积极利用各种机会向企业界介绍皮肤培养新技术和创办企业转移、推广这项新技术的想法。

就在上田教授只身奋斗的1994年，爱知县成立了（财团法人）“科学技术交流财团”，旨在构筑各方面、各领域的研究人员、技术人员交流的平台，促进产业界、学术界、行政界的合作，探索利用新技术、创出新产业、推动区域新发展的途径。

一天，上田教授接到“科学技术交流财团”参事小坂先生的电话，请他来交流财团组织的一个研究会发表演讲。在会上，上田教授介绍了皮肤培养方面的科学技术，也谈到了美国在这方面的产业化情况。小坂参事很受启发，当场提议希望能以爱知县企业为对象，举办再生医疗方面的系列演讲，探讨爱知县发展再生医疗产业的可能性。

系列演讲以“脏器工学研究会”的名义举行，上田教授连续2年演讲了10次，内容涉及皮肤培养、软骨培养、骨培养等先端技术及其产业化的情况。1998年年底的一次演讲中，上田教授提出了皮肤培养产业化的设想。在小坂参事的主持下，参会企业围绕这个设想展开了讨论。

按照上田教授的设想，如果创办一个培养皮肤的新创企业，将是日本再生医疗的首例，今后如果发展壮大，也将是这个领域的“第一号”企业。这样的话，就需要在形式上有所考虑，不要叫作“某某企业的再生医疗事业部”，而要成立以再生医疗为专门的企业。另外，在出资方面，为了不受一家企业的过度影响，应该由多方出资组建新企业，这样可以期待更广泛的社会参与。结果一家有名的隐形眼镜镜片制造商因为强烈主张单独出资而退出了讨论。最终4家有实力的企业赞同上田教授的设想，表示了参与的兴趣。其中，最热心的是NIDEK公司。

NIDEK是生产眼睛检查、手术器械的企业。社长小泽秀雄（1930—2009）等7人于1971年创业。到20世纪90年代初，该企业发展成为有1000名员工、300亿日元销售额的企业。1991年，NIDEK的经营者为实现“21世纪超千亿”的发展目标，开始以兼营的形式探索新事业，但是没有找到合适的领域。1994年春开始，该企业成立专门的新事业探索团队“21世纪委员会”，担任广泛、深入探索新事业的任务。担纲这项工作的是大须贺俊裕。

1998年圣诞节，大须贺先生邀请上田教授来公司演讲。在与小泽秀雄社长简短会面后，上田教授向公司数百名员工发表演讲，内容是以皮肤培养为中心的再生医疗。演讲后与小泽社长等共进晚餐。餐中，小泽社长关于技术转移的话只字不提，上田教授觉得有些失望。但是餐后告别时，小泽社长告诉上田教授：“事业化的事情决定了”。历经千辛万苦终于看到产业化希望的上田教授，在回家的车上热泪盈眶。

1999年2月，以NIDEK为首的四家企业联合出资成立了J-TEC，小泽秀雄出任社长（小泽秀雄2009年去世后，其次子小泽洋介继任社长）。成立时的资本金是1亿日元，截至2010年10月29日，资本金增长为77.157亿日元。

在公司成立后不久，大须贺先生在报纸上读到厚生省下属的

“医药品副作用被害救济·研究振兴调查机构”有支援生物新创企业的融资制度，决定去申请这个制度的融资。结果J-TEC通过了审查，1999—2003年的5年间，共得到政府9.8亿日元的融资。仅2000年，J-TEC就作为产学合作代表申请、获得了6个政府资助的研究项目，这6个项目中，上田教授作为研究负责人的有4个。2004年上田教授荣获了“产学官合作功劳奖”。

图9-1展示了J-TEC业务示意图。在业务展开过程中，J-TEC有明确的研究开发战略、知识产权战略和经营发展战略的三位一体构想。就当时的主力产品培养皮肤而言，J-TEC的主要研发和专利集中在培养皮肤的运输过程和评价方法上。因为培养出来的皮肤是“活”的，需要特殊的保存装置在长时间、长距离运送中保持皮肤的活性。J-TEC在这些方面做了深入的研发，也申请了相应的专利。又如，在培养方面，添加物的多少有无都会对结果产生巨大影响，但是关于添加物的专利侵权很难收集证据，在这方面主要依靠技术秘密（know-how）来保护。

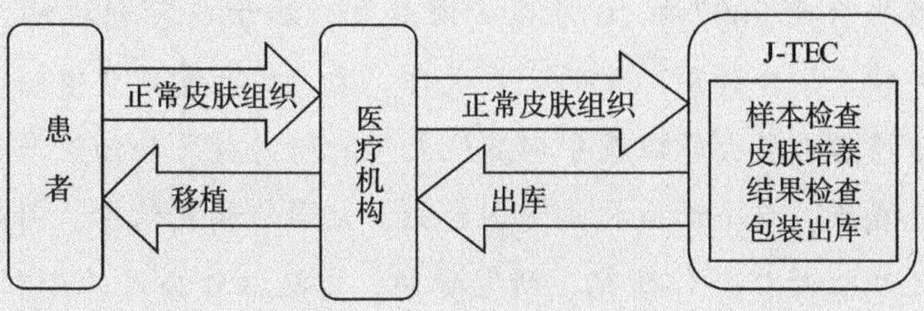

图9-1 J-TEC业务示意

在产学合作方面，J-TEC接受来自大学的专利许可，但是并不购买大学的专利，也没有和大学共同申请过专利。因为大学在申请专利时很少有系统化的考虑，大多是单个的、非连续的申请，这样的申请很难对企业的发展提供切实的帮助。因此，大学的合作主要是看看大学有没有真正有价值的成果。

在国际市场开拓方面，J-TEC认为新加坡的经济发展水平和健康理念更适合J-TEC发展，2010年12月，在新加坡设立了办事处。

二、名古屋大学产学合作的体制机制

名古屋大学的产学官合作本部负责产学合作的企划和推进，共有40名左右工作人员。该校在产学合作方面有一些明确的规定。例如，技术许可收入的分配原则是：发明者30%，发明者所在部门25%，学校45%；教授创办企业的话，花在企业上的时间不能超过规定工作时间的20%；等等。这些规定构成了产学合作的基础政策。

地域化、国际化和先端化是名古屋大学产学合作的显著特点。地域化是指名古屋大学有明确的日本中部地区教育、科研的代表的意识，主动把服务中部发展作为自己义不容辞的责任，联合爱知大学、三重大学、岐阜大学等中部地区的大学，积极与中部TLO合作，也大力鼓励中部的大学和企业利用名古屋大学在美国北卡罗来纳州建立的产学合作平台Technology Partnership of Nagoya University，Inc.。

该平台于2007年10月在美国成立，属于非营利机构，是名古屋大学产学合作国际化的代表之作。名古屋大学期望借助这个平台，传播名古屋大学以及中部其他大学的研究成果和知识产权，也希望更直接、更全面地收集美国企业、大学的相关信息。同时，该平台还积极开拓合作研究、研究资助，支援驻外公司的专利申请，与美国相关机构交流知识产权工作人员和信息，进一步提高产学合作的能力和水平。

先端化是指名古屋大学把“医工联合”（医学和工学的联合研发）作为产学合作的主攻方向。“医工联合”是日本创新的主流取向，这与日本少子高龄化社会的到来有直接关系。为推动预防早期医疗领域研究、领导医疗系统改革伴随着超老龄化社会的到来，各种疾病的预防更趋重要。但是，同一种疾病的治疗方法却因人而异，因而，跨越旧有的治疗预防医学的个体预防早期医疗受到注目。为了确立这种新的治疗概念，不仅需要医学研究者和技术工作者的努力，还需要融合工学系研究者的开发能力、各企业的技术能力。

名古屋大学早在数年前就开展了“医工联合”讲座，在此基础上，该校从2006年开始推动医工联合领域的分析诊断预防早期医疗中心的创建。此项目已被日本文部科学省评为创建尖端综合领域创新基地，其目标是在未来的10～15年，开发出何时何地都能安全而廉价地正确诊断疾病的小型分析诊断装置。

该研究中心目前设置在赤崎纪念研究馆内，聚集了研究背景不同的各方面研究者和企业技术人员，利用多渠道的交流，展开高尖端的开发。此外，该基地还担负着该研究新领域的人才培养任务，努力使其成为我校新的知识基地。

名古屋大学在美国北卡罗来纳州设立产学合作推进机构的目的就在于强化和以医工联合见长的北加州科学园（The Research Triangle Park，RTP）的交流与合作。

三、思考与启发

（一）战略

名古屋大学在产学合作上有清晰的战略考虑，即从战略的高度和角度统筹了地域性、国际性和先端性。地域性是名古屋大学产学合作的立足点，国际性是名古屋大学产学合作的助力器，先端性是名古屋大学产学合作的特征值。以名古屋大学在日本中部首屈一指和不可替代的地位，来主张地域的代表、国际的先导和先端的创出等作用，是毫无疑义的。不过，首先、也是最重要的是该校的产学合作主要是基于名古屋大学高水平、高质量的科研成果，也就是离开了先端性，产学合作就无法表现出名古屋大学之所以成为名古屋大学的本性。

（二）激情

产学合作是连接两个界别、也是跨越两个界别的行为和活动，产业界和研究界的不同价值观，有时会在产学合作中产生深刻的隔阂，发生激烈的冲突。在隔阂中不停步，在冲突后再努力，需要的是激情。在前面讨论的三个事例中，比较深入讨论的“高纯度蓝光LED”和“第一个再生医疗企业”中，都有充满激情的核心人物存在。这种核心人物，可以来自企业，如“高纯度蓝光LED”项目中的丰田合成负责人，也可以来自大学，如“第一个再生医疗企业”中的上田实教授。没有这样的激情人物，先端性、高质量的产学合作很难取得实际成效。

（三）专家

名古屋大学的阿部正广教授在丰田公司从事了近30年的专利工作，7年前以特任教授的身份转入名古屋大学。这样熟悉企业的专家的加盟，大大强化了名古屋大学产学合作的能力。

特任教授是日本20世纪90年代中期为强化大学生技能和实战能力开始广泛采用的一种制度，各个大学在设立特任教授制度和选聘特任教授的条件上不尽相同，但基本上都严选有多年实际操作经验的专业人士进入特任教授岗位。近年来，随着社会和企业对知识产权、技术转移人才需求的增加和提升，很多大学延聘在大企业或专业机构工作多年的知识产权专家、产学合作专家来大学充实相应的工作岗位。

近年来，中国技术转移、知识产权、产学合作等方面的呼声渐高，社会相应的需求也渐旺，各方面相关投入也渐多。应该说具备了一定的条件，也做好了转型的准备，但还需要进一步扎实的努力。

在技术转移的制度、人才和知识方面，与发达国家相比，中国都存在一定的差距，发达国家的一些经验可以为我们所借鉴。比如，在东京国际专利流通研讨会（2011年1月24—25日召开）上，美国大学技术经理协会（AUTM）会长艾希利·史蒂文斯提到美国的《拜杜法案》是在成立、实施后10年才出现了比较明显的成效，日本独立行政法人工业所有权情报・研修馆理事长清水勇指出日本也是在《产业活力再生及产业活动革新特别措施法》(1999年发布)实施10年后才有较大的发展。注意到这一点，有助于我们对技术转移工作要稳健推进、对技术转移的效果不急于求成。

另外，技术转移、产学合作的国际化浪潮正在兴起，这是一个难得的机会。要想很好地抓住和利用这个机会，需要我们有更深刻的历史潮流洞察力和更灵活的国际合作策略。

第十章 知识产权运营案例：组织视角

组织机构是知识产权运营的主要主体。在现代竞争环境中，知识产权战略有助于支撑组织建立和维持竞争优势。而知识产权运营是实施知识产权战略的一个重要部分，并且知识产权运营作为一种战略已经被渗透到组织经营的各个环节。组织机构开展知识产权运营需要与其战略目标保持一致，战略目标一般包括短期目标、中期目标和长期目标，组织机构需要针对不同的阶段性目标选择合理的知识产权运营策略和方式。

一、基于组织的知识产权运营模式

组织机构进行知识产权运营的目的是谋求更大的自身利益。在市场经济环境中，经济利益就是最基本的利益，而企业类组织是市场经济运行的核心主体，所以进行知识产权运营的组织主体主要是企业。但是，知识产权运营的主体却不限于企业，大学、国有科研机构等都可以成为知识产权运营的主体，这些组织所谋求的更多的是社会利益而非自身的经济利益，因为知识产权运营可以激励创新和促进技术进步，从而提高社会整体福利水平。

知识产权运营模式的选择是基于组织发展战略的，不同类型的知识产权运营组织充分考虑自身的优势、劣势、市场、环境和组织发展目标后，选择和确定独特的商业模式和知识产权运营战略。通过总结国内外不同类型组织的知识产权运营实践，根据其对待研发、许可和生产的重视程度，将知识产权运营划分为生产型、研发型、集中型、服务型和综合型五种类型组织（表 10-1）。

表 10–1　五种类型组织的知识产权运营对比

定位	生产型	研发型	集中型	服务型	综合型
研发	积极	主业	选择性积极	消极	积极
许可	消极	主业	积极	积极	选择性积极
生产	积极	消极	消极	消极	选择性积极
特点	三位一体	研发定向	资金丰厚	业务创新	综合实力

生产型组织的知识产权运营对研发和生产是积极的，对许可是消极的。这种模式把知识产权看作企业做强做大的工具，强调知识产权运营不能脱离企业自身的生产、销售等活动。生产型组织的知识产权运营模式的典型代表有佳能株式会社和富士康科技集团。

服务型组织的知识产权运营对研发和生产是消极的，对许可是积极的。这种模式适用于经营型的知识产权服务业，利用市场机制为知识产权经济价值的实现提供服务，主要开展知识产权投资、知识产权转移转化服务等。服务型组织的知识产权运营模式的典型代表有英国技术集团和中国国际技术交易所。

研发型组织的知识产权运营以研发和许可为其主业，而对生产则是消极的。这种模式以研发为基础，以知识产权许可为手段，以技术转移为实质，占据创新价值链上游，在开放创新时代迅速崛起。研发型组织的知识产权运营模式的典型代表有美国国立卫生研究院和德国弗朗霍夫协会。

集中型组织的知识产权运营对许可是积极的，对研发是选择性积极的，对生产是消极的。这种模式把知识产权看作投资品，直接使用知识产权来集资、融资，以获取现金收入。集中型组织的知识产权运营模式的典型代表有高智发明和 RPX 公司。

综合型组织的知识产权运营对研发是积极的，对许可和生产是选择性积极的，既用知识产权把自己做强做大，还用知识产权直接赚钱。这类组织有强大的知识产权组合，业务包括研发、生产、销售产品和对外许可知识产权，有着开放的经营理念和明确的知识产权判断标准。综合型组织的知识产权运营模式的典型代表有 IBM 和华为。

二、生产型组织的知识产权运营

生产型组织是以营利为目的，运用各种生产要素（土地、劳动、资本、技术和企业家才能等）从事工业生产活动或提供工业性劳务的经济组织。生产型组织可以简单理解为以产品或中间产品的生产和销售为主要业务的组织，但是随着组织经营模式的多元化，显然这样并不能完整地对生产型组织的边界进行界定，比如一些传统的生产型组织在发展过程中逐渐将其产品生产活动进行外包，而自身主要进行产品设计、品牌经营和少数产品的生产加工，甚至完全摆脱产品加工的业务。这也说明组织类型的边界正在不断模糊化，这里我们不在概念方面深究，列举几家公司作为生产型组织的代表：佳能、三星电子、富士康（鸿海科技）、联想和福田汽车。

生产为人们提供了日常生活所需的各种产品，马克思认为生产是指以一定生产关系联系起来的人们利用劳动资料，改变劳动对象，以适合人们需要的过程。生产型组织的一个重要特点是组织内部拥有操作工人，而且生产环节的专业化程度高，生产工序有较强的重复性。生产型组织获得成功的关键就是生产出不同的产品，差异化就是其核心竞争力所在。在核心竞争力的培养过程中，研发投入和技术创新是关键环节，普拉哈拉德和哈默尔曾指出核心竞争力是在组织内部经过整合了的知识和技能，尤其是关于如何协调多种生产技能和整合不同技术的知识和技能，维那·艾丽在《知识的进化》一书中指出竞争力就是快速向市场提供新产品或增强竞争力而调整知识。

（一）生产型组织对知识产权运营的需求

生产型组织发展壮大的重点在于提升自身制造能力和品牌价值，在国际分工和产业链中取得有利地位。而这一目标的实现对产品的生产工艺和技术先进程度有很强依赖性。对生产型组织来说，知识产权运营具有重要的意义，佳能知识产权之父丸岛仪一认为知识产权运营是创造知识产权，并灵活运用所创造的知识产权把组织所从事的事业做强、做大的经营手法。知识产权运营具有极强的复杂性，如果要从知识产权运营中获取最大的收益，那在许可方式、许可证的有效范围、改进技术的再转化和回授、侵权纠纷的处理、技术保证和验收、知识产权使用费的确定等方面都要进行仔细的斟酌和研究。

产品是联系生产型组织与其客户的桥梁，生产型组织在市场经济中立足的关键在于其产品的竞争力，美国竞争能力总统委员会将产品竞争力定义为生产的产品或提供的服务符合国际市场要求的程度。传统观点认为构成产品竞争力的两个核心因素是质量和价格，但是随着市场竞争的层次化和多元化，产品竞争力有了更多的来源要素，除价格和质量外，还有服务、品种、营销、顾客、品牌、技术手段、技术标准等内容，而且后面这些要素发挥着越来越重要的作用。其中技术手段和技术标准是组织构建竞争优势和参与国际化的两项关键内容，技术手段包括产品生产手段、生产工艺以及经营技术等，对于价格、质量等其他要素有重要影响，而技术标准是推广组织技术和获取话语权的有效手段。以专利为代表的知识产权是对技术方案的权利化，这种权利化使组织的技术和产品得到了更加完美的保护，而专利技术的标准化则充分放大了知识产权价值。知识产权运营可以提升生产型组织的产品竞争力，而产品竞争力的提升可以帮助组织构建竞争优势。

（二）生产型组织知识产权运营案例：三星电子

三星电子成立于 1969 年，并于 1975 年在韩国股票交易市场上市，是韩国三星集团的子公司，现已发展成为世界领先的科技公司。通过不懈的创新和开拓，三星电子在电视、智能手机、平板电脑、个人电脑、相机、家用电器、打印机、LTE 系统、医疗设备、半导体和 LED 解决方案等领域都实现了创新。2020 年，三星电子全年营业收入达到 236.81 万亿韩元（约合 1.3 万亿人民币），主要涉及电视、半导体、网络系统、显示器等。三星电子在全球有 241 家控股分支机构，遍布美国、欧洲、亚洲等众多国家。

注重知识产权的创造是三星电子业绩增长迅速的奥秘之一。三星电子在 2007 年起蝉联美国专利排行榜亚军，排名仅次于已经连续 28 年雄踞在美国专利榜榜首的 IBM。截至 2020 年年底，三星电子已在全球拥有近 197 749 件专利，包括 41 649 件韩国专利、77 986 件美国专利、37 561 件欧洲专利、17 996 件中国专利、9822 件日本专利和 12 735 件其他国家专利；2020 年，三星电子在美国获得了 6648 件专利，是苹果公司同期的近 2.3 倍。

1. 发展历程

成立至 80 年代中期。三星电子于 1969 年进入家电和电子产业，因为家电和电子产品市场在当时已显露了巨大的发展前景和潜力。然而，三星电子选定的第一项产品却是已经进入产品生命周期衰退阶段、利润率不高的 12 英寸黑白电视机。这是因为三星电子在成立之初并不拥有和掌握最起码的电子技术，而掌握彩色电视机技术的外国公司不愿向三星电子转让有关技术，只愿意提供黑白电视机成套散件和组装技术。三星电子一方面仍积极地通过各种渠道获取外国技术，另一方面在公司内部大力开展对关键技术的消化吸收和掌握。这一时期，三星电子对知识产权并无太多的诉求。

20 世纪 80 年代末至 90 年代中期。经过多年积极进取的技术学习、技术吸收和技术能力培育，三星电子的技术开发能力和所开发产品的技术水平与世界先进公司的差距已大幅度缩小，在某些领域已接近或赶上世界先进公司。三星电子除了进一步加强公司内部研发和与其他公司签订技术转让协议外，还采取了两项新的战略举措：一是在发达国家收购高技术企业（如 1994 年收购日本 LUX 公司，1995 年收购美国 AST Research 的主要股份）；二是与拥有尖端技术的竞争企业结成战略联盟，共享技术。

20 世纪 90 年代后期。三星电子自主技术开发和自主产品创新的能力进一步提升，产品开发战略除了强调“技术领先，用最先进技术开发处在导入阶段的新产品，满足高端市场需求”的匹配原则外，也强调“技术领先，用最先进的技术开发全新产品，创造新的需求和新的高端市场”的匹配原则。这一时期，三星电子开发的多项产品在高技术电子产品市场占据世界领先地位，赢得多项世界第一。2005 年 1 月三星电子发表了“专利运营宣言”，明确规定确立研究开发战略、进入新领域、与其他企业合作等，必须考虑专利战略。

2. 研究开发

研发第一，人才第一。1993 年，时任三星集团会长李健熙提出了三星的“新运营运动”，其核心是“成为世界级超一流企业”。保障这一战略的基础是“研发第一”“人才第一”，这是三星的根基和哲学。李健熙提出：“在成为超一流企业之前，三星要把所有的资本都投在研发上。不管这个人才有多贵，只要需要就一定要招进三星；不管一项技术要有多大的投入，只要我们需要就一定要拿到。”“1个人可以养活10万个人的人才”是三星“第一主义”在用人方面的体现。三星相信要在竞争中保持领先，就必须有世界一流的产品，也就必须有世界一流的技术，从而也就必须找到世界一流的人才。据说三星有时甚至为这些“一个可以养活十个人”的人才付出5倍于CEO的工资。三星电子在研发投资方面定下了这样一个基调：只有在市场上得到第一的技术才是真正的好技术，这避免了三星陷入施乐或贝尔实验室曾经走过的弯路——过于忘情于研发而忘记了商业的本来面目。

三星还采取各种措施建立适合于研发的创新氛围。例如，努力在公司内部营造开放性氛围，鼓励员工摆脱陈旧的工作和思维模式，向上级大胆提出自己的设想及建议（这在韩国这样注重等级的国家是很难的）；同时鼓励员工在公司内部成立各种兴趣小组，并相应建立各种奖励制度，这些兴趣小组的很多建议、发明、研究成果为公司创造了不小的收益。三星电子在全球设立了32个研发中心，为三星手机、平板电脑、电脑、处理器以及相机等电子产品研发新技术。2020年，三星电子研发投入达到21.2万亿韩元（约合2206亿元人民币），在全球半导体行业和科技公司领域处于绝对领先地位。三星电子“计划将投资目标集中于科技创新，以带动未来的发展，将研发视为能获得持续发展的途径”。

以SAIT为核心的三层研发架构。三星集团最大的研发中心是三星综合技术研究院（Samsung Advanced Institute of Technology，SAIT），主要研发未来可能会成为重点的基础科学课题，专注于研究工作，其中与三星电子相关的项目占一半以上，属于第一层级。三星电子的两大事业线，零部件部门和产品部门也有各自的研究所，这属于第二层级，从事研究、开发两部分工作。最下一层，每个产品部有各自的研究室，如智能手机研究室、半导体研究室，主要从事开发工作。

SAIT每年都要进行大量的研究，寻找未来的趋势和技术，与事业部门的研究院和产品部的研究室进行讨论，结合他们的需求再确定具体的方向。项目确定后，SAIT就要制定项目路线图，与各个业务部门共享路线图给出明确的信息：在哪个事业部门实现项目的商业化，以及项目不同阶段要实现的具体功能等。每年SAIT都会定期更新项目路线图，根据实际需要调整进度。项目的平均周期是3～7年，有些产品从立项到商业化可能会超过10年。

SAIT研究的大多是中长期的未来技术，有些项目要发展到商用化需要很长时间。

整体而言，三星电子研究开发的两个典型特征是开放式创新和广结联盟。

（1）开放式创新。对于基础性、前瞻性、突破性的，独立于各个事业部和产品线的项目，三星电子利用“开放式创新”的模式进行研发，与世界上的顶级研究人才、研究机构、大学、其他企业共同开发项目，因为三星电子已经是一家全球性公司，无法再单纯依靠本土的工程师进行更深入、更广阔的国际化发展。开放式创新针对比较基础性的研究课题与高校合作，也能帮助高校等研究机构的研究成果实现商业化。

（2）广结联盟。为了维持高额的利润和降低研发的风险，三星电子还广泛采取合作的方式来开展耗资巨大的研发工作。例如，在液晶显示器方面与索尼公司合作，在存储设备方面与东芝公司合作，在芯片方面与IBM合作，在数字设备的操作系统方面与微软公司合作。甚至连它的竞争对手，都敢于与之进行合作。这方面最有代表性的要数与索尼公司的合作。2004年12月，三星与它的老对头索尼公司签署了一项交叉授权协议，将两家公司所拥有的2.4万种电子产品的专利技术进行共享，约占两家公司专利总数的九成，同时协议又规定三星的家庭网络科技、独门的数字影像处理技术DNIe、薄膜晶体管（TFT）液晶面板和有机电激发光显示器（OLED）技术的专利，以及索尼的PS游戏机和超解像数码化技术（DRC）都不在协议的范围内，目的是“为了保持增进两家公司的独特性和市场良性竞争”。

3. 生产

2014年4月21日，据《华尔街日报》报道，三星电子已经取代苹果成为全球最大的智能手机制造商（按手机销量计算）。除硬件之外，三星电子也开始发力软件：雇佣了更多软件工程师来开发自己的移动、可穿戴、其他电子消费品和应用，如Tizen系统和免费音乐流媒体服务MilkMusic。此外，三星电子也推出智能手机游戏手柄，让用户在其智能手机和电视上玩在线游戏。

三星电子产品具有以下特点：

第一，全线覆盖的产品布局。豪华旗舰机型万元人民币以上，超低端机型则在500元人民币以下，三星手机几乎覆盖了全部价位段。按照三星电子的产品理念，就是要为每个人提供不同的选择。在芯片数量、像素高低、屏幕大小等各个方面均有所体现，如 Galaxy 系列产品的屏幕，从 3.5 英寸到 10.1 英寸，一应俱全。

第二，垂直整合的短链优势。芯片、内存、电池、屏幕等，三星电子对于手机研发制造的关键元器件都有布局，在自有体系内缩短供应链，一方面可以降低硬件成本，另一方面可以保证产品的快速供应。以三星 GalaxyS5 为例，起码有四个主要元件由三星自己生产：5.1 英寸 Super AMOLED 屏幕、2G 闪存、16G 存储、2800 毫安电池。

第三，贴近市场需要。为了贴近市场中消费者的需要，三星电子在全球设立研发中心，专门从事面向当地市场产品的研究开发。三星电子的发展网络覆盖全球，在各地设立的研发及销售机构，均会定期调查消费者的生活、人口的偏好潮流等各方面，借以分析各地消费者的需求。透过市场调查，三星电子选定有代表性的消费族群，再针对他们的需求进行设计。为将其技术成果转化为迎合消费者需要的商品，三星电子采取了两大重点策略：市场驱动型的研发及产品设计。三星数码产品的畅销验证了一个公理：技术本身的先进更要和实际需求结合，甚至实现创造需求的技术创新；只有真正与大众消费需求契合，凭借技术与应用并重的优势，才能迅速占领市场。

4. 知识产权

2005 年 1 月，三星电子发表了专利运营宣言。为了实现专利运营宣言中提出的目标，三星电子 2006 年 1 月设置了首席专利官职位，全面负责专利运营，在公司层面规划和实施专利战略，培育知识产权人才，完善知识产权关联的硬件基础设施。各个事业部门设立负责知识产权的工作机构，实施本事业领域的专利权保护和对外许可。首席专利官统管这些机构。另外，与专利侵权有关的纠纷、诉讼、商标等事务由法务部门负责。

2013 年 5 月，随着三星与苹果在全球范围内的专利大战愈演愈烈，三星宣布已在美国华盛顿投资 2500 万美元建立了一所全资专利事务所，这是三星首次建立专门负责专利保护与发展的独立机构。三星发言人表示，此次设立专利事务所是为了加强三星在美国的专利相关业务，推动公司创新，并保护该公司的知识产权。

2013 年 7 月，全球排名前两名的芯片企业——三星电子和 SK 海力士签署了专利共享授权协议。三星电子当时在全球拥有十万余项专利，纳入本次共享对象的芯片领域专利约 3.5 万项，而 SK 海力士拥有专利 2.1 万项。专利共享消除了两公司之间发生专利纠纷的可能，之后可以自由地使用双方拥有的专利，更有效地生产产品。

具体来看，三星在知识产权工作方面的典型特征体现在创造、活用、基础建设方面。

（1）创造。为确保各个事业领域的基本知识产权，强化先行研究。具体而言，继续扩大研究开发投资，各个研究所确立在重点研究领域分担的任务。通过设立科学咨询委员会，强化研发和技术动向分析，决定下一步的方向。在此基础上，特别注意知识产权的质量，提高专利技术交底书的质量。研发活动的扩大带来了专利数量的增加。

（2）活用。在公司层面，采取各种措施对知识产权组合进行优化管理。第一，积极参加国际标准化活动。从世界上看，构筑技术壁垒十分普遍，为了实现事业化参与标准化已经必不可少。为了高效、有力地应对国际标准化的动态，研发负责人员和知识产权负责人员之间需要相互协作。具体而言，在初期标准化团体结成时，各部门设置标准化工作担任人员，然后在全公司设置统筹标准化对应工作的专门部署。第二，推进与技术先进企业的联盟。近年来，技术发展出现了横跨多数领域的收敛，或者说复合化、融合化的动态。特别是半导体、通信等三星电子的主业领域，这样的动态很突出。因此，三星电子采用开发式研发体制、拓展全球范围的协作体制，如共同研究或者实施一揽子许可协议，其中也包括和竞争企业的事业合作。另外，还对已经取得的专利权进行再评价，进而再次发掘有效性高的专利或者技术，用以补充事业核心领域的专利网。

（3）基础建设。人才的保障和培育是知识产权基础设施建设中最重要的课题。三星电子以启动首席专利官（CPO）体制为开端，努力强化全公司的战略机能，保障内部拥有关于专利技巧的员工，扩大招收具有专利代理师资格和律师的员工，鼓励研发人员向知识产权部门流动。在人才培养方面，向法律事务所派遣实习生，鼓励和奖励考取韩国专利代理师资格。在信息系统化方面，在企业内配置“电子申请管理系统”，并开通了支援许可、侵权诉讼等业务的“发明评价系统”。在与大学、研究机构的合作方面，以确保基础研究领域的技术为目标，对有研发能力或有潜在研发能力的大学给予研发经费上的支持。

（三）生产型组织知识产权运营业务模式

通过制度建设和流程优化加强知识产权管理。完善的管理制度是知识产权业务顺利开展的内在保障，为了强化知识产权保护，优化知识产权管理，生产型组织从制度的层面来保障和促进知识产权工作。科学的业务流程是知识产权工作有效运行的内在规则，通过知识产权管理流程设计、各业务节点的合理设置和对过程的即时监控可以保障众多部门与人员的协调工作、高效运作，促进知识产权工作的顺利开展。

知识产权工作与研发工作共生互动。为了使知识产权工作更好地贴近研发、支持研发、引导研发，同时通过研发人员的参与来提升知识产权质量，生产型组织加强研发人员和知识产权服务人员的交互讨论，共同创造新技术和知识产权。研究人员想到或发现新的创想时，知识产权服务人员要从各个视角追求可能性，根据在先技术调查的结果，依据产品化的情况，制定权利化策略。

知识产权工作为产品保驾护航。一个企业研发的真正价值在于其能否将技术与发明不断运用于产品，而要将技术优势很快转化为产品优势，进而取得市场优势离不开产品的知识产权布局。通过周密的知识产权布局和高质量的知识产权可以有效地推动产品的国内外市场开拓和巩固。

三、研发型组织的知识产权运营

研发型组织以研发为基础，以知识产权许可为手段，以技术转移为实质，占据创新价值链上游，获取创新收益。当然，在市场经济背景下，随着企业分工的不断细化，一些研发型企业也属于研发型组织，如各种专业化的软件制造商和方案提供商，以及注册为企业的各类实验室、研发机构等。最典型的研发型组织当属研发机构，包括公益性研发机构和营利性研发机构。大学在一定程度上也是研发型组织，大学建立的初衷是作为教育机构为社会培养人才，但是大学一般拥有先进的设备和大量高端人才，并且很多大学都建有研究院、研究所、研究中心等。从而，这里的研发型组织主要是指科研机构和大学，典型代表包括：美国国立卫生研究院、中国科学院下属各研究所、德国弗朗恩霍夫协会、日本名古屋大学、英国牛津大学。

大学作为知识资源和创新人才的密集区，是科技第一生产力和人才第一资源的结合点，在创新体系链条中发挥着独特的重要作用。尤其是在我国，大学在国家创新体系中居于重要地位，但其整体创新能力与发达国家相比，与我国经济社会发展的需求相比还有很大差距；与企业、科研机构等各种创新力量的结合不够紧密，研究与应用脱节、大量成果束之高阁等现象大量存在，极大地制约了整体创新能力的提高和经济社会发展。因此应充分发挥大学优势，联合各种创新力量，集中各类创新资源，大力推进协同创新，有效地推进专利技术的转化和应用。

国有科研机构是由国家建立并资助的各类科研机构，体现国家意志，有组织、规模化地开展科研活动，是国家创新体系的重要组成部分。国有科研机构包括国家大型综合性科研机构（如中国科学院、法国国家科研中心、德国马普学会、俄罗斯科学院等）和部门所属专业性科研机构（如美国能源部所属国家实验室、美国国立卫生研究院等）。其中，有一些国有科研机构是中央和地方政府联合建立的，有一些是委托大学或企业管理的。从科研活动的类型看，有的国有科研机构主要聚焦在基础前沿领域，如德国马普学会；有的聚焦在产业技术研发，如德国弗朗霍夫协会；有的聚焦在战略高技术领域，如美国国家航空航天局等。

（一）研发型组织对知识产权运营的需求

大学、国有科研机构、企业研发力量共同构成推动科技发展的“三驾马车”。三者通过知识的循环流转相互作用，处于创新价值链的不同位置，形成了有序的分工和相互协作。其中，企业以技术创新和知识应用为主，同时进行知识传播。大学以知识传递和高素质人才培养为主，同时进行知识创新和知识转移，侧重于进行自由而灵活的科学探索。

大学是国家创新体系的重要支撑，其科技成果和知识产权产出是国家创新成果的重要内容，而知识产权转移转化是其支撑创新型国家建设的重要着力点，也是大学能够对经济社会发展做出贡献的着力点。但是，大学知识产权的运用存在诸多困境，甚至专利维持已经成为一个问题，我国专利申请排名靠前的几所大学的申请专利有一半甚至一半以上是失效专利。大学作为申请人的专利具有生命周期短的特点，而且大量专利被闲置，从而专利价值难以得到体现，造成了专利资源的浪费，甚至间接造成了大学所投入的科技资源和专利审查部门专利审查资源的浪费。因此，大学对于知识产权运营有更为迫切的需求，大学亟须通过对专利进行运营来盘活知识产权资源，激发知识产权价值。大学知识产权运营的开展，往往是结合专利转让、专利许可、技术入股、校企合作等进行的。大学成立的技术转移机构承担着知识产权运营的职能，此外，大学知识产权运营的模式也因大学的各自特色而出现多样化的转移模式。张平和黄贤涛在系统分析了现有技术许可转移模式的基础上，总结了大学知识产权运营普遍采用的6类模式：①直接将专利技术许可给企业；②大学技术转移机构进行专利技术转化（包括：技术转移办公室模式、技术转移中心模式、技术转移公司模式）；③与地方政府成立合作机构进行专利技术许可转化（包括：产学研合作办公室模式、研究院模式、产学研基地模式）；④与企业联合成立合作机构进行专利技术许可转化（包括：校企联合研发机构模式、校企合作委员会模式）；⑤通过大学科技园进行知识产权运营转化；⑥通过国家工程中心进行专利技术许可转化等。

国有科研机构是国家创新体系的主要组成部分，主要从事基础性研究，由国家经费进行资助，其从事科研工作的目的是社会利益的最大化，在一定程度上体现国家的经济和政治利益。国有科研机构在关系国家长远发展和战略全局，关乎国家经济社会发展、国家安全和公众健康等方面的研究工作中发挥着重要作用，往往是一个国家科学技术发展最高水平的代表和一个国家综合国力的集中体现。国有科研机构的知识产权运营更加偏重于基础性的科技成果。学科基础性的技术往往是推动技术革新、社会进步的主要推动力，因此国有科研机构的知识产权运营作用尤为重要。国有科研机构的知识产权转移转化同样面临诸多困难。首先，科研机构的成员大部分为科学家，而科学家通常没有精力也不愿意直接从事知识产权的转移转化工作，当科研机构过多从事知识产权运用相关工作时，可能就会使科研机构的研发行为利益导向性太强，从而偏离其为社会利益最大化服务的宗旨。其次，科研机构若是直接以知识产权出资建立企业，则这些企业就具有天然的知识产权优势，会挤占市场中其他企业的机会。但是科研机构所产出的知识产权也不应该被闲置，科研机构需要选择合理的知识产权运营方式来发挥其价值。

（二）研发型组织知识产权运营案例：日本 NAIST 大学

日本 NAIST 大学成立于 1991 年 10 月，并于 1992 年 4 月开始招生，是一所以信息科学、生命科学和物质科学为主要研究领域的研究生院。截至 2021 年 8 月 1 日，该校共有职员 704 名（其中教员 199 名）、学生 1064 名（其中硕士研究生 701 名、博士研究生 363 名）。

NAIST 最引人注目的是在 2008 年日本大学科学技术活动调查结果中的排名：作为一所当时只有 16 年教学科研历史的大学，在“科学研究费补助金”、年轻研究人员（37 岁以下）比例、教师人均技术许可费收入三项指标排名中均为第一。在教师人均研究经费、教师人均共同研究 / 委托研究经费（即外部经费）、教师人均大学创办风险企业数三项指标排名中均列第二（表 10-2）。

表 10-2 2008 年 NAIST 在日本大学科学技术活动调查中的排名

类型	内容	数值	排名
研究费	研究经费（教师人均）	734.6 万日元 / 人	全国第 2 位
外部资金	科学研究费补助金中标件数（教师人均）	0.92 件 / 人	全国第 1 位
	科学研究费补助金金额（教师人均）	469.1 万日元 / 人	全国第 2 位
	接受外部研究费（教师人均）	1174 万日元 / 人	全国第 3 位
	接受共同 • 委托研究经费（教师人均）	688.4 万日元 / 人	全国第 2 位
	外部资金比率	18.3%	全国第 5 位
研究成果	技术许可费收入（教师人均）	16.107 万日元 / 人	全国第 1 位
	技术许可费收入	34 147 万日元	全国第 5 位
	大学创办风险企业数（教师人均）	0.104 件 / 人	全国第 2 位

在 2008 年日本文部科学省对 2003—2007 年“大学知识产权本部整备事业”进行的评价中，NAIST 综合得分最高。在 2005 年进行的“大学知识产权本部整备事业”中间评价中，其中的优秀机构成为“超级产学官联合本部”，NAIST 也位列其中（表 10-3）。一所如此年轻的大学在这么短的时间取得如此突出的成绩，能够和其他历史悠久的 5 所大学在知识产权运营管理方面并驾齐驱，确实值得关注。另据日本《朝日新闻》头版报道，日本文

部科学省对2004年日本国立大学法人化后的教学、科研进行的综合评价中，NAIST得分最高，在加权综合分满分91分的分值中获得70分，在全部参评的86所日本国立大学中拔得头筹。

表10-3　日本文部科学省2005年决定的“超级产学官联合本部”机构

机构名称	成立时间
东京大学	1877年
东京农工大学	1949年
东京工业大学	1881年
京都大学	1897年
大阪大学	1931年
NAIST	1991年

1. 发展历程

表10-4展示了NAIST官方网站提供的NAIST简史。从表中列示的1991年10月之前NAIST创立之前的事项看，NAIST是在进行了充分调查、研究基础上成立的新型大学。日本还有另外一所大学与NAIST类似，即北陆先端科学技术研究生院大学（Japan Advanced Institute of Science and Technology，JAIST）。

表10-4　NAIST简史

时间	事项
1986年2月	学术审议会[1]提交《关于推进大学等生命科学研究》的建议
1986年3月	关于科学技术高度化与高等教育的应有形态研究协议协力者会议发表《关于大学等信息处理教育的基本应有形态》中期报告
1987年5月	（文部大臣裁定）制定实施关于先端科学技术研究生院构想的调查 设立有关先端科学技术研究生院构想调查的调查研究协力者会议
1987年9月	大学改革协议会发表《关于研究生院的充实与改革》报告
1988年2月	《近畿圈基本整备计划（第四次）》决定“努力推进关西文化学术研究都市中先端科学技术研究生院大学整备宗旨”
1988年3月	奈良县完成“努力推进关西文化学术研究都市中先端科学技术研究生院大学整备宗旨”中的“关于关西文化学术研究都市的建设计划”

[1] 原日本文部省六大学术咨询机构（航空·电子等技术审议会、海洋开发审议会、资源调查会、技术士审议会、学术审议会、测地学审议会）之一。2001年1月日本行政改革，文部省改组为文部科学省，原来的六大咨询机构重组为科学技术·学术审议会。

续表

时间	事项
1988 年 4 月	（文部大臣裁定）制定先端科学技术研究生院大学准备调查室组织主要事项 在东京工业大学设置先端科学技术研究生院大学准备调查室以及准备调查委员会
1988 年 6 月	文部省教育改革实施本部信息化专门部会完成《关于培育、确保信息技术者》的中期报告
1989 年 5 月	（文部大臣裁定）制定先端科学技术研究生院大学创设准备室组织主要事项 在大阪大学设置先端科学技术研究生院（奈良）创设准备室以及创设准备委员会
1990 年 6 月	（文部大臣裁定）制定 NAIST（暂名）创设准备组织主要事项 在大阪大学设置 NAIST（暂名）创设准备室以及创设准备委员会
1991 年 2 月	NAIST（暂名）创设准备委员会完成《NAIST 构想概要》
1991 年 4 月	《日本国立学校设置法以及学校教育法部分改正法律（平成 3 年法律第 23 号）》公布“NAIST1991 年 10 月成立”
1991 年 4 月	（文部大臣裁定）制定 NAIST 创设准备组织主要事项 在大阪大学设置 NAIST 创设准备室以及创设准备委员会
1991 年 8 月	NAIST 创设准备委员会完成《NAIST 构想概要（最终报告）》，日本国立学校设施计划调整会议承认设施长期计划
1991 年 10 月	NAIST 成立 设立信息科学研究科 设立附属图书馆
2003 年 10 月	设立知识产权本部
2004 年 4 月	日本国立大学法人 NAIST 成立

与 NAIST 相似，JAIST 在 1990 年成立之前，也经历了与 NAIST 一样的调查、准备过程。可以说，日本设立这两所大学是出于同样的战略思考：把握时机，新事新办。20 世纪 80 年代兴起的新技术革命给世界各国都带来了巨大的冲击，各国纷纷采取措施，积极应对。1988 年日本文部省发布的《教育白皮书》中有独立的“先端科学技术研究生院”标题，在这个标题下有这样的表述：“为对应近年来科学技术的显著发展，推进瞄准信息科学、生命科学、材料科学等先端科学技术领域的独立研究生院进行的准备和调查。”这段话显然指的是以文部大臣裁定形式启动的“制定实施关于先端科学技术研究生院构想的调查”和设立“有关先端科学技术研究生院构想调查的调查研究协力者会议”。

在《NAIST 构想概要（最终报告）》中，在论及设立 NAIST 的必要性时，从“推进基础研究的必要性、培养支撑先端科学技术领域人才的必要性和创设独立研究生院的必要性”三方面展开论述。根据先端科学技术领域“发展迅猛”的速度特点，“跨学科、多学科”的研究特点，“与技术开发关联密切”的应用特点，“产业界渴望自主技术”的需求特点，“基础力、再教育”的人才特点，“柔软性、灵活性”的组织编制特点，论证了“新的科技领域、新的组织模式”观点，设计了“不设本科生的独立研究生院”的组织形式。NAIST 和 JAIST 就是在这样的政策指导下成立的。

2. 知识产权运营

综合统筹的组织体制。日本的大学、科研机构等的知识产权、技术转移工作一般都涵盖在产官学合作的框架下开展的。如前所述，文部科学省实施的“大学知识产权本部整备事业”的后续政策，就是把优秀的大学知识产权本部培养成“超级产官学联合本部”。NAIST 创办之初确立的四条理念中就有一条明确表现产官学合作：推进面向社会发展、文化创造的校外交流、合作。在这个理念指导下，NAIST 确立了明确的产官学合作的目的：①提供激发研究、教育的机会；②通过技术转移实现创新、创出事业（business）；③有益于持续发展的风险管理。

为切实推进产官学合作，NAIST 设立了产官学合作推进本部，一名理事副校长担任本部长。该本部共有 30 名职员，分属于知识产权部、TLONAIST 产官学合作本部（Technology License Office）部、产官学合作室和先端科学技术研究调查部。具体组织架构和职能如图 10-1 和图 10-2 所示。

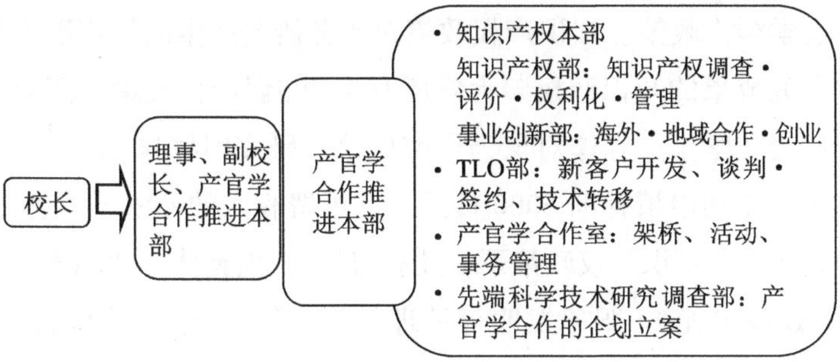

图 10-1　NAIST 产官学合作本部组织架构

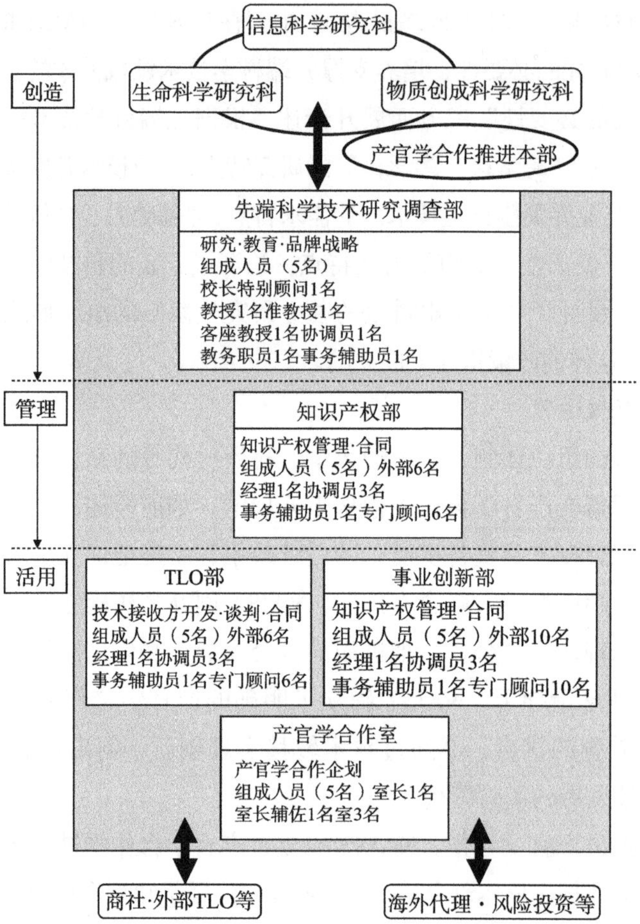

图 10-2　NAIST 产官学合作本部职能

周详明确的政策指引。NAIST 先后在 2004 年和 2007 年制定了知识产权政策和产官学合作政策。知识产权政策对职务研究产生的知识财产的权利归属（职务研究成果的知识产权归大学所有），知识产权政策适用对象（主体对象为教职员、学生，客体对象为研究成果、研究用材料），对发明人的补偿办法（每件专利申请补助 6000 日元，许可费收入的 40% 给发明人）做出了明确的规定。在知识产权政策下，还有将近 50 项具体办法和操作细则，如《研究成果处理规程》《职务发明等处理规程》《研究用试验材料处理规程》《实施许可处理规程》《和民间机构等的共同研究的处理规程》《受托研究处理规程》《接受研修人员处理规程》《外国人客座研究人员接受处理规程》

《接收赠与及管理处理规程》《赠与讲座规程》等。继 2004 年制定知识产权政策之后，2007 年制定的产官学合作政策包括六项主要内容，分别是：学校的使命与产官学合作；研究、教育活动与产官学合作的整合；区域内的产官学合作的推进；为了事业创出的产官学合作；产官学合作的国际展望；对产官学合作的评价。和知识产权政策相比，产官学政策侧重于原则和宣示，指出了产官学的方向。

紧抓要点的工作模式。NAIST 的知识产权工作紧抓要点。第一个要点就是和学校的科研主体紧密接触，一方面了解教师的科研动态，及时发现和挖掘知识产权苗头，另一方面也潜移默化地改变教师的观念，提高他们对知识产权的认识水平。NAIST 知识产权工作人员和科研主体密切接触的主要渠道是知识讲座，包括普及性讲座和专业性讲座。

NAIST 推动知识产权工作的第二个要点是迅速回应，在接到来自科研人员的咨询 10 日内就要给出明确的答复。及时、明确的回应不但提高了科研人员的兴趣，也容易使科研人员进入良性互动圈，建立互信，提高效率。要做到这一点，知识产权部门的频繁会议就不可或缺了。

第三个要点是从专利用途的角度严格评价，严禁没有实际用途的专利申请。把住这一关，很多机构都梦寐以求。NAIST 不但提出这样的要求，而且基本实现了这样的要求，其秘诀是承担专利申请评价工作的 TLO 聘请的 6 名外部人员，全部是在企业工作多年的、有丰富的从市场角度考量技术的人员，年龄都在 60 岁左右。表 10-5 是 NAIST 的发明评价表。

表 10-5　NAIST 发明评价表

NAIST 发明评价表			
评价者（技术担当者）：		评价日：	
发明名称			
第一发明人·所属		提交人	
提交日		整理编号	

		申请专利	-
发明固有评价	得分：		
·技术的特征（5. 基本技术 4. 相当于基本技术 3. 大幅改良技术 2. 中幅改良技术 1. 小幅改良技术）			

续表

		申请专利	-
发明固有评价	得分：		
• 可专利性（新颖性、创造性）（10. 非常高 8. 高 6. 中等 4. 低 2. 非常低）			
• 如果被授权的话，权利的强弱（5. 非常强 4. 强 3. 中等 2. 弱 1. 非常弱）			
• 和替代技术相比的优势（5. 没有替代技术 3. 比替代技术好 1. 没有优势）			
• 发明的实证程度（5. 产品水平 4. 试制品水平 3. 实验水平 2. 基础实验水平 1. 设想水平）			
事业性评价	得分：		
• 事业可能性（10. 非常大 8. 大 6. 中等 4. 小 2. 非常小）			
• 和替代商品相比的优势（5. 非常大 3. 大 1. 同样）			
• 侵权应对的容易程度（5. 非常容易 4. 非常容易但有费用的制约 3. 容易 2. 困难 1. 实际上不可能）			
• 事业规模（5. 非常大 4. 大 3. 中等 2. 小 1. 非常小）			
• 收益期待额（5. 非常大 4. 大 3. 中等 2. 小 1. 非常小）			
想定的事业内容			
想定的从业者			
综合评价 *（A B C D E）得分：〔知识产权本部评注〕			
* 评价标准（A：85 ~ 100分 B：70 ~ 84分 C：53 ~ 69分 D：36 ~ 52分 E：0 ~ 35分）			
结论	□申请权受让	□申请权不受让	
	□只在国内申请		
	□国外申请		

第四个要点是产官学部门人员开动脑筋，创造性地开展技术转移，同时还把科研人员组织到技术转移的过程中来。技术转移是一个复杂的、多要素、多回合、长周期的博弈过程，正因为如此，每一次技术转移的博弈都是新的挑战，都需要创造性的工作。而且科研人员的配合，是必须的和重要

的。其实，几年前日本的一个企业曾经对科研人员做过一个关于满足感、快乐感的调查，几乎所有的回答都是看到自己研发成果在现实生活中得到应用，看到人们通过利用自己的研发成果切实改善了生活。从这个调查结论很容易知道，绝大多数科研人员是愿意直接参与到技术转移工作中来的。上面讨论的 4 个要点归结为图 10-3。

- 第1要点（Communication）

·和教员密切接触，改变其意识
·把握各研究室的全部知识产权

讲座	咨询讲座	专利申请讲座	可转移著作权讲座	可转移试验用材料讲座
59	59	47	6	12

- 第2要点（Quick Response）

·迅速回应，早期把握或接到咨询10日内做出判断

事前咨询	发明者	把握发明	每年开会
会议	协调员	把握市场	60～100次

- 第3要点（Marketing）

·严格评价，必须申请有出口（可对外许可、促进共同研究、争取竞争经费）的专利

评价会议	知识产权本部职员	最终申请可否	每年开会约50次

- 第4要点（Creation）

·有创造性、展开性的技术转移
·发明者和协调员密切合作、开拓市场

专利战略检讨会议	发明者知识产权本部职员	打磨发明，研讨专利请求的范围与市场性、应用性	每年教员发明报告约60次

- 最终阶段（Goal）

·通过许可收入展示实力、进一步的产官学合作＝＞提升品牌力、更好地支持教育、研究
·创出新产业、新就业＝＞提升日本活力

图 10-3　NAIST 知识产权运营工作要点

简洁实用的权利申请流程。图 10-4 是 NAIST 的专利申请流程示意图，其中显示了带有严格时间要求的工作规范。

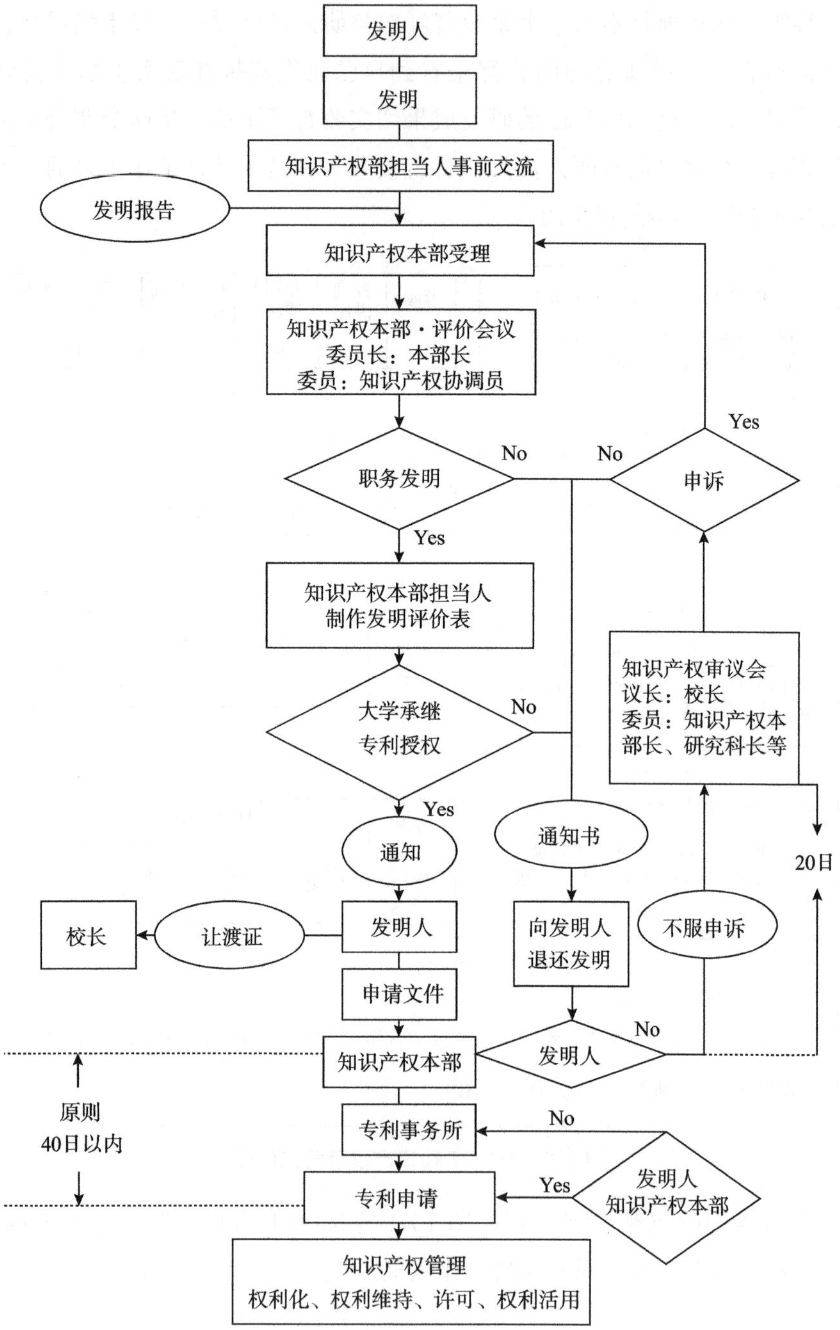

图 10-4 NAIST 的专利申请流程示意图

（三）研发型组织知识产权运营业务模式

高水平的研究人才。研发型组织是知识产权的重要产出机构，是创新体系的重要组成部分，拥有一批高水平的人才队伍是这类组织取得成功的必要因素。美国国立卫生研究院拥有27个研究所及研究中心，6000多名在编的科学家，其中50多位美国科学院院士、5名诺贝尔奖获得者。德国弗朗霍夫协会拥有67家研究所，超过23 000名优秀的科研人员和工程师。

高度重视产学研结合。为更好地发挥研发优势，促进研发成果的应用和转化，研发型组织高度重视同产业界的合作，搭建公共平台，增强资源共享，形成研究、开发、生产的分工协作和融合。

专门的知识产权管理机构。研发型组织通过成立专门的管理机构来负责知识产权的保护和运营工作，如美国国立卫生研究院的技术转移办公室、德国弗朗霍夫协会的专利中心。这些专门机构的职能包括发明创造评估、保护、专利申请、市场化、技术转移转让谈判、许可、监控、管理等。

四、集中型组织的知识产权运营

知识产权作为一种战略性资源，无论是对于国家整体还是对于组织个体都异常重要。随着知识产权经济价值的不断凸显，市场上出现了专门以知识产权运营为收入来源的组织，通过融资收购知识产权，抑或是通过对研发行为进行投资来获得知识产权，在将众多知识产权集聚于组织内部后，通过进行各种形式的运营来获利。

这里所说的集中型组织事实上就是知识产权运营机构，该类组织机构涉及知识产权方方面面的运营，包括提供代理、诉讼、许可、转让、质押和其他服务等。把知识产权当作商品进行经营是集中型组织运营模式的基础思想。集中型组织的知识产权运营不但可以推动研究机构和高校对专利的开发转让和利用，为科研活动提供资金支持，提高科技创新热情，同时给专利市场增添活力，让大学、科研机构意识到其申请的专利不只是具有法律效力的一纸文件，更可以带来切实的商业价值。

知识产权运营机构有如下几类特点。①通过融资建立基金，或者虽然没有设立基金但是也获得了来自大财团的资金支持，用于购买专利和进行委托研发，以获得完整知识产权或者独占许可为主。②在人员组成上以知识产权分析人员、市场分析人员和法律顾问为主，基本上不需要自己的研发人员，但是也有个别集中型组织会进行适当研发。③通过市场分析寻找发明方向，以填补大企业的知识产权空白、市场竞争较为激烈的产业为发明投资领域。④以市场活跃的新兴企业、担心专利诉讼的中小企业和最终用户为许可与诉讼对象，进行知识产权组合、并购、代理和信托等经营活动。⑤帮助企业化解知识产权纠纷，参与和解并进行收费，同时利用分析软件和分析报告为客户提供专利信息、风险预警、市场拓展等法律服务。集中型组织的代表包括 Acacia Research Corporation、企业安全联盟（Allied Security Trust，AST）、合理专利交易公司（Rational Patent Exchange，RPX）、高智发明、北京智谷睿拓技术服务有限公司、北京知识产权运营管理有限公司。在 2007 年的赛多纳会议（The Sedona Conference）上，知财资本有限公司（PCT Capital LLC）首席执行官雷蒙德•米理恩（Raymond Millien）和拐点策略（Inflexion Point Strategy LLC）创始人兼董事、总经理罗恩•劳丽（Ron Laurie）总结了 17 种知识产权商业模式（表 10-6）。在此基础上，雷蒙德•米理恩于 2013 年再次总结并增加了 2 种模式：私掠者（Privateers）和知识产权担保人（IP Insurance Carriers）。

表 10–6 知识产权运营机构主要类型

模式	介绍
专利授权和实施公司	首先获取多个专利组合，通过诉讼手段来对目标公司进行侵权诉讼，从而获取巨额的诉讼赔偿以及授权许可费用
专利收购基金	以私募股权投资形式运作的经营实体，以大型的科技公司或者投资者（包括机构投资者和个人）作为有限合伙人，基金融资后许诺以特定专利作为营运基础，通过授权行为和各种专利套利策略为投资者带来超过平均 ROI 的报酬率
IP/ 技术研发公司	公司涉及研发的经营活动层面，并产生实际的 IP。但是发展出来的 IP 不是用来制造与生产，而是进行专利授权，并且为被授权者将该技术导入相关产品和提供相关的咨询服务，某种程度上是专利技术发明者和进行技术商业化者间的桥梁
专利授权经纪人	这类公司主要负责帮助专利持有者寻找授权对象，被称为“专利顾问”（IP Advisory）

续表

模式	介绍
诉讼投资公司	这是介于专利收购基金（IP Acquisition Funds）及专利授权和执行公司（Patent Licensing and Executing Company，PLEC）的运作实体。一方面像专利收购基金一样从大型机构投资者那边融资，以一般合伙人的方式进行运作，另一方面则像 PLEC 一样通过专利主张来获得财务上的收益
专利经纪人	帮助专利持有人找到买家而非授权者，既可以为买方服务，也可以为卖方服务。针对卖方，经常协助科技公司获得具有战略意义或者具备防范性质的专利组合，以应对竞争者
专利并购顾问	主要是传统的投资银行的模式，为科技公司的并购交易提供咨询建议，以交易金额的固定比例作为佣金。提供的服务包括专利的尽职调查（Due Diligence），专利资产整合的咨询以及并购中专利的交易结构设置
IP 拍卖平台	包括不同的交易形式和结构，收入来源包括上架费、报名费、佣金提成等
在线 IP/ 技术交易所	类似 B2B 网站的商业模式，为专利及其他知识产权资产提供网络平台，也可以理解为知识产权的在线分类。在这种模式下，专利持有人 / 出售方被要求提供专利登记费用，在交易或许可成功后还要抽取提成。此外，也有一些平台是公共的（免费），还有一些实行会员制需要进行注册
IP 支持融资	为专利持有者提供金融服务，一般是直接或者中介的角色，以贷款的形式提供，充当借款者和借款机构（如银行）之间的桥梁
权利金证券化公司	协助或者提供资金给专利持有者，将专利资产证券化进行融资
专利分析软件和服务	提供专利搜索和分析的软件工具，帮助专利持有者、律师、投资者以及其他人可以在专利市场对特定专利或者专利组合有更加全面的了解，主要从软件的销售和顾问费中盈利
大学技术转移中介	作为知识产权研发公司（IP Development Companies）、专利收购基金（IP Acquisition Funds）、授权经纪人（Licensing Agents）或许可经纪人（Patent Brokers）进行运营，但是业务开展主要针对大学进行
IP 交易 / 贸易平台	交易平台包括实体（线下）平台和虚拟（线上）平台两种，主要目的在于提高知识产权资产的流动性，为知识产权的出售者和购买者提供一个执行交易的平台
防御性专利联盟	包括不同类型的防御性实体，其中一种以为了应对 PLEC 和专利收购基金，通过有选择性地获取专利组合来进行防御，一般专注于某一特定技术领域或产业部门，在这种模式下多家公司通过集中财力和资源创造一个独立实体来收购潜在的“问题”专利，并将这些专利许可给愿意支付费用给独立实体进行专利收购的企业。一种类型是由企业财团进行专利的捕放，即通过拍卖、代理或直接销售来购买专利，并将专利许可给成员，对于不需要的专利则再次出售。还有一种类型是，企业投资集团通过集资购买一些积极主张专利的大型公司可能感兴趣的专利，当联盟成员遭到这些大型公司诉讼时，就用之前储备的专利进行反击

续表

模式	介绍
技术 / 知识产权投资公司	这一商业模式比较类似专注于知识产权领域的风险投资和私募股权，或者是大型科技公司成立的目的在于进行技术商业化和知识产权货币化的合资企业，盈利主要来自于投资回报率、公开募股
基于专利的公共股指	这一模式是上述分析软件和服务的深化，当一个公开交易的公司有 80% 的价值来源于无形资产时，对这些无形资产进行评估的工具将成为一种新的盈利来源，具体收益来源包括出售股票研究成果，将其指数授权给上市交易基金和公共基金等
私掠者	运营公司将部分专利权转让给专利授权和实施公司来获得额外收益，其实是将企业的专利货币化功能外包给运营公司。这种模式不但能节约大量成本，运营公司还能使自己免于交叉许可、反诉、反竞争条约等
知识产权担保人	目前知识产权担保人主要提供三种形式的保险：（1）为专利权导致的直接损失提供保险；（2）为公司不当使用他人知识产权而受到的指控提供保险；（3）当被保险人的知识产权被不当使用时，为其主动出击提供保险

（一）集中型组织对知识产权运营的需求

知识产权运营的核心是实现知识产权的经济价值，实现方式多种多样，需要具有不同背景的多种知识人才的合作。对于知识产权运营机构而言，没有一家机构能够胜任所有与知识产权运营相关的业务，尤其在当前研发创新活动分散化的时代。因此，知识产权运营机构要想取得成功，就必须选择适合自己的业务领域。集中型组织成立的目的就是进行各种形式的知识产权运营，并借此营利。

（二）集中型组织知识产权运营案例：高智发明

高智发明成立于2000年，其总部设在美国华盛顿州的贝尔维尤（Bellevue），是全球最大的专业从事发明与发明投资的公司。公司共同出资人兼首席执行官纳森•梅尔沃德（Nathan Myhrvold）将高智发明定位为“提供全面服务的发明投资公司”，即“像风险资本和私募资金运营公司一样，高智发明从投资者处募集资金，建立高智发明自己的发明资产（通过赞助发明家），从其他凭一己之力难于将发明的价值有效货币化的发明家处购买发明。高智发明积极地运营这些资产，以最大限度地发挥它们的价值，然后提供退出战略，以将这一价值变现”。

1. 发展历程

高智发明由微软公司前首席技术官纳森•梅尔沃德和软件架构师爱德华•荣格（Edward Jung）等人在2000年共同创立，公司总部位于美国华盛顿州的贝尔维尤市。高智发明的主营业务为发明和发明投资，力求在全球范围内打造发明的价值链。通过采用将创新活动与私募基金成功对接的做法，高智发明在专利交易市场上创造出一种全新的商业模式，即为发明建立一个投资市场，由此来确立自己的竞争优势。事实上，高智发明成立的初衷是为那些饱受“专利蟑螂”侵扰的企业提供防御机制，公司最初推出的基金形式即为“专利保护基金”。后来，随着投资人群扩大和公司专利储备的增加，高智发明开始在发明投资这个更具前景的市场开展知识产权运营业务。

2007年，高智发明进入亚洲市场，目前已在日本、韩国、印度和中国设立分支机构，在新加坡设立地区总部。2008年高智发明进入中国后，一方面大量购买专利，另一方面在诸多高校设立高额的发明基金研究项目支持大学教师从事科研并申请专利，此外，还大范围推广其“发明人计划”，面向社会搜集专利。

通过资助发明者并协助发明者申请专利是高智发明在国内广泛开展的活动之一。根据不完全统计，高智发明至少与上海交通大学、华东理工大学、苏州大学等合作推出了不同名目的“创新基金”，资助学校教师对其研究进行深化并帮助其申请专利，根据协议，高智发明对这些专利享有独占许可权。由于这类资助具有力度大、申请流程简单、评审宽松等特点，吸引了很多教授参与。

2. 基金

高智发明设有主题创制团队组，不断研究技术的发展趋势和科学上的新发现，试图找出最佳的投资机会。此外，还有专门的投资关系团队，主要在以下三类群体进行研发投资。第一类是公司内部的发明尝试，涉及80名专职科学家和100多个为高智发明兼职工作的发明顾问。第二类是由超过4000名发明家构成的高智发明的外围发明网络。第三类是高智发明的并购小组，其业务主要是购买现有专利或和专利发生利益关联。这三类研发活动主要是由高智发明旗下的三支基金支持的：发明科研基金（Invention Science Fund，ISF）、发明开发基金（Invention Development Fund，IDF）和发明投资基金（Invention

Investment fund，IIF）。

（1）ISF 基金。ISF 基金主要是针对高智发明内部的发明家，致力于公司发明创造成果的专利申请和专利许可交易。公司内部有独立的实验室和一支发明队伍，进行自主创新，研发的目标领域极其广泛，包括软件、通信、网络、电子计算（硬件）、土木工程、机械、能源、物理科学、生命科学、农业等。高智发明聘请了因发明创造而已在广泛的技术领域有一定影响力的科学家和工程师。签约雇佣了在学术界和工业界的世界顶级的研究人员作为发明顾问。这使高智发明有能力在从医疗设备到软件、消费电子产品、核工程等约 50 个技术领域内做出巨大贡献。

（2）IDF 基金。IDF 基金主要是和优秀的发明者合作，培育外部的发明家网络体系，并与发明者所在机构进行交易。通过寻找并筛选出拥有市场前景的发明创造，帮助发明者将其发明创造开发成国际发明专利，继而通过专利授权等方式实现市场化，并与发明者分享利润。目前在中国运营的只有 IDF 基金，高智发明在国内高校进行的每一个项目，申请专利环节发生的费用全部由高智发明负担，专利权则由原单位持有，高智发明获得全球独家使用权，并且每个项目需经国内技术进出口审核。高校可在独立开展科研和产业应用时，免费使用该项专利，但不能与其他公司合作使用。

（3）IIF 基金。IIF 基金投资于现有发明，从全球收购单项专利或专利组合。IIF 基金专利收购的对象主要包括四类：个体发明人、大学和非营利研究机构、衰败的企业、运营良好的大型企业。个体发明人是专利的重要来源之一，但是他们通常没有写商业计划或兴办公司的兴趣，而是宁愿把自己的发明许可他人使用，自己则继续进入下一个伟大的创想。大学和非营利研究机构因为缺乏资源来充分开发其商业潜能，致使其产生的知识产权被大量闲置，从而为高智发明提供了机会。一些经营不善的企业在面临资金周转问题甚至破产危机的情况下，也可能会选择出售部分专利来获取资金或者进行业务重组。最后，大型的、发展良好的企业也是高智发明获取专利的一个重要来源，高智发明已经与 100 多个《财富》500 强企业以及国际上堪与他们匹敌的公司进行了交易。

3. 许可与诉讼

尽管高智发明已经发起了多起专利诉讼，但从其盈利模式看，高智发明主要通过专利组合的许可、转让而不是专利诉讼获取利润。高智发明的运营模式并不是简单的专利诉讼或“专利流氓”，而是一种发明投资基金的运营模式。

专利组合与许可。每一种专利都具有一些价值，但是打包后的专利组合，其价值更具吸引力，因为客户节省了用来检索确认所有专利持有人和为单个专利交易进行逐一谈判的时间和开支。客户可以很容易地获得他们加速推出新产品所需的所有专利，同时降低了错失必要许可和遭到措手不及的侵权诉讼的风险。很多客户预定了一种专利组合，以便当专利被加入该组合时可以自动获得许可。

高智发明的并购业务策划团队通过研究高智发明的现有以及潜在客户所持有的专利，确定他们的技术需求，并尽力设计满足这些需求的专利投资组合，每一种组合通常都包含一些已经在使用的专利、一些在将来很可能被应用的专利以及一些更具投机性的专利，目前已在无线电技术、内存芯片等领域整合出了大规模的专利组合。评估师和买家对市场上的发明进行评估，决定是否投标并确定竞买价格。

4. 诉讼

（1）借壳诉讼。高智发明隐藏在1100多家壳公司背后发起专利诉讼威胁。

（2）直接诉讼。2010年以来，高智发明开始“亲自”发起诉讼，且诉讼对象均为知名企业。该公司在诉讼中声称为诉讼中涉及的专利购买了大量资产并为个人发明者支付了“数亿美元”，同时该公司通过授权企业使用专利获得了数十亿美元收入。2010年年底，高智发明就所拥有的4项专利向9家公司发起侵权诉讼；2011年7月，高智发明再次就其掌握的5项专利发起侵权诉讼，这次的被告阵容更加强大，包括12家世界知名公司；2011年10月，高智发明又以6项专利侵权为由向摩托罗拉发起诉讼。

（3）诉讼威胁。高智发明曾威胁包括黑莓生产商RIM、三星和HTC在内的多家企业，称将对它们发起专利诉讼，这些企业考虑到法律纠纷带来的经济损失和公司声誉损失而被迫与高智发明达成专利授权协议。

5. 优势与特色

（1）充足的资金。强大的财团支持是高智发明成功的一个重要因素，高智发明有60家投资机构，包括顶级科技公司、家族和大学基金、风投和私募基金。高智发明管理着规模超过70亿美元的基金，这些投资来自多家世界

500强企业，包括微软、苹果、谷歌、思科、亚马逊、诺基亚、索尼、雅虎、eBay等知名公司。

（2）杰出的人才。高智发明的两位创始人纳森•梅尔沃德和爱德华•荣格本身就是技术专家，纳森被《商业周刊》誉为“发明教父”，曾担任微软的首席技术官和战略师，也是微软研究院的创始人。23岁时他在普林斯顿大学获得理论物理学博士，其后又在剑桥大学师从斯蒂芬•霍金教授进行博士后研究。而被称作“发明狂人”的另一位创始人及首席技术官爱德华•荣格，曾担任微软首席软件架构师，在微软的10年中与他人共同创建了包括Windows NT、微软研究院、移动与消费产品以及Web服务等多个团队。两位创始人的技术功底和市场洞察力是高智发明成功的另一个重要因素。

高智发明还拥有500多名员工，其中包括资深科学家、工程师、专利和诉讼律师、投资金融家等。另外，高智发明还拥有4000多名发明家的网络，分布在全球500家高端院校、公司和研发机构。

（3）独特的商业模式。由技术评估师、有技术背景的市场专家、金融专家、谈判专家等组成专利购并团队根据公司现有及潜在客户技术需求购买专利并构建利益相关联的专利组合，借助这种方法高智发明已经在无线电技术、内存芯片以及其他领域整合出了大规模的专利组合，这些专利投资组合大大降低了发明投资基金的风险，保证了较为可观的资本回报率。高智发明中国区总裁严圣在接受媒体采访时透露，“花费不到30亿美元，通过专利组合授权已经获利20亿美元，而且专利的投资回报期很长，可以达到15 ~ 20年。”

（三）集中型组织知识产权运营业务模式

通过收购和研发获取知识产权。集中型组织往往通过外部关系网络来获取知识产权，知识产权来源包括学校、研究机构、独立发明人与破产公司等。知识产权收购方式主要有三种：一是市场购买，即从中介机构和权利人手中购买；二是许可，即从权利人处取得许可，但权利人依然可以行使其知识产权；三是合作，即从分散的力量较小的公司那里获得知识产权许可，通过构建知识产权组合，增强防御能力。

利用知识产权获取收益。一是进攻型知识产权获利。这类组织采用的商业模式是，以知识产权侵权诉讼为主要业务，通过发起诉讼获利，或者通过以诉讼为威胁来实现其知识产权组合的许可转让来获取利润。二是防御型知识产权获利。为了应对“专利流氓”及其带来的诉讼高成本和高风险，这类组织通过帮助会员预防知识产权侵权诉讼来获利。出于防御性购买知识产权，提供联合交易、交叉许可协议或其他降低风险的解决方案，帮助其会员实现知识产权风险管控，不被牵扯至相关知识产权诉讼中去。

融资渠道顺畅。集中型组织需要拥有雄厚的资金实力作为支撑，其资金来源主要包括两种：一是会员网络，根据会员公司的产业规模、营业收入情况以及对知识产权的使用情况，收取不等的会费，很多会员都是国际知名公司，其客户网络规模使之能够与资金雄厚的投机者竞购知识产权。二是财团支持，强大的财团支持是集中型组织成功的一个重要因素，高智发明管理着规模超过 70 亿美元的基金，来自 60 家投资机构，包括顶级科技公司、家族和大学基金、风投和私募基金。

五、服务型组织的知识产权运营

服务型组织主要是指利用市场机制，为知识产权经济价值的实现提供服务的组织，服务型组织基本上不参与研发活动，提供的服务类型包括平台性服务（如 IPXI、中国技术交易所）和咨询性服务（如北京集智慧佳知识产权咨询公司）。从广义上看，服务型组织也属于知识产权运营组织的一类，雷蒙德•米理恩和罗恩•劳丽所概括的知识产权商业模式中的专利拍卖平台、专利顾问、专利分析软件和服务等都属于服务型组织的知识产权运营模式，这些组织的一个明显特点就是其开展知识产权运营的服务性比较强，主要通过对外部提供服务来营利。代表性服务型组织包括 BTG、IPXI、盛知华、宇东集团和中国技术交易所。

（一）服务型组织对知识产权运营的需求

服务型组织和集中型组织一样对知识产权运营有比较强烈的需求，但是在模式上有较大的差别。服务型组织主要包括提供平台服务和提供咨询服务两种类型。

提供平台服务的组织在一定程度上也具有集中型组织聚合专利的功能，

但是这种“聚合”的功能以聚集知识产权信息为主，多数情况下并没有直接获得知识产权或知识产权许可，从而在完成知识产权集中后较少进行知识产权许可和诉讼。平台类服务的具体服务内容包括作为知识产权转让、许可的中介，以及作为研发人员和投资人员之间的中介。平台服务的组织类型包括线上服务、线下服务，以及线上线下结合的服务，线上服务主要借助互联网通过提供知识产权持有人（出售方）或知识产权需求方的信息来完成交易，线下服务主要包括技术展会和现场拍卖等方式。平台类服务组织的营利来源主要是两种方式，第一种是“入门费”（或称为上架费、报名费），即凡是需要提供知识产权需求信息或知识产权供给信息的一方都需要缴纳一定费用，第二种是在交易完成后往往还要抽取交易额的一定比例作为佣金。提供平台服务的核心在于选取有市场前景的专利进行交易，这有助于促进交易的完成，同时需要加大对平台的宣传以吸引更多客户，从而增加收益。

提供咨询服务的组织所提供的服务主要包括以下几个方面：一是协助科技公司获得具有战略意义或者具备防范性质的知识产权组合，以应对竞争者；二是为科技公司的并购交易提供咨询建议，以交易金额的固定比例作为佣金，提供的服务包括知识产权尽职调查，知识产权资产整合的咨询以及并购中知识产权的交易结构设置；三是提供知识产权搜索和分析的软件工具，帮助知识产权持有者、律师、投资者以及其他人可以在知识产权市场对特定知识产权或者知识产权组合有更加全面的了解，主要从软件的销售和顾问费中盈利；四是协助或者提供资金给知识产权持有者，将知识产权资产证券化进行融资。提供咨询服务的组织在参与知识产权运营活动中的一个关键因素是知识产权运营人才，尤其是技术分析人才、法律人才和市场分析人才，同时还需要借助一定的分析工具。

（二）服务型组织知识产权运营案例：IPwe

IPwe 公司是一家创立于 2017 年的私人初创企业，总部位于法国巴黎，定位是一家专利金融科技公司，主要围绕专利的价值挖掘和价值实现，将专利作为一种可交易但流动性较差的资产，依托其自主研发的知识产权运营平台从事专利商业化、货币化相关业务。该公司建设运营的 IPwe 平台是全球首个基于区块链的专利平台，旨在通过将技术与专业知识结合起来，搭建一个基于人工智能、区块链等技术的多边市场平台，为专利供需双方以及利益相关方提供覆盖专利全生命周期的交易、交互、交流、研究、咨询等各种服务及解决方案，进而重构全球专利生态，改变科研和技术的获取、分析、管理及交易方式。

IPwe 公司自主研发了基于 AI 技术的专利分析与估值系统，可自动识别和评估专利组合，其采用的多维度专利价值评估模型在业内处于领先地位；IPwe 平台采用区块链技术和智能合约自动管理专利的交易流程，能够为客户节省大量交易时间和成本，并借助在线的交易室（Deel Room）和线下的专利经纪人网络保证交易的高效完成。据 IPwe 公司网站资料介绍，在 IPwe 平台的专利市场，平均每月有 1500 多万美元的专利交易机会和 2000 多万美元的专利融资机会，而 IPwe 的创始人及公司前身已经利用人工智能工具完成了 20 亿美元的专利融资。

2019 年 1 月，IPwe 公司及其 IPwe 平台被选为 IBM 区块链加速器（The Columbia IBM Blockchain Accelerator，哥伦比亚大学 IBM 中心的区块链和数据透明项目的支柱项目）支持的 10 个初创企业之一。同时，该公司还获得了来自法国 BPI 主权财富基金和巴黎地区的 50 万欧元补贴，以支持巴黎基于人工智能的专利评估研究项目。据已披露的数据显示，IPwe 公司自 2018 年以来已先后进行了四轮融资（其中两轮融资额未披露），融资金额超过 500 万美元。

IPwe 公司在建立之初就定位为面向全球市场的专利金融科技公司，以欧美市场为主，并积极开拓中国、韩国等国家的专利市场。

1. 基本理念

IPwe 的核心理念有两个。

第一个是将知识产权（尤其是专利）视为一种可交易但有很多交易痛点的资产。IPwe 认为，根据世界知识产权组织（WIPO）的数据，只有不到 5% 的专利被用于商业化，全球专利转让与许可金额每年约 1800 亿美元，却只涉及 2% 的专利。而专利作为一种高度缺乏流动性的资产，在交易的过程中会有很多"摩擦"，因而很难被货币化。比如，很难获得专利所有权的信息，大多数专利交易都没有公开记录；难以确定专利的价值和有效性；专利销售和授权往往耗时数月，费用达数万或数十万美元；等等。因此，IPwe 要做的就是释放其余 98% 专利的价值。

第二个是运用人工智能和区块链技术能有效降低专利交易的障碍并降低

交易成本、创造更多价值，进而改变整个专利生态。人工智能技术能够运用在专利数据搜索、分析和专利的质量、有效性及价值评估等方面，有助于减少获取专利关键信息时的障碍；区块链技术以其智能合约等特性能够运用于专利买卖、授权和使用等方面，有助于降低交易成本、确保交易安全和各方诚信。基于人工智能、区块链等技术，搭建一个覆盖专利全生命周期的新的智能平台，一站式解决专利信息获取、专利价值评估、专利交易成本、专利货币化和资产化等方面的难题，是挖掘和释放专利价值、变革全球专利生态的关键。

2. 平台架构

IPwe 平台的核心架构主要有三个部分。

（1）全球专利登记（The Global Patent Registry）。依托全球 200 个国家专利局授权的专利信息建立单一的专利数据库和自动化、透明化的全球专利登记处，以便尽可能捕捉专利信息并验证其真实性，包括：查找来自全球任一专利局的专利信息、判断专利所有权归属、明确专利所含信息等。IPwe 平台通过自身平台验证和各国专利局验证两种途径来确保专利信息的真实性和有效性。比如，自 2018 年 12 月平台开始运营到 2019 年上半年的 6 个月内，就有 5000 项专利在该平台上得到了所有权验证，并实现了超过 5000 万美元的专利销售。

（2）专利分析工具（Zuse Analytics）。基于 IPwe 公司核心团队开发训练超过 10 年的 AI 工具（累计投资超 2000 万美元，并为总计超 10 亿美元的专利授权和交易作出了贡献），IPwe 平台的专利分析工具使用了人工智能和数据挖掘技术，在算法层面主要包括质量算法、有效性算法、发现算法、估值算法、风险评估算法等，依托 IPwe 平台汇聚积累的各种专利信息、专利搜索、专利交易等数据，可以对其智能工具进行不断迭代升级，能够为用户提供更加便利的专利信息查询、价值评估和数据分析等服务，并给出专利质量、有效性分数和估值参考，其标准版本免费向用户开放，专利数据贡献者可访问高级版本。

（3）IPwe 智能合约（IPwe Smart Contracts）。IPwe 的智能合约主要基于 IBM 公司的区块链技术开发而来，主要用于专利转让、授权 / 许可等交易环节，目的是利用区块链技术的特性来捕获关键的交易数据并有效降低交易成本，确保专利交易合同能够以可信、安全、自动的线上方式被执行。不过，在专利交易服务方面，IPwe 在力推线上智能合约的同时，仍依赖线下经纪人的参与和服务。

3. 业务种类

根据服务对象和具体业务的不同，IPwe 的业务目前主要有以下七类。

（1）专利融资。依托公司创始人及业务团队在专利融资领域的长期积累，IPwe 与专利所有人、中介网络、投融资资源建立了密切的合作关系，把面向中小企业的专利融资交易作为主要业务之一，即帮助中小企业充分利用其知识产权资产进行融资。目前主要服务于美国和欧盟的中小企业。

（2）专利分析。IPwe 平台试图基于机器学习和人工智能技术开发一个强大且直观的专利分析工具，使得专利、金融等领域的专业人士和创新者能够大幅减少人工审查文档和分析专利信息的时间及资金成本，从而方便快速地识别出有价值和有市场的专利和专利组合。其专利分析工具汇集了超过 5900 万份专利记录和 200 万份技术出版物，分析结果可根据专利的质量和有效性进行排序。

（3）专利买卖。IPwe 通过将智能合约和人工智能引入交易平台，让专利买卖双方可以在一个安全的数字化环境中执行交易，同时为中介提供高价值的服务，从而为交易各方节省时间和资金成本。对那些无法或不便以线上方式完成的交易，IPwe 平台的专利评估、智能合约等功能可以作为一种促成交易的辅助。

（4）专利许可。IPwe 认为，目前的专利许可交易不仅供需两端脱节，交易方式过于依赖人工途径和人员交互，而且交易成本过高。为此，IPwe 平台通过技术手段，为需求方快速、精准识别潜在的专利许可方和目标专利，为供需双方组织管理专利许可交易过程，提供一个可预期的、低成本的自动化交易环境。

（5）标准必要专利（Standard Essential Patents，SEP）。IPwe 认为，标准必要专利的评估是复杂的，传统的清算机制（即法院）是极其昂贵和耗时的，而 IPwe 平台的技术解决方案和专利评估框架有助于消除标准必要专利评估和交易过程中的摩擦，并提供一个更具透明性、流动性的公平竞争环境。

（6）与专利局合作。IPwe 利用其开发的平台工具对各国专利局授予的数百万项专利进行分类、分析和验证，以便降低专利信息获取和专利交易的准入门槛及交易成本，提高知识产权商业化和创新的速度，增加政府、私人和非营利性利益相关者的投资回报率，并就此同专利局合作，共同优化专利生态系统。

（7）专利年金支付。IPwe 平台利用其智能合约和人工智能技术解决方案，可以为专利所有者提供精确的知识产权数据、AI 驱动的决策支持和年金支付管理手段，并支持各方和专利局之间通过区块链技术进行安全、可信的自动交易，使专利所有者能在透明、安全的情况下以更低的成本便捷地管理年金支付。

4. 全球布局

IPwe 公司及其 IPwe 平台面向的是全球专利市场，目前以美国和欧盟市场为主，除巴黎总部之外，还在美国特拉华州多佛市设有分公司和办公室，在我国青岛注册了子公司（IPwe 中国公司），并积极拓展韩国等其他国家市场，目前已在全球范围内建立了包括 20 多家全球律师事务所在内的合作伙伴和关系网络，团队成员也来自世界各地。IPwe 公司创始人及核心团队早先在专利交易和专利融资方面的市场资源和关系网主要在欧美发达国家，近两年也在积极开拓中国市场。

IPwe 自 2019 年开始进入中国并快速取得了进展。2019 年 5 月 29 日，IPwe（巴黎）和西交利物浦大学（苏州）正式签署合作协议；2019 年 7 月 11 日，IPwe 与汇桔网宣布建立战略合作关系，共同开展全球专利交易及知识产权综合服务；2019 年 10 月 14 日，IPwe 知识产权运营平台项目在青岛西海岸新区举行签约仪式；2020 年 1 月，IPwe 在中国（山东）自由贸易试验区青岛片区注册成立智链知产金融科技（青岛）有限公司（IPwe 中国公司，公司法人是 IPwe 的创始人艾瑞克・斯潘根伯格）；2020 年 7 月，IPwe 被选为青岛西海岸新区知识产权服务券服务平台的两家运营单位之一（另一家是山东八戒知产云网络科技有限公司）。

此外，IPwe 在韩国市场也有所行动。2019 年 2 月 11 日，IPwe 与韩国知名的知识产权研发服务平台 ANYFIVE 结成战略联盟。

5. 主要特色

IPwe 公司虽是一个初创企业，但从它的理念、架构、模式可以清楚地看出，这是一个典型的“技术＋平台＋数据＋服务”的运营模式，与传统的商业化知识产权运营平台有明显区别，在技术、平台、运营、团队等方面特色鲜明，可以视为知识产权运营数字化、网络化、智能化的一个典型案例。

技术特色：基于“人工智能＋区块链”的智能解决方案。按照 IPwe 的说法，IPwe 平台通过人工智能、数据挖掘和预测分析来释放专利的价值，并创造了专利交易和交互的全新方式。将人工智能和区块链技术结合起来用于构建专利交易和交互平台，是 IPwe 公司及其平台的最大特色，这在全球应该是走在前列的。一方面，基于 AI 技术进行专利分析工具的开发，并运用到专利信息搜索、分析和专利的质量、有效性和价值评估，能够有效保证专利信息的可靠性和真实性；另一方面，基于区块链技术重构专利交易流程，可确保交易行为及交易信息实现全程留痕、不可伪造、可以追溯、公开透明、集体维护，而以数字形式执行的智能合约能使双方达成协议后自动完成可信交易。在此基础上，可以帮助客户在信息繁杂中作出有效决策，有力消除有关各方交易过程中的不确定性，既能降低交易成本，又能为客户创造价值。由此，IPwe 试图打造全球首个基于人工智能和区块链的一站式、智能化知识产权运营服务平台。

平台特色：平台经济模式在知识产权运营场景中的创新应用。IPwe 所要打造的全球专利平台已经具备了平台经济的所有核心特征，比如技术引领、数据驱动、平台支撑、网络协同、线上线下融合等。除了技术层面的核心作用之外，最重要的大概有三点：①基于 IPwe 平台所构建形成的专利多边市场。IPwe 的平台架构能够有效连接专利供需双方以及几乎所有利益相关者，并跳出传统平台大多止步于信息平台的窠臼，从而形成真正意义上的知识产权运营领域的多边市场，在降低交易成本、创造和释放专利价值方面具有重要的示范作用。②专利数据的汇聚、融通和驱动作用。依托各国专利局授权的和 IPwe 平台自己验证的专利信息数据，以及平台用户贡献的专利交易数据，IPwe 的智能工具不仅可以自主学习和迭代升级，而且整个 IPwe 专利生态下的价值挖掘和价值创造都能够获得源源不断的“燃料”和动力。③以用户参与为基础的网络效应。IPwe 的用户能够依托智能化的网络平台为专利信息的搜索分析、专利交易的机会发现和交易达成提供便利，并有效缩减交易双方在物理空间、社交及时间上的距离和成本，而且随着用户群体和规模的扩大，能够产生可观的网络效应。可以认为，IPwe 平台是平台经济模式在知识产权运营场景中的创新应用。

运营特色：面向知识产权运营所有利益相关者的综合服务平台。IPwe 平台的业务范围涉及专利检索分析，专利确权和价值评估，专利交易（转让、授权 / 许可），专利保险与专利融资，专利年金支付，知识产权法律服务等，客户涵盖专利全生命周期的几乎所有群体，包括：全球范围内的专利权所有人、专利购买方、服务供应商、经纪人 / 经纪商、融资方 / 投资者、专利局、企业（目前主要是中小企业）、律师事务所、保险公司、年金管理公司、大学、科研机构、创新创业者等。IPwe 的目标正是以技术手段和平台运营为支撑，提供一个涵盖知识产权运营全流程、各环节和专利全生命周期的综合性解决方案，构建包括专利交易各方及利益相关者在内的全球专利生态系统，以此把外部风险内部化，并尽可能识别、承担和规避专利交易、运营中的风险与不确定性，有效解决交易成本过高和逆向选择、道德风险等问题。IPwe 宣称，自己的智能合约工具采取交易完成后按比例收费的方式，能够提供全球最低的专利交易中介费用。

团队特色：深耕专利商业化的专业团队和顶尖的技术人才。IPwe 的核心团队比较“硬核”，且国际化程度高，都是业内公认的专利商业化和货币化、人工智能及区块链等领域的专业人士，在各自领域平均拥有 20 多年综合经验，公司的客户网络、投融资资源和专利经纪人、法律服务合作伙伴遍布全球。创始人兼 CEO 艾瑞克·斯潘根伯格是一位在知识产权运营领域深耕多年且具有相当影响力的资深人士，在创建 IPwe 之前还曾创立了一家较早从事专利咨询和专利许可的企业“IP Navigation Group”。总经理帕斯卡尔·阿塞洛也是一位长期从事专利许可和专利融资方面的专业人士；首席技术官（CTO）丹·博克是数据科学家和区块链专家，也是 IPwe 专利分析工具的架构师；首席科学家乔治·卡里皮斯是大数据、人工智能方面的专家；商业发展、国际事务等团队成员也都是在各自领域具有丰富经验的专业人士。专业化的团队和优秀的技术人才是 IPwe 得以崭露头角的核心竞争力，也是决定企业能否继续快速成长的关键因素。

（三）服务型组织知识产权运营业务模式

品牌和声誉至关重要。作为服务型组织，虽然各自的发展阶段、业务内容、运营模式都有着很大的不同，但都结合自身优势努力打造和维护其品牌及声誉，并借此来推动组织业务的持续发展，在此过程中形成了自身的特色和核心优势，包括国际性网络、会员资源、核心服务对象的认可、特定区域市场和政府资源等。

价值评估是关键环节。无论是帮助申请知识产权还是进行知识产权转让、许可，选择好的技术、科学评估知识产权价值是服务型机构开展知识产权运营的重要工作和关键环节。这类组织普遍采用科学的方法和工具对知识产权的质量和价值进行科学评估与分析。

利益共享是核心理念。服务型组织要面对众多的利益相关方，包括知识产权权利人、商业伙伴、股东、专利实施方等，坚持利益共享才能使发明人或企业把专利委托给自己，才能找到合适的有能力的实施者，将知识产权价值最大化，并给交易双方均带来利益，进而实现组织的长期可持续发展。

六、综合型组织的知识产权运营

综合型组织是指至少具有生产型组织、研发型组织、集中型组织和服务型组织中的两种特征的组织。综合型组织在利用知识产权将自身做强做大的同时，还积极利用知识产权许可进行营利。综合型组织一般具有强大的知识产权组合，对产品的研发、生产和销售环节都有涉足，在对外许可知识产权方面也有强劲实力。综合型组织的代表包括IBM、微软、高通、谷歌、华为，其中IBM的业务包括技术服务、产品制造、专利许可等，微软、华为与IBM的模式类似，高通是“无晶圆厂”模式的典型代表而且通过专利许可获得巨额收益，谷歌公司从最早的搜索引擎开始不断涉足产品和技术等新的业务领域。

综合型组织一般具有开放创新的经营理念，在知识产权判断标准方面有比较深入的认知，熟知哪些知识产权可以对外许可和哪些知识产权不能对外许可。一些知识产权运营业务比较成熟的综合型组织甚至将知识产权许可作为组织内部的一项独立业务，而且是企业营利的一个主要方面。

（一）综合型组织对知识产权运营的需求

综合型组织涉及业务面比较广，而且组织运营中的各项业务都需要得到知识产权运营的有效支撑。首先，在产品生产方面，知识产权是保护产品的重要工具，借助知识产权运营企业可以获得市场进入权并掌握市场主动权，通过以专利技术作为谈判筹码企业可以进行专利交叉许可，从而进一步提升产品质量，通过利用专利技术来营造商业生态环境，企业可以巩固自身产品在产业链中的地位以获取更多利润。其次，在技术研发方面，通过选取恰当的时间和地域申请专利可以对研发成果进行有效保护，同时也为知识产权运营奠定基础，权利化的技术方案相对于普通的研发成果为权利人提供了较大的运作空间，同时也提供了获取更多利益的可能性。最后，在知识产权运营方面，由于强势的综合型组织往往掌握大量相应技术领域的基础专利，而这些基础专利是这些技术领域所在的行业发展所难以绕过的，所以掌握专利技术的组织就获得了进行知识产权运营的自然优势，最为常见的运营方式就是将专利许可给有需求的企业并获取许可费率，同时还可以通过交叉许可引入外部技术，在必要的情况下还可以利用专利侵权诉讼阻断竞争对手进入特定市场。

（二）综合型组织知识产权运营案例：IBM

IBM 1911 年由托马斯•沃森创立于美国，总公司在纽约州阿蒙克市，是全球最大的信息技术和业务解决方案公司。IBM 在全球的员工超过 40 万人，开发人员超过 25 万人，在 170 多个国家和地区开展业务。拥有的知识产权资产包括：世界范围内超过 50 000 件专利，世界范围内超过 8000 件商标，庞大的软件和硬件技术资产。

IBM 通过知识产权把各种各样的创新成果用在产品中，用在业务解决方案中，用在服务中，以此来创造 IBM 每年将近 1000 亿美元的营业收入。IBM 凭借其强大的知识产权组合以及与主要的竞争对手之间签订的知识产权许可协议和交叉许可协议来保障生产、销售、运营的行动自由。

实际上，在2004年和2005年，IBM董事会曾经质疑过IBM是不是需要投入这么多的时间、精力和人力保持在专利方面的领先地位。当时IBM聘请了第三方专业人员进行评估，最后发现这样一个强大的专利组合实际上每年给IBM在防范知识产权风险方面所带来的数额是将近30亿美元。

IBM在产品设计阶段就委托知识产权管理部门进行专利调查；在产品研制的各个阶段，专利经理与研究人员都要开会讨论，分析技术进步情况和相应的专利保护事宜，知识产权管理部门依据该产品的预定生产国、预定上市国以及技术内容进行专利调查；在新产品发布前进行商标专利调查；知识产权管理部门汇总各调查结果，确定没有问题时，才同意发布新产品。如调查结果发现有专利上的问题时，则会就先前技术、有效性、回避的策略、对应专利等信息进行分析并给出结论，再决定是否发布新产品。

1. *发展历程*

在不同的时期，在不同的经济状况下，在不同的业务转型阶段，IBM的知识产权运营战略是与时俱进的。

（1）强调独占阶段。20世纪70年代，IBM是全球最大的电脑生产厂，那时的产品独占性非常重要。IBM对于知识产权关注重点是私有权利和独占性的产品。IBM研发新的产品，比如个人电脑还有数据库，其私有的权利以私有的方式来使用知识产权，对IBM推出自己的产品是非常重要的。

（2）通过交叉许可获取行动自由阶段。后来IBM在美国经历了一些法律的诉讼，20世纪80年代时对于知识产权的关注开始发生变化。IBM在数据库、服务器等领域不断创新获得专利，利用专利组合来获得行动自由，包括通过交叉许可方式。

（3）重视知识产权收益和产品的差异化阶段。随着知识产权组合的不断扩大，IBM认识到可以超出行动自由的目标，重视产品的差异化特点，进入一些空白的领域，也就是IBM竞争者还没有进入的那些领域，在这些领域生产出差异化的产品。1993年开始IBM获得的美国专利比所有的公司都多，到2020年连续28年蝉联了美国专利申请冠军的地位，通过专利许可等方式实现知识产权获益。空白领域使IBM整个公司意识到未来发展的方向，通过寻找空白领域并进一步推进研究，才能推动产品不断进步和创新，成为促进客户需求的头号创新者。

（4）实现专利战略价值阶段。当前，IBM 仍然非常强调专利创新，但是 IBM 关注的重点已经转移到在专利方面的领先地位，以及在空白领域的发展如何纳入 IBM 整体的战略目标，专利如何能够符合 IBM 的价值定位，就是 IBM 向客户、向技术受让人所展示的价值定位，以及展示 IBM 如何能够找到这样合适的价值定位。

2. 研发

IBM 在全球共设有 12 个研究中心和 25 个开发中心，拥有超过 25 万名技术人员，每年在研发上投入 60 亿美元。

IBM 研究院是 IBM 的重要研发部门，主要研究活动包括创新材料与结构的发明、高效能微处理器及电脑、分析方法与工具、算法、软件架构、管理方法、从资料中进行搜寻并探知意向。IBM 研究院在全球拥有 8 个实验室，其中有 3 处在美国本土，分别是托马斯 • J • 沃森研究中心、爱曼登研究中心和奥斯汀研究实验室，位于得克萨斯州奥斯汀。美国本土之外的 5 处分别在瑞士的苏黎世、以色列的海法、日本的东京、印度的德里和中国的北京。

IBM 重视对研发人员的激励，仿效大学院所建设具有学术特征的科研激励制度。该公司对研发人员设立了包括 IBM 院士和 IBM 技术研究院会员的研发职业发展路径。公司内最享有盛誉的 IBM 院士可以向公司申请预算，组建研发小组，在一定时期内从事不受限制的自由研发。就创新奖励而言，IBM 设置了"杰出技术成就奖"和"高原发明成就奖"等多个奖项，鼓励创新。良好的科研氛围、先进的科研资源和有效的科研激励制度也使很多学者几乎将职业生涯均奉献给 IBM。

近年来，IBM 非常重视合作研发。2014 年 10 月 30 日，IBM 与 Twitter 宣布将建立影响深远的合作关系，以此对来自于 Twitter 的数据进行分析，并将这些数据整合到 IBM 的企业解决方案（包括 Watson 云平台）之中，从而更好地解决企业问题。2014 年 7 月，IBM 和苹果宣布合作，双方将依据各自的市场领先优势，创造一种新类别的商务应用，把 IBM 的大数据和分析能力带给 iPhone 和 iPad 平板电脑。IBM 将为苹果 iOS 操作系统开发 100 多款面向企业客户的应用软件，供苹果智能手机和平板电脑用户使用。双方还将在企业服务的其他方面进行广泛合作。

在包括合作研发在内的研发中，IBM 投入大量资源。2014 年 7 月，IBM 宣布，将在未来 5 年内对芯片技术投资 30 亿美元用于研发，尝试实现革命性突破，复苏正在滑坡中的硬件业务。IBM 计划研究提升芯片的性能，缩小芯片的尺寸，使芯片的效率更高。IBM 将研究新的芯片材料，如纳米碳管。相对于硅材料，纳米碳管更稳定，绝热性同样很好，并能提供更快的连接。这笔投资相当于 IBM 2013 年总研发费用的一半。如果能开发出速度更快的芯片，那么将实现更快的计算能力，推动人工智能和更强大的认知计算的发展。IBM 表示，希望这笔投资推动技术发展，使计算机系统实现类似人脑的效率、尺寸和能耗。2015 年，IBM 推出了 7 纳米实验室测试芯片；2017 年，IBM 联合三星与 Global Foundries 推出了一款 5 纳米芯片；2021 年，IBM 宣布在芯片制程工艺上取得重大突破，声称已打造出全球首个 2 纳米芯片制造技术，为半导体研发再创新的里程碑。

3. 知识产权管理体制机制

IBM 将专利分为不同的技术领域，每一个领域由一名专利经理负责。专利经理经常与研究人员共同讨论项目进展情况；在产品研制的各个阶段，专利经理都会与研究人员开会讨论，分析技术进步情况和相应的知识产权保护事宜；如需进行专利申请，发明人只要简单地以书面或口头方式向专利经理说明其发明即可。对于有关产品知识产权的调查以及制造产品的有关技术，技术人员只要对专利经理说明技术特征，专利经理会从专业的角度来调查及判断有无侵害他人知识产权之可能。IBM 公司深知专利的重要意义，为激励公司员工进行发明创造，他们对专利申请给予多种奖励（表 10-7）。

表 10-7 发明人奖励和报酬

奖励和报酬类型	目的
首次发明申请奖励和报酬	鼓励递交首次发明申请的发明人
发明申请奖励和报酬	鼓励所有发明人
专利组合重点领域奖励和报酬	重点技术领域相关申请
高价值专利申请奖励和报酬	申请国家分布的广度
专利授权奖励和报酬	鼓励在专利申请授权过程中提供协助
积分奖励和报酬	鼓励持续地参与专利领域的创新

续表

奖励和报酬类型	目的
总部奖励和报酬	被实际利用的具有极高价值的专利
发明大师称号	认可资深发明人在一个领域的专家地位及其对教导新发明人做出的贡献

IBM专利许可的发展趋势表现为从“单向专利许可＋交叉许可”到“单向专利许可＋交叉许可＋开放许可”再逐渐向标准化技术许可发展。2004年以前，IBM的技术许可交易采用单向技术许可（独占实施许可、排他实施许可、普通实施许可、分实施许可等）和交叉许可相结合的策略。最典型的例子是1999年，IBM与戴尔公司达成了价值160亿美元的交叉许可协议，从而减少了双方的研发和技术购买成本，加快了产品的创新进程，大大增强了两大企业的竞争力。此外，IBM公司采用出售计算机专利许可证来实现运营计划和销售战略，2000年度总利润的81亿美元中，专利转让占了17亿美元，IBM在2002年签订的OEM技术转让合同达385亿美元，通过出售专利和知识产权，每年获得25亿美元收入。

2000年12月，联想集团和IBM达成协议，以17.5亿美元价格收购IBM的PC业务，IBM则完成转型，摘掉了“全球电脑巨人”的桂冠，进军服务业。这是一个转折点，IBM公司运营策略由“软件＋硬件”过渡到“软件＋硬件＋服务”，专利许可策略也发生了变化，从传统的“单向技术许可＋交叉许可”过渡到“单向技术许可＋交叉许可＋开放许可”策略。随后的2005年1月，IBM开放了自己的500项专利。允许同行（包括个人和单位）在开放源代码项目中无偿使用。此处的无偿使用包括可以使用、更新或改动这些开放的源代码，甚至可以在它们的基础上创造全新的东西。这些专利主要是软件专利，涉及多种类型，包括存储管理、并行处理、成像处理、数据库管理、电子商务、互联网通信等多个领域。

2005年4月，IBM向高级结构化信息标准组织（Organization for the Advancement of Structured Information Standards）提出专利费免除计划。同月，IBM还宣布，未来向万维网上最大的电子商务标准组织OASIS捐赠所有专利，也将对其他厂商免费开放。2005 年 10 月，IBM 再次行动，其医疗和教育事业部宣布推出开放软件标准来改进互操作性和信息访问的计划。根据该计划，为开发和实现以 Web 服务、电子表格和文档格式为中心的医疗和教育开放软件标准，其中涉及的数千项相关专利都将获得专利费免除。2005 年 11 月，IBM 联合 Sony、Philips 及 Linux 软件经销商 Novell 和 Red Hat，组建了一家名为“开放开发工作站”（Open Invention Network）的企业，其唯一目的是收购 Linux 专利，并免费提供给所有 Linux 开发者，条件是他们对自己专利权的主张不得用于反对 Linux OS 或者 Linux 的应用，从而实现推动这一开源操作系统继续发展。

2008 年 1 月 14 日，IBM 宣布建立一个生态专利共同体（Eco—Patent Commons），目的是将对环境有益的发明放进这个公共领域的专利池，索尼、诺基亚、Pitney Bowes 等公司参与其中。已有专利包括：IBM 捐赠的用于减少元件易挥发性的外包装材料的循环利用的制造工艺；诺基亚捐赠的旧手机改制为遥控器、计算器等的循环利用工艺；以及提纯工业废水等。共同体还将建设专门网址，由世界可持续发展商业协会（World Business Council for Sustainable Development，WBCSD）管理。WBCSD 是位于日内瓦的有 200 多家世界最大公司参加的国际组织，宣称任何公司只要贡献一件有益于环保的专利即可参加该共同体。该共同体的参与方承诺不利用这些专利反对其他人使用。该项目的共同发起方 IBM 原有一个大绿色发明（Big Green Innovations）规划，希望鼓励对生物、环境保护方面的发明投资，促进其被商业性使用。IBM 的首席专利律师戴夫·卡波斯说：创立共享专利的动机是因为跨行业许可专利很难实施，在 IT 业，交叉许可协议被普遍使用，但化工、能源等其他领域，往往是各公司将专利储存起来。IBM 和 WBCSD 希望借此鼓励相关方面的发明共享，如节约能源、防止污染、精益材料、再循环、更有效地利用水等。

2014 年 4 月 28 日，IBM 发布了第一个面向大数据设计的系统平台 POWER8，并公布了 POWER8 处理器的详细技术规格，将 POWER 硬件、软件用于开源开发。POWER8 是 IBM 第一个面向大数据设计的系统，已经研发了数十年并构建了强大的生态系统。此时，IBM 向业内开放并公布了 POWER8 处理器的详细技术规格，同时向其他厂商开放 POWER 知识产权许可，可以扩展基于 POWER 平台的生态系统，使客户和整个产业受益。

从 IBM 于 2005 年年初向开放源代码社区开放 500 项专利到 IBM 对医疗和教育行业开放若干专利再到 IBM 建立生物专利共同体，其目的是一脉相承的，即在专利共享计划的基础上，逐步推进 IBM 标准化的进程。IBM 副总裁詹姆斯•斯特林（James Stallings）在 2005 年的一次访问中提到："开放专利这一行动旨在鼓励其他公司公开专利文件以促进科技革新，软件开发商可以使用、更新或改动这些开放的源代码。我甚至非常希望他们能在此基础上创造出全新的东西来。" IBM 技术标准部门的副主管罗伯特•萨托尔博士在 2005 年 4 月的一次访谈中进一步发表了如下言论："如果有人希望利用这 500 项专利中的某项来生产商业产品，他们知道该怎么办。他们可以像以前一样来与我们磋商。" 由此可以看出，IBM 采取一系列开放专利行动，在一定程度上是为了在开放技术的所涉技术领域内推行其技术标准、扩大其技术使用范围。当这些技术在更广泛的范围中被研究、使用时，必然会使自身技术的优势与特点得到更广泛的了解，还可使技术在开放的过程中日臻完善。这样自然会引致更多的同行或者其他人想利用这些开放的技术谋取商业利益。但此时，这些人仍然必须得到 IBM 的专利许可。

因此，IBM 的专利开放策略本质上是 IBM 技术许可战略的一种新的使用方式——开放许可，通过这种方式，推动与自己已有的基础技术密切联系的技术创新，并推广了自己的技术标准的应用范围，同时吸引了更多人进行相关方面的专利研究和技术创新，使自己的技术创新能得到更好的认可、接受与完善，最终使 IBM 的技术成为国际标准，实施标准化的技术许可，并从根本上推动自己技术创新的发展。

4. 主要特点

IBM 实行中央集中管理制，由总公司集中管理知识产权的产权归属问题。总公司及其子公司开发部门的员工所完成的发明、著作及其他形式的知识产权均归属于总公司所有，再由总公司负责处理有关授权事项。IBM 在各员工和公司之间要签署一份"有关信息、发明及著作物的同意书"，规定只要员工是从 IBM 内部取得若干机密信息或是从以前员工完成的发明、著作等创作物中撷取若干信息来完成 IBM 的有关研究开发项目的成果，以及其因执行职务或为公司业务而产生的成果，都应该将这些成果的知识产权转移给公司。

IBM各子公司都要和总公司签署一份“综合技术协助契约”，依此，总公司替各子公司支出研究开发的费用，子公司的研究开发工作如有成果，其知识产权必须转移给总公司所有。这样，总公司不仅拥有其员工转移来的知识产权，也有从全球各子公司转移来的知识产权，从数量上而言，这是一个可观的数字。当总公司与全球的其他企业缔结专利或与其他公司签署知识产权授权契约时，总公司也可通过再授权的方式，将相关技术提供给子公司。当子公司制造、销售产品，侵害到第三人之知识产权并遭遇诉讼时，总公司也出资协助子公司进行抗辩。

IBM的知识产权部门设置实际上是既集中又分散的组织机构形式。在纽约的总部负责IBM总体的知识产权战略的制定，在制定战略的过程中听取来自于各个业务部门、来自于各个国家和地区的知识产权部门所反映的各方面的情况，集中整合之后制定知识产权战略，下达到各个国家的知识产权部门进行执行。分散就是在不同的业务部门和不同的国家地区都设有知识产权部门，让这些知识产权专业人员能够更好地靠近业务部门和发明人，及时挖掘保护这些知识产权的成果，给这些业务部门提供有效的知识产权方面的咨询服务和商业方面的法律咨询。

IBM的知识产权部门也是垂直性管理的架构，所有战略的部署都是从总部直接下达，所有的经费也是由总部直接下达。IBM将知识产权战略与运营发展战略、研究开发战略紧密结合，在制定知识产权战略的过程中不断领会和分解公司的运营发展战略和研究开发战略。同时，通过知识产权战略推动公司的运营发展和技术研发活动。2009年IBM将“智慧地球”作为未来战略方向，每年的研发投资达60亿美元，其中一半都用在“智慧地球”项目上。IBM从硬件到“软件+硬件”到“软件+硬件+服务”，再到现在超出IT行业的“智慧地球”；专利许可策略从“单向技术许可+交叉许可”到“单向技术许可+交叉许可+开放许可”再逐渐向标准化技术许可发展；知识产权战略从“获得知识产权收入和差异化产品”到“成为促进客户需求的头号创新者”再到“优化战略价值”。

IBM通过知识产权保障和推动保持其全球领先的研究和开发，将知识产权作为企业的重要资产进行管理，从发明的整个生命周期理解它的现实意义和对公司的价值所在，从公司的商业和技术的各个方面来了解公司的需求和用途，来配置公司有的放矢的知识产权组合。通过公司上上下下各个业务部门之间的整合决策，最后决定知识产权的组合如何能够行之有效地帮助商业成功。知识产权的战略在制定的过程中一定要与时俱进、不断变化，随着国际经济形势的变化，随着国家经济和法律的变化，随着竞争对手形势的变化，以及公司本身商业策略和技术策略的变化，不断调整知识产权战略，来帮助公司最后获得商业上的成功。

（三）综合型组织的知识产权运营业务模式

巨额研发投入和大量知识产权产出。综合型组织一般都具有业务范围宽、产品类型多、组织规模大、市场布局广等特征，要想维持长期的可持续发展，必须不断创新，在研发经费和研发人员方面进行大量投入，并且要进行前瞻性布局。在产出上，要通过合理的知识产权布局护航企业经营发展，随着产品的技术复杂度、集成度水平的提升，单个企业越来越难以完全掌握一项产品涉及的全部技术，而通过提升自身知识产权水平并与竞争对手进行交叉许可是企业发展的重要路径。

知识产权许可成为重要业务。以专利许可为代表的知识产权许可已成为综合型组织的一项庞大业务，一方面通过直接授权获取大量许可收益，IBM的专利每年为其带来约10亿美元的许可收入。另一方面，这类组织还通过专利把创新成果用于产品和服务，凭借其强大的专利组合以及与主要竞争对手之间都签有专利许可协议来保障公司生产、销售、运营的行动自由。

知识产权和标准相结合。以专利技术为支撑的技术标准许可能够为标准的拥有者带来巨大的经济效益，综合型组织普遍谋求在专利技术成为标准后，通过控制标准、引导标准的发展方向，达到最终控制市场的目的。

三位一体的经营战略。综合型组织把知识产权和组织其他运营资源、要素、形式结合起来，通过合适的战略设计和制度安排，实现经营发展战略、研究开发战略和专利战略的三位一体。这类组织在制定知识产权战略过程中不断领会和分解公司的经营发展战略和研究开发战略，同时，通过知识产权战略来保障和促进其全球领先的研究和开发，进而推动公司的经营发展。

延伸阅读 10

中国科学院的知识产权运营[1]

当前我国知识产权工作已经被提升到一个全新的历史高度。习近平总书记在主持中共中央政治局第二十五次集体学习时发表讲话，他指出“创新是引领发展的第一动力，保护知识产权就是保护创新”。中国科学院肩负国家战略科技力量职责使命，一贯重视知识产权工作，在知识产权运营方面积极行动，取得了良好成绩。本节从主要成效、主要做法、主要特征和主要启示四个方面总结中国科学院的知识产权运营要点。

（一）主要成效

中国科学院知识产权保护与运用的成效主要体现在知识产权申请注册、转化运用等方面。在申请注册方面，2019 年，中国科学院共计申请专利 19 300 件，获得专利授权 10 853 件，并且主要为发明专利；申请国际专利 1286 件，其中 1237 件为 PCT 专利。截至 2019 年年底，中国科学院共有有效专利 62 206 件，其中发明专利 52 291 件，实用新型专利 7977 件，外观设计专利 321 件，国际专利 1617 件。从具体研究单位来看，100 余家院属单位中有 52 家的专利申请量超过 100 件，专利申请数量较多的有大连化学物理研究所、深圳先进技术研究院、长春光学精密机械与物理研究所等。

中国科学院的知识产权转化运用是国家战略科技力量面向国民经济主战场开展工作的重要体现。根据中国科技评估与成果管理研究会等的调查，在被调查的 1957 家科研院所中，以转让、许可、作价入股方式转化的成果合同额前 100 名中有 46 家为中国科学院所属机构，前 50 名中有 30 家为中国科学院所属机构。2019 年中国科学院通过转让、许可、作价入股三种方式共计实现合同金额 50.96 亿元，其中转让 18.32 亿元、许可 13.29 亿元、作价入股 19.35 亿元，

[1] 张亚峰，肖冰，刘海波．加强国家战略科技力量的知识产权保护与运用——中国科学院的案例研究 [J]. 中国科学院院刊，2021，36（4）：475-483.

三种方式转化的知识产权数量分别为736件、334件和576件。知识产权转化收入较高的院属单位主要有深圳先进技术研究院、上海药物研究所、半导体研究所等。

（二）主要做法

1. 夯实制度基础

内部的成文制度规范是推动知识产权的重要手段。本部分以我国专利制度的正式实施为起点，根据标志时间节点将中国科学院的知识产权保护和运用划分为四个阶段。中国科学院知识产权相关文件见表10-8。

表10-8 中国科学院知识产权相关文件

序号	文件名称	发布时间	主要内容
1	中国科学院专利工作暂行管理办法	1986	总则；专利管理工作；专利服务工作；专利代理人；专利费用；专利许可证贸易；专利纠纷调处（共七章、四十条）
2	中国科学院保护知识产权的规定	1993	涉及知识产权的内容、申请、转让、奖励等（共二十七条）
3	关于进一步加强我院知识产权工作的指导意见	2007	指导思想；发展目标；激励机制；知识产权管理和支撑服务体系；知识产权战略研究与规划；知识产权培训
4	中国科学院研究机构知识产权管理暂行办法	2008	总则；知识产权应用；知识产权创造与归属；知识产权保护；知识产权管理；附则（共六章、三十八条）
5	中国科学院“十二五”知识产权工作推进计划	2012	总体目标；工作重点；主要举措
6	中国科学院促进知识产权转化运用奖励办法（试行）	2014	主要对知识产权转化运用的奖励进行规范（共十条）
7	中国科学院院属单位知识产权管理办法	2020	总则；知识产权创造；知识产权运用；知识产权保护；知识产权管理；附则（共六章、三十五条）

第一阶段（1985—1992 年）。中国科学院的知识产权工作伴随着中国知识产权制度的建立而开展。1984 年我国颁布《专利法》并于 1985 年正式实施，1986 年中国科学院制定《中国科学院专利工作暂行管理办法》，指出中国科学院的专利工作包括专利管理和专利服务两个方面，明确了这两方面工作的责任机构和职责内容，规定了专利代理人、专利费用、专利许可证贸易、专利纠纷调处等内容。

这一阶段还伴随着我国科技体制的改革和中国科学院办院方针的调整，1985 年《中共中央关于科学技术体制改革的决定》的出台揭开了全面科技体制改革的序幕，中国科学院将办院方针调整为“全院的主要科技力量投入国民经济建设的主战场，同时保持一支精干力量从事基础研究和高技术跟踪”，中国科学院的知识产权工作正是在这样的背景下展开的。

第二阶段（1993—2006 年）。中国科学院在该阶段的知识产权工作重点突出保护，1993 年发布《中国科学院保护知识产权的规定》。该文件对职务成果的条件、知识产权的内容等有关知识产权保护的一些细节进行了规范。这个阶段的一个重要历史背景是，1998 年中国科学院开始实施“知识创新工程”。“知识创新工程”是中国科学院科技创新跨越发展的先行开拓，而知识产权保护工作为其提供了重要支撑。

第三阶段（2007—2013 年）。中国科学院在该阶段的知识产权工作进一步强调保护，同时突出运用，并不断完善管理体系。2007 年，中国科学院发布《关于进一步加强我院知识产权工作的指导意见》，确立了中国科学院知识产权工作的指导思想是“鼓励创造，重视保护，加强转化，创新管理”，提出了优化和完善知识产权创造和运用的激励机制的 5 个方面和建立知识产权管理支撑服务体系的 5 项举措，对中国科学院的知识产权保护和运用产生了重要影响。2008 年，中国科学院发布《中国科学院研究机构知识产权管理暂行办法》，对知识产权创造、运用、保护和管理等关键内容进行了详尽的规定。2012 年，中国科学院发布《中国科学院“十二五”知识产权工作推进计划》，是中国科学院的第一份系统的知识产权战略规划，确立了中国科学院在“十二五”期间知识产权工作的总体目标、工作重点和主要举措，涉及知识产权工作体系、知识产权人才、知识产权支撑服务体系、知识产权转移转化体系等内容。

第四阶段（2014 年至今）。知识产权保护和运用服务于中国科学院在新历史时期的战略定位。2014 年，中国科学院制定《“率先行动”计划暨全面深化改革纲要》，并于 2015 年对外发布新时期的办院方针“三个面向、四个率先”，“率先行动”成为中国科学院新时期改革、创新、发展的行动纲领，也是中国科学院在新时期创造知识产权、运用知识产权和管理知识产权的行动纲领。2014 年，中国科学院还发布《中国科学院促进知识产权转化运用奖励办法（试行）》，对于提高专利的质量、提升知识产权运用效益、提高发明人创新积极性发挥重要作用。2020 年中国科学院发布《中国科学院院属单位知识产权管理办法》，结合中国科学院的实际情况，对知识产权的创造、运用、保护、管理进行了新的规范。该阶段我国的经济、科技、法律都发生了重要变化，经济发展进入了“新常态”，社会主要矛盾发生了转变，科技体制改革不断深入，研发投入力度不断加大，科技进步不断加速，《促进科技成果转化法》和《专利法》都得到修正，在国家层面为中国科学院的知识产权保护和运用提出了要求，也创造了环境。

2. 健全工作体系

中国科学院早期的知识产权工作由计划局负责，1985 年就在计划局设立了专利管理处负责全院专利管理工作，并先后成立了 15 个专利事务所，大多数研究所设有专职专利管理人员。1999 年，专利事务所转制为具有法人资格的专利代理机构。2008 年，成立中国科学院知识产权管理委员会，履行对全院知识产权工作的宏观领导职能；并在委员会下设立中国科学院知识产权办公室，作为日常办事机构挂靠在计划财务局。至 2023 年，中国科学院的知识产权管理工作主要由科技促进发展局下设的知识产权管理处负责。

各个院属单位内部的知识产权保护和运用实践也是中国科学院知识产权管理的重要组成部分。截至 2019 年，有 60 家院属单位已经设立知识产权管理机构，有 101 家院属单位制定了知识产权管理办法。

中国科学院通过成立专业化机构促进知识产权运用。2009 年，中国科学院国有资产经营有限责任公司投资成立深圳中国科学院知识产权投资有限公司，旨在通过知识产权投资运营盘活存量知识产权，推动科技成果转移转化，通过知识产权全流程服务支持中国科学院所属机构形成高价值知识产权。2016 年，中国科学院知识产权运营管理中心揭牌，旨在加强对院属单位知识产权的集中管理和运营。

3. 培养专门人才

中国科学院针对不同的对象建立知识产权专业培训体系。2008 年《中国科学院研究机构知识产权管理暂行办法》专门提出“建立知识产权培训工作体系”，2009 年成立中国科学院知识产权研究与培训中心，主要开展“两个层次，三种形式”的培训，两个层次分别面向科研和管理人员、所局级领导干部，三种形式包括集中普及型培训、集中提高型培训和普及针对型培训。

中国科学院还创新性地建立了“知识产权专员”制度，是保障中国科学院院所两级知识产权管理、健全研究所知识产权管理机制的关键支撑。“知识产权专员”主要在项目在立项论证、中期评估、验收结题等环节发挥作用。2007 年《进一步加强我院知识产权工作的指导意见》提出通过试点先行逐步建立“知识产权专员”制度，2008 年首次开展“知识产权专员”培训和执业资格考试，2009 年专门出台《中国科学院知识产权专员执业资格考试管理办法》。截至 2019 年，全院共培养了 475 名院级“知识产权专员”。除院级知识产权专员外，中国科学院还有所级知识产权专员（2019 年数量为 1488 名）。

4. 规范管理流程

中国科学院不断推进全过程的知识产权管理，并在知识产权管理标准化方面做出有益探索。2008年《中国科学院研究机构知识产权管理暂行办法》提出“研究机构应实行科研项目知识产权全过程管理，必要时为科研项目配备知识产权专员，负责科研项目立项、执行、验收和后评估等环节的知识产权跟踪、策划工作”，2012年《中国科学院“十二五”知识产权工作推进计划》提出“规范知识产权工作规程，将知识产权管理融入单位科研、管理和转化工作的全过程”。在中国科学院的各类知识产权培训过程中，也有意识地渗透知识产权全过程管理的思路。全过程的知识产权管理涉及科研项目的各个阶段，有利于促进高质量知识产权产出和高效益知识产权运用。

中国科学院是我国科研机构知识产权管理标准化的重要推动者和实践者。作为《科研组织知识产权管理规范》的起草单位之一，中国科学院积极推动院属单位参与贯标。截至2020年年底，有33家院属单位通过了知识产权管理体系的认证。《科研组织知识产权管理规范》是我国知识产权领域的推荐性国家标准，标准的实施有利于为科研机构在知识产权管理实践中提供对标，引导科研机构建立规范的知识产权管理体系。

5. 融合转移转化

（1）把知识产权与科技成果转化工作紧密结合。“加强转化”是中国科学院知识产权工作的指导思想，知识产权的转化运用在中国科学院的知识产权制度规范中也占据重要地位。中国科学院从建院初期就注重“院地合作”，积极服务地方发展，而知识产权成果转化是与地方合作的一个重要抓手。新时期，作为实施“率先行动”计划的组成部分，中国科学院启动了科技服务网络计划（STS计划），而知识产权运营与管理是STS计划的重要内涵之一，STS计划实际上也对知识产权工作提出了新的更高要求。2016年，中国科学院印发《中国科学院促进科技成果转移转化专项行动实施方案》，专门提出“建立以知识产权为核心的科技成果管理体系”，并设立“中国科学院成果转化与知识产权运营基金”；同年，中国科学院与科学技术部共同印发《中国科学院关于新时期加快促进科技成果转移转化指导意见》，明确了在科技成果转化过程中的简政放权，其中也突出了知识产权的角色作用。知识产权制度的核心是对智力成果的保护，但是根源还是促进成果的应用，因此把知识产权与成果转化工作结合有利于更好地发挥知识产权制度和知识产权自身作用。

（2）完善知识产权激励奖励制度。《关于进一步加强我院知识产权工作的指导意见》从多个方面提出了优化和完善知识产权创造和运用的激励机制，包括改革知识产权创造的激励办法、落实知识产权收益分配政策、优化研究所评估评价体系等，旨在更好地调动各方积极性，创造更多的知识产权，加快知识产权转移转化。

（3）完善知识产权信息管理体系。中国科学院利用院 ARP 系统，建立覆盖全院的知识产权管理信息系统。依托国家科学图书馆，建立中国科学院知识产权网（www.casip.ac.cn），提供知识产权数据检索和分析、国内外知识产权动态信息等。还建立“中国科学院科技产业网”（www.castt.ac.cn），进行专利推荐和供需对接，促进知识产权转化运用。

（三）主要特征

1. 紧跟时代要求

中国科学院是国家的战略科技力量和国家创新力的重要源泉，因此其定位必须考虑到服务公共利益和社会经济的发展。基于这样的前提，中国科学院的自身定位、办院方针、机构设置、研究重点都具有浓厚的时代背景。相应的，中国科学院的知识产权工作也紧紧围绕时代发展的需求和自身的机构定位开展，“紧密联系并全力服务于中国科学院的战略环境、战略方针和战略目标”。当前，在我国积极推动创新驱动发展、努力实现高质量发展的背景下，知识产权保护和知识产权转化运用是中国科学院知识产权工作的重点任务。

对于中国科学院而言，大多数院属科研单位的研究领域都不是完全的基础研究，即都有应用型研究的内容，体现出比较明显的“巴斯德象限”特征。这也意味着中国科学院的科研产出具有通过商业化渠道进入市场的潜力，甚至一些科研项目在立项之初就以商业化为导向。在这样的情况下，知识产权产出成为从研发投入到经济社会效益链条中的一个环节。必须把对知识产权产出的保护和运用与科技成果转化工作紧密结合到一起，才能更好地实现机构目标。中国科学院开展的“院地合作”工作、STS计划和“促进科技成果转移转化专项行动”都是在这方面作出的探索与尝试。

2. 院所协同发力

院所两级通过协同过程实现知识产权保护与运用。院级层面负责制定院知识产权战略规划与工作计划，负责知识产权工作的指导、协调、组织和管理。院属单位负责本单位的知识产权策划和管理，要建立健全内部知识产权保护制度（包括技术秘密制度）和工作体系，（除特殊情况外）享有承担国家、中国科学院项目获得的知识产权，推动本单位知识产权的运用和转化实施，并向中国科学院提交年度报告。为防止“知识产权沉睡”，促进知识产权运用，2020年《中国科学院院属单位知识产权管理办法》专门规定“院属单位获得授权3年以上无正当理由未转化实施的专利由院主管部门指定相关机构开展评估与运营”，形成院所两级之间的互动。

3. “制度—机构—人才”

中国科学院通过制度规范、机构建设、人才培养打造了多方融合的知识产权工作体系。制度规范是知识产权保护和运用的成文依据，为院所两级机构如何开展知识产权工作提供了指引。机构建设是知识产权保护和运用的责任主体，专业化的知识产权管理机构保障了知识产权保护和运用工作的精准化开展。人才培养有助于实现知识产权保护和运用工作过程中人的主动性，提高了支撑人员的业务能力、科研人员的知识产权意识和领导干部的知识产权战略决策意识。中国科学院通过打造“制度—机构—人才”融合的知识产权体系，进一步把全过程知识产权管理嵌套进该体系中，形成了知识产权保护和运用的闭环。

（四）主要启示

中国科学院作为国家战略科技力量的典型代表，在知识产权工作方面起到了重要的引领和示范作用。尽管中国科学院的知识产权工作在知识产权认识、知识产权管理、知识产权质量和知识产权效益等方面还有待进一步提升，还要进一步将知识产权意识、知识产权保护贯穿在科技创新的全过程，但是不可否认的是中国科学院已经做出了非常有益的探索，并取得了不错的成绩。

（1）知识产权运营要服务于国家战略科技力量的总体战略和制度安排，同时也要进行专门的战略设计和制度安排。国家战略科技力量肩负国家使命，而这样的国家使命贯穿在其研发活动开展和日常运行的过程中，知识产权工作应当符合国家战略科技力量的自身定位。同时，不同的国家战略科技力量有不同的专注领域，而不同领域的知识产权也呈现不同的特征，这就对差异化的知识产权保护和运用策略提出了要求。总体来看，知识产权保护和运用需要从全局出发，既要服从总的机构发展方向，又要有符合知识产权特性的专门战略制度作为引领。

（2）让专业的机构和人员负责专业的工作，通过专项活动实现知识产权运营。2019 年中国科学院的知识产权使用费支出达到 27 293.2 万元。鉴于知识产权工作的复杂性和专业性，应由专门的管理机构和专职人员负责，知识产权工作应当由行政管理转向专业化服务。国家战略科技力量应通过引进高水平专业人才或者通过培训选拔培养内部专业人才，打造知识产权职业团队。建立激励和约束机制，促进知识产权保护和运用工作的开展。

（3）综合运用多种举措、多种模式拓展的知识产权运营途径。拥有知识产权不是最终目的，而是通过知识产权的高效利用来创造和获取价值。国家战略科技力量要综合运用多种举措、多种模式推动知识产权运用。例如，借鉴中国科学院的“院地合作”和STS计划，广泛开展对外合作，促进高质量的知识产权产出和高效益的知识产权运用；建立内部信息管理平台和专门的知识产权平台支撑相关工作的开展；在知识产权转化运用方面，综合运用转让、许可、作价入股等多种模式。

（4）探索建立科学、规范的知识产权管理流程，护航知识产权运营。国家推荐标准《科研组织知识产权管理规范》为包括科研机构在内的国家战略科技力量开展知识产权保护和运用工作提供了对标模板，使知识产权管理活动实现规范化、程序化和科学化。引导国家战略科技力量建立规范的现代化知识产权管理体系，实现知识产权全过程管理，提升知识产权质量和效益。可以借鉴《科研组织知识产权管理规范》，把知识产权工作落到国家战略科技力量的日常经营管理工作中。

（5）国家战略科技力量的知识产权保护和运用工作也要注意一些普遍性问题，包括提高知识产权质量，注重知识产权布局，防控知识产权风险，完善与知识产权相关的评价体系。

第十一章 知识产权运营案例：操作视角

有效的知识产权运营必然要与组织发展战略紧密结合。组织的战略决策通常是经过深思熟虑和科学规划的，这类情形下的知识产权运营通常与组织的长远发展有关。组织的经营发展过程中，有时受到来自市场等外部环境的外部因素的冲击，这种情况下组织的知识产权运营通常与组织的中短期发展有关。上述两种情形主要强调企业类组织的知识产权运营，此外，我们还特别强调了国家创新体系视角下的知识产权运营，主要指大学、公立科研机构等开展的知识产权运营。

一、舍卒保帅：诺基亚向微软出售专利

（一）案例简介

2013 年 9 月 3 日，微软和诺基亚公司联合宣布：微软以 37.9 亿欧元（约合 50 亿美元）收购诺基亚的设备与服务部门，同时以 16.5 亿欧元（约合 21.8 亿美元）获得诺基亚的专利许可。此次收购交易总额为 54.4 亿欧元（约合 71.8 亿美元）。诺基亚将其设备与服务部门、3.2 万名诺基亚员工、专利组合（包括约 8500 项设计专利以及近 30 000 项实用新型专利和专利申请）的十年非排他性授权许可以及 Lumia 与 Asha 两枚商标以不到 55 亿欧元的价格出售给微软。

对于微软而言，收购诺基亚是顺应时代潮流与市场需求所作出的战略举措。传统 PC 必然转向智能手机和平板电脑等移动设备，通过收购诺基亚，进行互补合并，集诺基亚的领先硬件水平与微软自身的软件实力于一体，从

而使得 Windows Phone 操作系统占领移动终端、扩大手机市场份额，以期能够与苹果 iOS、谷歌 Android 在手机操作系统领域形成三足鼎立、三分天下的格局。

近年来，微软先后错过了电子消费、移动互联网等数个热潮，而与此同时，谷歌、苹果和其他一些相关公司在移动终端领域，日益激烈地进行着市场份额的扩大与瓜分的竞争。微软将收购诺基亚手机业务作为其打通软硬件领域的关键一环，努力转型成为兼具软件、硬件和服务的公司。微软之所以会斥资 16.5 亿欧元（约合 21.8 亿美元）购买诺基亚的专利组合，大致是基于三个方面的原因。①研发、申请进而获得专利需要花费很多时间和资金投入，而且所获得的专利成果也往往有限，而通过购买获得相关所需专利的许可授权，进而集中精力专注投入进一步的操作系统领域的研发既有效率又易取得预期成效。②通过购买获得相关专利组合的使用权，为微软在与谷歌、苹果以及其他一些相关公司的竞争中带来相当大的抗衡筹码和竞争优势，能够防止专利方面侵权纠纷的发生对公司发展的阻碍。③微软选择诺基亚作为战略合作伙伴并进而收购诺基亚手机业务，是出于对诺基亚品牌的公众接纳程度、诺基亚硬件质量信誉保障等的综合考量而作出的选择。并购诺基亚的设备与服务部门的举措，微软可以节省大量智能设备的专利成本投入。并且，通过购买获得诺基亚相关专利组合的使用权，也将使微软更加方便地将对操作系统的预期和设计融入已经在硬件方面足够成熟的诺基亚移动终端中，继苹果之后打造软硬件结合的制造与运营模式。

关于诺基亚缘何未向微软进行专利转让而是选择专利许可的问题，目前有评论称其原因在于：微软能够获得使用权已经足够达成其通过软硬件结合来开拓 Windows Phone 操作系统市场份额，与苹果 iOS、谷歌 Android 在手机操作系统领域三分天下的目标；而且专利的最长有效期限总共不超过二十年，许多专利已经过去了最初的几年，现在又授权出去十年，这些专利的价值基本上也就在这些年间实现到最大化了，因此微软没有必要花更多的价钱来购买诺基亚的专利组合。笔者认为上述分析有一定的道理，但是对此问题还应当从诺基亚一方出发来分析才能予以全面地认识。诺基亚的专利组合本身具有重大价值这一点不言而喻，而诺基亚保留其专利组合的所有权进行专利非排他性许可而不予以转让，就意味着诺基亚今后不仅可以通过授权其他公司使用其专利组合获得专利许可使用收益，而且可以像其在2009年起诉苹果侵犯其专利权一案那样，以诉讼方式向众多Android厂商寻取专利使用费。

（二）思考与启示

从“知识产权运营服务于组织发展战略”这一原则性视角出发，诺基亚出售其设备与服务部门的动机和目的有：剥离增长潜力不高的业务，这也是大企业保持增长的一个重要动力；把有限的精力集中在收益更高的业务领域，用有限的资源换取更高的回报。十几年前，诺基亚设计的塞班智能手机拥有巨大市场，之后这款手机连同诺基亚逐渐淡出市场。但是事实上，诺基亚的手机业务虽然淡出大众视野，其在通信领域的强劲实力和知识产权基础仍然在全球通信领域占有重要的一席之地。

二、有效扩张：联想收购摩托罗拉移动

（一）案例简介

2014年1月29日，联想集团与谷歌宣布达成一项重大协议。联想将收购摩托罗拉移动（Motorola Mobility）智能手机业务。智能手机业务更是增长迅猛，通过这一协议的达成，联想在智能手机领域的市场地位将会大大增强。通过这一举措，联想智能手机业务在北美洲和拉丁美洲的市场表现将会更加强劲，并在西欧市场奠定基础，与在新兴市场增长迅速的智能手机业务形成同步发展的良好势头。收购价约为29亿美元，包括在收购完成支付14.1亿美元，其中包括6.6亿美元的现金，以及7.5亿美元的联想普通股股份（视乎份额上限／下限而定）支付，而余下15亿美元将以三年期本票支付。

联想集团继2005年收购IBM的全球个人电脑业务及其个人电脑品牌后，将再度收购全球知名的摩托罗拉移动，其中包括摩托罗拉品牌，例如MotoX和MotoG以及DROIDTM超级系列产品等创新的智能手机产品组合。除现有产品外，联想将全面接管摩托罗拉移动的产品规划。谷歌将继续持有摩托罗拉移动大部分专利组合，包括现有专利申请及发明披露。作为联想与谷歌长期合作关系的一部分，联想将获得相关的专利组合和其他知识产权的授权许可证。此外，联想将获得超过2000项专利资产，以及摩托罗拉移动品牌和

商标组合。

摩托罗拉移动品牌在全球驰名遐迩，是美国第三大 Android 智能手机厂商和拉丁美洲第三大智能手机厂商。

联想实施此次并购的主要原因有以下五个方面。

一是获取关键市场。摩托罗拉是全球知名品牌，在北美洲和拉丁美洲具有非常高的知名度，并且和全球 50 家的电信运营商有良好的合作关系。此次并购将会使联想快速拓展美国及拉丁美洲、欧洲市场，加速落实联想未来的增长支柱，六个月之后并购完成时（大约 2015 年），联想计划年销售 1 亿部手机。

二是获取优秀品牌。摩托罗拉是全球知名品牌，联想有着收购 IBM think 品牌的成功案例，同样在收购摩托罗拉之后也会有机会将摩托罗拉做强做大，并且会继续保持摩托罗拉优质的品牌形象。

三是获取知识产权。联想此次从谷歌手中收购摩托罗拉手机业务，其中包括了 2000 余项专利，以及更多的交叉授权专利，这将会是联想进军国际成熟市场的一个专利业务保护，并且谷歌也会给予联想更多的专利组合和知识产权的授权许可。这 2000 余项专利是联想、谷歌双方协商各取所需的结果，对于联想来说这个钱还是花得非常值得的，并且这 2000 项专利是联想随着并购本身一次性获得的，在交易之后谷歌为联想提供的交叉专利授权许可，以及在 Android 产业的生态系统上的支持，也是不可小觑的。联想获得的专利在其国际化道路上，进入成熟市场之后对自身起到的保护性作用是非常大的。

四是获取产品组合。摩托罗拉有着非常优秀的产品，比如目前热门的 MOTOX、MOTOG 产品。联想收购摩托罗拉之后，将会极大丰富联想目前的产品线。

五是获取优秀人才。摩托罗拉在 33 个国家有着 3500 名员工，这对于摩托罗拉来说是一笔宝贵的财富同时也是联想所看重的。

（二）思考与启示

多数中国科技企业相对外国科技巨头而言起步较晚，即使在短期内积极采取知识产权战略，也难以完全弥补差距。进而，企业为开展国际化经营，通过兼并收购获取外部知识产权，成为一个重要选择。但是，企业也必须充分评估自身实力，充分了解拟收购对象。

三、优势互补：福田汽车和德国戴姆勒成立合资公司

（一）案例简介

2012 年获批成立的福田戴姆勒合资项目是国内首次实现外方企业全额现金出资，中方企业无形资产出资的案例。福田戴姆勒汽车总投资额 63.5 亿元人民币，注册资本 56 亿元人民币。福田汽车和戴姆勒双方股比比例为 50 ∶ 50，其中福田汽车以现有的欧曼业务可拆分资产经评估后的 28 亿元人民币出资，戴姆勒以等值现金出资，合资期限为 50 年。合资公司成立后，福田汽车和德国戴姆勒公司以北京作为全球运营中心，建设管理决策、研发、生产、供应链管理、营销管理等中心，生产推广“福田欧曼”中重卡产品和戴姆勒 OM457 重卡发动机。福田汽车将保留“欧曼”中重卡产品专有技术、专利、品牌等无形资产的海外市场使用权和所有权。

事实上，福田戴姆勒合资项目并不是一帆风顺，而是历经了将近 10 年的等待和谈判。德国戴姆勒股份公司董事会成员兼戴姆勒卡车与客车集团总裁安德烈 • 伦施勒（Andreas Renschler）先生在评价这一合资项目时说：“合作双方所展现出的灵活、执着、耐心以及在跨文化交流当中体现出来的相互理解是促成这一合作并最终获批的决定性因素。”回顾十年历程，可以将项目成功的因素归结为两方面，一是福田汽车自身研发实力不断增强，二是福田汽车在中国市场的领导地位以及戴姆勒旗下奔驰汽车市场地位下降为合资项目带来的机遇。

2008 年以前，福田汽车的累计专利申请量不足 200 件，而在“三年 2000 件专利申请”计划推行后，福田汽车本身的技术研发实力有了质的提升。仅 2012 年，福田汽车被中国国家知识产权局授权的专利就达到 843 件，同比增长 85.68%。专利实力的增长与《合资协议》内容的变化紧密关联，2008 年福田汽车与戴姆勒发布的《合作意向书》中曾明确表示“开发出适合合资公司全球有竞争力的中重卡新产品”，但最终的《合资协议》调整为“开发用

于中国市场销售的中卡和重卡产品”，而且中方获得的技术支持的确十分有限，戴姆勒仅提供OM457发动机，其余都要合资公司自行花巨资开发。不仅如此，2008年《合作意向书》提出，新合资公司将生产福田欧曼品牌重卡，并纳入奔驰全球商用车品牌体系。双方还将成立全球运营中心共同开拓新兴市场，并对海外市场的开拓列出了详细的时间表，合资公司成立两年后在俄罗斯建立合资企业，3 ~ 5年到东南亚等市场建立合资企业，但是最终协议并没有提及这一点。由此可见，没有足够的技术积累和强大技术研发实力，福田汽车是不敢轻易签订合资协议的。

从戴姆勒公司本身看，作为豪华车生产商奔驰轿车母公司，戴姆勒集团非常重视福田汽车在中国成本和运营管理方面的优势，要知道，福田汽车是中国最大的商用车企业，占据着重要的市场份额，同时，中国市场已经成为了奔驰汽车第三大销售市场。更为重要的是，奔驰汽车的市场地位正在下降，在欧美市场，一向排名第二的奔驰已被奥迪汽车超越，在德国豪车汽车生产商的排名中，奔驰已经全面落后于宝马、奥迪，位居第三。2011年，德国奔驰汽车销量比上一年度下滑1%，销量约为29.13万辆，在美国和中国市场却都有两位数增长，但中国的销量增速是美国市场销量增速的两倍多，同比增长34%，销量约为20.44万辆。在这种背景下，戴姆勒集团自然希望同福田汽车合作，拓展中国市场，挽回奔驰汽车在豪车领域的优势地位。因此，在最终的合资协议中，戴姆勒虽然没有承诺纳入奔驰全球商业车品牌体系，但是承诺了福田汽车将保留“欧曼”中重卡产品专有技术、专利、品牌等无形资产的海外市场使用权和所有权，而且答应以现金出资成立合资公司，这也就有了国内首个外资企业出现金、国内企业出无形资产的合资项目。

福田汽车与戴姆勒的合资对欧曼产品在国内外的销售起到了较大的促进作用，提升了福田产品的海外销量及品牌知名度、美誉度。借助戴姆勒全球重卡网络，有利于开发福田产品的海外销售通路、获得更为广阔的市场。2012年，戴姆勒从合作共赢的角度出发，为福田汽车推荐了部分戴姆勒海外经销商，且已有4家在销售福田汽车的产品。事实上，2012年福田戴姆勒合资公司已经获得了尼日利亚客户单笔500辆欧曼重卡的大订单。

（二）思考与启示

建立合资公司是一种双赢的经营策略。对本土企业而言，可以接触到更为先进的技术和管理经验；对外来企业而言，可以利用合作本土企业具有的天然社会网络关系，借助本土企业的经验更好地实现本土化。在专利方面可以直接实现交叉许可，同时合资企业具有两方品牌的加成效应。

四、合纵连横：三星电子与谷歌结盟对抗竞争对手

（一）案例简介

2014 年 1 月，三星电子与谷歌签署了专利交叉许可协议。三星电子没有公开具体的专利共享种类和范围。但三星电子表示，双方将全面共享现有专利以及今后 10 年内申请的专利。2006 年以后，三星电子在美国申请的专利数量连续 7 年排在 IBM 之后列第二位。公司持有专利数量达 10 万多项。尤其是最新移动通信技术方面。市场调查机构 TechIPm 分析称，在美国专利商标局登记的 LTE 专利中有 23% 是三星电子的专利。谷歌是移动操作系统领域的佼佼者。全球智能手机中 80% 以上采用谷歌安卓操作系统。谷歌持有专利达 5 万多项。虽然数量上只是三星电子的一半，但其在移动操作系统等软件领域实力强劲。

此次签署专利共享协议可以说使两个公司的关系达到“命运共同体”的程度。三星电子和谷歌之间的关系十分微妙，既是朋友也是敌人。双方一直通过智能手机硬件和软件进行合作，但也存在竞争关系。为了降低对安卓操作系统的依赖度，三星电子一直推进开发 Tizen 等操作系统。谷歌也收购手机制造商摩托罗拉，想要独立开发硬件。

据业内人士评价，此次协议是“对苹果发出的一支箭”。三星电子自 2011 年以来一直与苹果公司展开激烈的专利诉讼。表面上是苹果和三星电子之间的战争，但实际上是苹果和整个安卓阵营之间的对决。这是因为，苹果主张“窃取其技术”的三星电子产品的功能，采用安卓操作系统的其他公司智能手机也同样拥有。苹果是想通过攻击安卓阵营的领军者三星电子来牵制整个安卓阵营。

外媒和海外 IT 专门媒体预测，此次签署协议后，三星电子和谷歌在专利诉讼中的立足之地将变大。《金融时报》指出："三星电子和谷歌的战略是，防止发生针对安卓阵营制造商的专利纷争，而此次协议将有利于实现这一战略。"

从长远角度看，此次协议的目的还包括应对"后智能手机时代"的 IT 市场。两家公司都将物联网（通过通信网将所有设备联系起来互换信息的技术）、穿戴式电脑等新一代 IT 技术视为未来的核心产业。为了掌控新市场，三星电子需要软件技术，谷歌需要硬件技术。

此次协议使双方互相开放技术之门的同时，还会发挥"安全装置"的作用。三星电子知识产权中心负责人、副总裁安升晧表示："此次协议证明，要想更快发展，合作比竞争更重要。"谷歌专利顾问艾伦表示："合作可以降低诉讼风险，从而集中精力创新。"

（二）思考与启示

进入 21 世纪以来，随着产品复杂度的大幅增加，不同企业之间的技术交叉、相互依赖水平大幅提高，高技术领域专利纠纷频发。应对各种专利纠纷给企业带来沉重负担，即使是三星、谷歌这样的大企业也是如此。而通过达成一定的协议，双方可以在其中一方面临危机时相互支援，有效降低知识产权风险。

五、后来居上：富士康与美国安普科技专利纠纷

（一）案例简介

2002 年，富士康状告美国安普科技中心有限公司（以下简称"安普科技"）专利侵权的官司引起了全球 IT 界的高度关注，因为这是一次原告、被告的大逆转。这是一场持续了 20 年的专利持久战。

早年，富士康做个人电脑和接口设备的连接器，到美国打市场，竞争非常激烈。竞争对手安普科技很强大，富士康就改变了策略：安普科技卖 1 元，富士康就卖 6 毛，成本 9 毛，赔钱做。当客户接受富士康以后，竞争对手还是卖 1 元，富士康就卖 8 毛。那个阶段，富士康开始损益持平。再后来，富

士康也卖 1 元，开始赚钱了，因为富士康的品质、交货期客户可以接受，同时富士康也有非常好的技术来维持和保证品质。

1989 年，安普科技首度对富士康开炮。安普科技向美国国际贸易委员会提出控告，认为富士康专利侵权，引用“337 法案”要求美国停止进口富士康 SINM 连接器产品，将富士康的产品阻挡在美国市场大门之外。

富士康创始人郭台铭认为，这是富士康技术发展史上最值得纪念的一件大事，说明富士康在这一年开始有实力威胁国际大公司了。

一直到 2001 年，富士康还在被动挨打。2002 年，富士康同时控告安普科技在中国台湾的泰科电子、百慕大商泰科资讯科技中国台湾分公司及三商安富利公司连接器僚座产品，侵害富士康中国台湾新型第 118060 号专利。接下来，富士康又对大陆的两家侵权厂商提出控诉，这两家工厂均是位于广东东莞的台商投资厂，分别是广晋电子厂和旭宏电子厂。富士康表示为布建专利防护网、捍卫其知识产权，并不会因为侵权厂商异地制造、交货而放松，而之前富士康也曾在中国台湾起诉承丰精密专利侵权。

从 2002 年起，富士康就开始理直气壮地策划专利大反攻行动，开始了跨国专利诉讼。为此，其还将采用侵权产品的电脑厂商列入了被告范围。郭台铭当时说，为维护产业秩序，富士康将优先把产品供应给华硕、技嘉、微星等厂商，对于以杀价生存的厂商，富士康将给予惩罚；对只会杀价、不肯投资研发的高科技业的厂商，富士康不仅不予支持，还将采取法律手段。富士康要通过专利的保护，建立产业运营秩序，这时候富士康已经在连接器领域形成绝对优势。如对 Socket478 连接器的市场占有，最初是 1/3，后来就只有富士康具有量产的能力，市场占有率也从 40% 上升到 100%。

（二）思考与启示

专利的形成过程至少具有两个方面的主观性：一是研发人员将技术描述为权利要求书和说明书这一过程中出现的主观偏差；二是专利审查人员在专利审查过程中出现的主观偏差。而专利制度只保护专利文本中的文字明确列明的权利要求，并且专利制度还设有无效程序。从这个角度来看，专利具有天然的模糊性和不稳定性，很少有专利是 100% 稳定的。而这也使知识产权运营变得戏剧化，但是这种戏剧化恰恰也为运营的某些参与主体提供了机会。

六、独辟蹊径：特斯拉开放专利

（一）案例简介

在很多科技型企业都因专利侵权而大打出手的同时，电动汽车领域的领头羊特斯拉却宣布向所有人开放其专利技术，并承诺不会起诉任何善意使用其技术的人。特斯拉在与电动汽车相关的电池、电子设备和软件领域具有很强的实力，拥有160余项美国专利，但是在2014年6月，特斯拉的CEO伊隆•马斯克宣布开放所有专利。那么对于一家科技领先并极具发展前景的企业来说，为什么为选择开放专利呢?

马斯克给出了这样的解释:“领先的技术并不需要专利的限制，与其像守财奴一般护着自己一些小小的成就，还不如敞开胸怀来吸引更加优秀的人才。”然而事实并非如此简单，而且从企业的性质来看，每一项决策都应该是以企业的利润最大化为目的，特斯拉的这项专利开放决策也必然不会例外。

从汽车市场整体环境来看，目前电动车所占份额还比较低，可能连1%都不到；而从电动汽车市场来看，还处在一个技术不断完善、市场不断发展壮大的阶段，行业内部也没有形成统一的国际标准。正是在这样的背景下，特斯拉选择了公开专利，因为特斯拉推崇使用小型电池组以及建设超级充电站来为电动车充电，但是这种做法和标准并不是行业主流，从而导致特斯拉因充电网络推进困难而影响产品推广。2003年成立的特斯拉，是全球最早专门研究、生产电动汽车的公司；2006年，特斯拉亮相第一款电动车产品时，很多国家都还没有开始制定电动汽车标准，更没有充电设施标准；2009年，特斯拉ModelS发布，此时特斯拉建立了较为完整的产品技术体系和充电技术体系；2012年ModelS在美国上市后，特斯拉依照自己的充电技术标准，开始大规模建设超级充电站。特斯拉在美国、欧洲、中国的超级充电标准都不一样，这是其发展的最大难题。为了不使其十余年的研发成果因标准不同而付诸东流，特斯拉选择了专利开放，以此吸引更多企业使用其专利技术从而将其拉入特斯拉的阵营，从而建立起以特斯拉为基础的行业技术标准，增强与其他平台的兼容性，打造通用而快速的发展平台。

当然，企业的性质是追求利益的最大化，特斯拉必然也不会例外，那么其专利开放行为也不可能是单纯为了方便他人，这一举动更多的是一种战略意义的考量。早在特斯拉开放专利之前，IBM 在 2005 年也曾开放其部分专利，当时 IBM 宣布向业界开放 500 多件软件专利权，人们可以使用这些专利获得发展，并创新开发出新的东西。另外一个专利技术开放使用的典型是谷歌的安卓开源，谷歌通过开放安卓系统打造了一个有利于自身发展壮大的商业生态系统。丰田汽车在 2015 年的 CES 展上宣布，其所拥有的 5600 多项燃料电池以及相关专利，都可以在免收授权费用下自由使用。在 2015 年 3 月于美国加利福尼亚州圣何塞的嵌入式 LINUX 峰会上，松下也表示开放约 50 件物联网相关专利。这种专利开放模式的精髓就是，通过开放获得市场和客户认同，达到一定的市场占有率后，再掘取利润。

（二）思考与启示

当今科技世界有两大趋势：一是知识产权制度为科技创新保驾护航，但是知识产权是一种封闭性、消极性权利；二是科技创新的进步对开放式创新的要求越来越高。简单来看，知识产权与开放式创新似乎是冲突的、矛盾的。但是，从基于组织发展战略的知识产权运营角度来看，却并非如此，开放式专利许可就是一个生动的例子。

延伸阅读 11

美国的亲专利政策与创业潮兴起[1]

20 世纪 70 年代，美国国内经济陷入严重衰退，国际贸易面临空前竞争。这一阶段，美国的产业政策重点是反垄断，专利则很少被产业政策制定者关注。

不过，这种情况并没有持续多久，很快政府和民间都开始注意到需要一个强有力的专利制度来加强国际竞争力。从 1980 年开始，一系列重视专利的政策（pro-patent policy）出现了。例如：

- 美国专利商标局（USPTO）的势力得到了扩张（预算增加，行政地位提升）；
- 国会批准成立了联邦巡回上诉法院（CAFC）；

[1] 摘编自《科技前瞻》2009 年 1 月号。

• 采取了不少专利制度改革措施（引入复审制度、延长专利保护期限）；

• 扩大可专利对象，把新技术纳入专利保护范围（生物技术、计算机软件等）；

• 立法促进政府和大学的技术向产业界转移［《拜杜法案》（*Bayh-Dole Act*）］；

• 把知识财产权和国际贸易连结在一起。

这些措施帮助美国重新获得了竞争力，重塑了“强大的美国”。

（一）概况

1. 在亲专利和反对专利之间摇摆不定的美国

（1）美国专利制度发展的三个阶段

美国专利制度的演进可以根据其专利政策分为三个阶段，即① 1776—1930 年；② 1930—1980 年；③ 1980 年至今。

第一阶段（1776—1930 年）覆盖了美国建国到第一次世界大战。美国建国时，美国《宪法》第八章第八节第一款规定发明人和作者对他们自己的发明和作品在有限期间的垄断权，并授权国会立法促进科学发明和应用。从那时起到 20 年代末期的大萧条（Great Depression）时期，美国的政策非常青睐专利。

第二阶段（1930—1980 年）覆盖了大萧条后和第二次世界大战。这一时期，美国政策注重反垄断，进而转向反专利。在这种政策取向下，专利被认为是一种阻碍美国经济竞争和进步的垄断。1975 年，反专利潮流达到顶峰。

第三阶段（1980 年至今），政策从反专利转向亲专利。美国认识到现在是一个全球竞争的时代，为了参与国际竞争，必须鼓励国内竞争。日本经济 20 世纪 70—80 年代的出色表现是促成美国放松反垄断政策的一个重要因素。

（2）专利理念的转变

学术界对专利的观点发生了戏剧性的改变。20 世纪 30 年代，

“耶鲁学派”的经济学家认为专利制度是造成大萧条的一个原因，主张基于专利的垄断破坏了经济。他们的思想影响美国专利政策很多年，在那些年间，美国对反垄断执法的关注大于对专利保护的关注。20世纪80年代，崇尚自由经济竞争的“芝加哥学派”的经济学家影响了里根政府的决策，反垄断势力不再辉煌。专利被视为财富创造器，美国政策转向亲专利。

（3）最高法院中的反专利

在20世纪40、50年代，美国最高法院有强烈的反专利倾向。例如，法官杰克逊在1949年说，“唯一有效的专利是法庭没有办法接手的专利。”当时的最高法院愿意无效掉所有出现在它面前的专利。

（4）参议院专利小委员会

反专利政策持续到20世纪70年代后期，甚至影响到国会审判委员会。美国国会的参议院和众议院都有一个在其审判委员会领导下的专利、商标和版权小委员会，1975年，参议院审判委员会专利、商标和版权小委员会提出《专利改革法案》，虽然听起来是一项改革，但其真实意图却是弱化专利制度。专利律师觉得只要专利、商标、版权小委员会存在，专利制度就会受到威胁，于是请求国会裁撤这个小委员会。1975年，参议员伊斯特兰德成为多数派领袖，废除了小委员会。不过到了1981年，参议员玛斯雅思成为多数派领袖后，重建了这个小委员会。1994年参议员哈奇当选审判委员会主席，又一次撤销了这个小委员会。不过，1994年的情况大不同于1975年了，参议员哈奇撤销小委员会的目的是把知识财产权提升到审判委员会的层面。当然，在参议员哈奇的领导下，很多和知识财产有关的法案得到了活跃的讨论。

2. 从反专利到亲专利的转变及其背景

（1）美国国际竞争力的衰退与产业界对专利的新认识

有很多原因促使20世纪80年代美国的专利政策从反专利转变

为亲专利。第一位的原因就是20世纪70年代战争和社会福利计划的超额支出影响了美国在全球经济中的地位。美国经济面临着来自两个方面的威胁，一个是国际竞争（特别是日本在汽车和电子产业的竞争），另一个是联邦预算削减的紧急需求。进口产品渗透到了美国市场，使得美国产业界意识到他们对自己的能力过于自信了。美国产业界认为需要利用基于企业研发成果的专利和外国产品展开竞争。美国经济进入需要认真重组阶段，产业界的领导人改变了对专利的看法，把专利视为经济存活的工具。全国制造商联合会启动了游说活动，积极鼓吹专利执法和实施。

（2）来自日本的威胁与改革进程

20世纪70年代末，美国产业界相信日本威胁到了美国的技术创新，日本的制度、政策和企业都是非常成功的。美国亟须改革以重获国际竞争力。在卡特政权末期，美国政府和民间达成一个共识，即美国陷入了“创新危机”，美国的技术创新速度减慢了。在这种环境下，展开了各种改革，包括设立联邦巡回上诉法院（CAFC），改革和专利有关的法律，强化专利商标局（USPTO）的职能，扩大专利保护的范围，向民营部门转移联邦研发成果，整合贸易和专利政策。如果美国产业界没有认识到美国经济处于危急之中，也许就不会有这些改革。

（3）立法、司法和行政之间的偶发协调

在美国的专利政策从反专利向亲专利转变的过程中，立法、司法和行政三部门间并没有计划好协调。没有特定的人物、企业、产业或联邦机构策划了亲专利的政策改革。美国专利制度改革是一些恰当的人在好的时机发挥作用、取得显著效果的例子。对专利制度改革发挥作用的行政部门的人有卡特政权商务部长助理、里根政权商务部长、专利商标局局长、司法部负责反垄断的副总律师。在立法部门的关键人物有参议员马赛厄斯和他的助手、拉尔夫·阿曼先生（后来的美国版权办公室注册主管人）、议员卡斯滕迈耶和他的助手、布鲁斯·雷曼先生（后来成为克林顿政权的专利商标局局长）。司法部门的人物有 CAFC 的首席大法官霍华德·马基。

（4）美国司法部门的领导作用

在美国，司法部门领导着重要专利事务的决策。例如，1980 年的 Chakrabarty 案（447 U.S.303，206 USPQ 193）和 1981 年的 Diehr 案（450U.S. 175，209 USPQ 1）中，法院而不是立法或行政机构主导了决策。在日本，法律必须在民法系统中被清晰、实质性地界定。在美国，一般法系统可以宽泛地界定，并为解释留下余地。当产生司法解释冲突时，法院会决定哪一个是正确的。当行政机关倾向于政治正确或执行成本做出决定时，司法机关必须给出公平和真实的解释。因此，司法机关是做出专利决策的地方。例如，在 Chakrabarty 案以后，人工有机物专利授权的数量快速增加，给美国的生物技术产业带来巨大影响。这清楚地表明了美国生物技术产业得到了这个以及其他 CAFC 关于人工有机物判决的支持。其成果是美国生物技术产业保有当今世界生物技术产业 70% 的专利，主导着全球市场。

Diehr 案是另一个重要的例子，它提出了软件的可专利性。不过，Diehr 案并没有带来专利申请量的激增或创造一个新产业。软件产业已经是一个成熟的产业，Diehr 案的判决也不是很细致，因此需要进一步的决定以便使软件专利的状态清晰化。另一个理由可能是生物技术产业和软件产业研发支出的差别。和生物技术产业相比，软件产业不需要大量的研发投入，这意味着它们也就不像生物技术产业那么依赖专利保护。

3. 美国经济竞争力的恢复

（1）美国竞争力和亲专利政策的关系

很多因素，如动态的资本市场、活跃的劳动力市场、专利制度等都支撑着美国经济竞争力。专利制度是构筑美国强大竞争力的基础要素中的一个。当专利出于合法的理由被授权之后，企业会在研发上投入更多，这些将导致技术创新。因此，亲专利政策有助于经济发展。历史也证明了经济扩张和收缩与专利申请量、商标注册量的相关关系。当然，专利制度的影响因行业而异。例如，对制药和生物技术产业来说，这种影响是正面的和显著的。

（2）美国企业的首创精神

我们无法忽略美国企业的独立首创精神，这种精神带来了近年来美国经济复兴。在20世纪80、90年代，美国企业实施了一系列的业务重组、缩减成本、改善效率的措施。虽然亲专利政策有助于经济发展，但它很难独自发挥作用。

（3）美国的决定："第三选择项"

在20世纪80年代中期，外国经济，特别是日本经济突飞猛进，而美国成熟产业（如汽车和钢铁）、高技术产业（如半导体）都失去了竞争力，而且其产品质量也下降了。美国政府调查这种衰退是单纯周期性的还是基本结构性的，他们发现是后者。为了改善竞争力，一些人提议美国应该采用目标在于发展产业、发现赢者、培育产业的产业政策。另一些人认为，美国竞争力的衰退是由于外国采取不公平贸易手段、保护其国内市场的结果。不过，美国政府既没有采用产业政策，也没有采取保护主义，而是启动了"第三选择项"：改革基础经济环境，让美国企业自我改善竞争力。鼓励企业增加研发投入，提供容易接近的资本，增加生产率和效率，改善工人技能，等等。这些办法非常有效，帮助美国经济重新上路。

（二）转向亲专利政策的过程

1. 美国政府和咨询委员会采取的行动

（1）政府对美国专利制度的评估

"二战"以后，联邦政府对美国专利制度进行了5次主要评估。第一次评估发生在1958年，国会对美国专利制度进行经济评估，检验美国经济和专利的关系。结论报告以经济学家弗里德·马克卢普（Fred Machulp）名字命名，称为《马克卢普报告》（*Machulp*

Report）。该报告称专利没有产生经济收益。这个报告当时被用来当作支持反专利政策的证据。

第二次评估是由1966年约翰逊总统设立的总统专利制度委员会（Presidential Commission on the Patent System）主导的。该委员会提出了一些改革建议，包括先申请制、公开制、保护期限为从申请日起20年，等等。其中的一些建议20世纪90年代被写入了专利法。

第三次评估1978—1979年是作为卡特政权的"国内产业创新政策评估"的一部分。这次评估的一些建议得到了实施，如引入复审制度，建立CAFC，通过《拜杜法案》等。

第四次评估是1983—1985年，内容包含在报告《全球竞争：新的现实》（*Global Competition: The New Reality*）中。该报告是总统产业竞争力荣誉小组（President's Blue Ribbon Panel on Industrial Competitiveness）起草的，主席是约翰·杨（Mr. John Young，惠普公司董事长），因此这个报告也被称为杨报告（*Young Report*）。杨报告在附录D讨论了专利和其他知识产权。这部分提出了一些建议，如加强生物技术和与计算机有关的创新的保护，把国际知识财产保护当作外交政策等。通常认为杨报告奠定了"特别301"条款（"Special 301" clause of the 1988 Omnibus Trade Act）获得通过的基础，也奠定了1993年关贸协定回合通过TRIPS协议的基础。

第五次评估是1990年商务部部长莫斯巴赫启动的，莫斯巴赫的后任芭芭拉·富兰克林（Barbara Franklin）1992年完成了最终报告。该报告提到应该改善美国的专利制度以促进创新和赢得全球经济竞争。该报告还建议要在不同领域协调各国专利制度，如实行先申请制。遗憾的是，到目前为止，这个建议还没有落实。

（2）卡特政权时期国内政策评估的背景与过程

美国国家科学基金（National Science Foundation）每年出版《科学指数报告》（*Science Indicators Report*）。有一年，这个报告的一张图显示20世纪70年代后半期美国发明数量下降了。卡特总统注意到这张图并在边上写下“为什么”(why)?基于这样一个简洁的批注，进行了美国产业创新政策评估。当时，美国经济处于收缩期，美国企业的创新能力在减弱，提出的问题是“政府能做什么”，这导致对包括专利、贸易、产业结构、研发等在内的各种政策的检验。这被理解为民营部门，而不是政府应在创新中扮演主角，政府的职责是创造一个企业在其中获得创新激励、没有不必要负担的环境。对于专利制度，评估建议：

- 强化 USPTO;
- 引入复审制度;
- 建立 CAFC;
- 降低专利诉讼成本;
- 向民营部门转移政府资助的技术。

(3)政府资助的研发向民营部门的转移

CAFC 的设立和 USPTO 职能的强化使得亲专利政策成为人们关注的焦点，但实际上亲专利运动起源于 20 世纪 70 年代中期关于政府资助的研发向民营部门转移的探讨。鉴于石油危机的威胁，联邦政府新设了非核能源研发的资助基金。政府资助研发的最初目的是授予私营企业和大学产生的新技术以专利权。1975 年，司法部门却认为专利是一种垄断工具，从而极力反对这种观点。随后，司法部门的反垄断效力逐渐减弱，同时 1980 年《拜杜法案》的颁布确定了政府资助私营部门和大学研发专利授予的合法性。

(4)司法部门的反垄断政策与威廉•巴克斯特

司法部负责反垄断的副总律师威廉•巴克斯特是里根政权时代专利制度改革的关键人物之一。20 世纪 70 年代美国还没有任何专利政策，专利商标局不具备制定或修改专利政策的权利，商业部也基本上没有实行任何特定的专利政策。如果非要认定当时存在“专利政策”，那么只可能是司法部门的反垄断政策。威廉•巴克斯特当时身为斯坦福大学的教授，同时也是自由市场经济的积极拥护者。他削减司法部门的反垄断行为，弱化政府部门对大公司的过分重视。尽管他身为反垄断政策的负责人，但巴克斯特更倾向弱化反垄断政策。随着司法部门反垄断政策效力的下降，亲专利的权力得到加强。巴克斯特不仅影响了专利政策变革，而且促进了里根政权中许多其他经济政策的变更。他非常真诚地传播着自己的思想，被人们誉为一股“清新空气”；他对当时的政策制定者也产生重大的影响。

（5）贸易政策和专利政策的连接

里根政权最重大的贡献之一就是将专利政策纳入贸易政策中。里根政权支持自由贸易，他们不会利用国内贸易保护政策来限制外国商品的涌入，但与此同时，里根又期望提高国外贸易合作商进军美国市场的门槛，因此知识产权保护无疑是最理想的政策选择。一方面它支持自由贸易的原则，另一方面它在很大程度上阻止了国外商品的涌入。

在1982年加勒比海区域会谈（CBI）中，第一次将贸易政策和知识产权连接在一起。当时加勒比海的国家都陷入了经济衰退，美国政府以贸易最惠国待遇为条件强制它们实施知识产权保护制度。在里根执政期间，知识产权是美国一项非常重要的贸易政策。许多不了解知识产权的政府官员迅速学习知识产权知识，熟练掌握知识产权的相关知识。

随后在乌拉圭关贸总协定圆桌会议和TRIPS协议中都探讨了知识产权问题。将贸易政策和知识产权连接在一起是近10年来专利政策所取得的最重大发展。

（6）杨报告和亲专利政策

对于约翰•杨报告的争议很多，有人认为杨报告在美国亲专利政策制定过程中发挥了至关重要的作用，同时也有人认为他们根本不知该报告为何物，更不用说它对美国专利制度的影响。杨报告在附录D讨论了研发制造委员会的专利制度改革，委员会由辉瑞制药、得克萨斯州仪器、美国电话电报公司等企业的执行官组成，这些企业大多都倾向于亲专利的改革。

（7）国内政策评估和杨报告

有 800 人参加了 1978 年美国政府政策评估。参加评估的成员来自他们各自所在领域的最前沿，并且具备丰富的实践经验。他们一同会谈、共同起草评估报告。与之不同的是，起草杨报告的竞争力委员会仅由 30 人构成，且大部分都是大企业的执行官。尽管他们也参加会谈，吩咐下属和顾问撰写评估报告，但这与国家政府政策评估大不相同。尽管如此，国家政策评估报告和杨报告的许多建议都得到实施并有效地提高了美国的竞争力。

2. 联邦巡回上诉法院的设立

（1）设立联邦巡回上诉法院：最重大的改革

CAFC 的设立是亲专利运动最重大的变革，它对美国亲专利政策产生了非常重大的影响。CAFC 的成立保证了法院审判过程的一致性和可靠性。在 CAFC 成立之前，反专利法院废除了大部分它们所审查的专利，然而 CAFC 禁止法官对专利施加自己的论断，免除了巡回冲突，提高了专利诉讼的可预见性。因此专利的价值得到大大的提高，从而进一步激发企业加大研发投入的动力，最终促进美国的技术创新。

（2）CAFC 设立的初衷：司法部门的司法制度改革

司法部门设立 CAFC 是进行司法制度改革的一次尝试。20 世纪 70 年代受理上诉的司法制度的弊端已暴露无遗。尽管提出了许多改革方案，但在当时实际上没有采取任何措施。1978 年司法管理促进办公室成立，并任命司法部弗吉尼亚大学的梅德教授为办公室主任。他提议将索赔法庭、海关法庭以及专利申诉纳入联邦巡回上诉法院，他的建议经过修改并最终纳入向国会提交的设立 CAFC 的议案中。

（3）国内政策评估的建议

随同司法部门提议改革计划，民营工业以及政府的商业部也支持设立联邦巡回上诉法院。在卡特总统的领导下，1978 年商业部实施了产业创新政策评估。评估委员会包括许多与技术创新有关的小委员会，专利小委员会也在其中。专利小委员会由来自大公司、小公司、专利代理机构以及个人发明者的私人代表组成，他们负责处理不同的专利制度改革问题，当然包括联邦巡回上诉法院的成立。

（4）CAFC 议案通过期间国会的变化

尽管卡特政权已经掀开了 CAFC 设立的序幕，但直到里根政权，在专利商标局局长摩森霍福和商务部部长巴尔德里奇积极推进下，CAFC 才真正成立。美国律师协会最初反对 CAFC 的设立，然而 CAFC 的积极拥护者将法庭誉为“促进美国工业复兴的商业法庭”从而说服美国律师协会改变观点。此外，CAFC 的成立只使用现有的大楼和员工，使得它的成立更加顺理成章（国会不需要分配额外的费用支出来设立 CAFC）。受理法院的法官也很赞成 CAFC 的成立，因为他们不必再处理专利申诉。

（5）霍华德·马奇：CAFC 成立的关键人物

作为 CAFC 的首任主法官，霍华德·马奇为 CAFC 的成立立下了汗马功劳。马奇法官在管理 CAFC 之前是美国空军四星军衔的将军。他禁止各个受理法庭的法官私自干涉专利法，同时大力宣传标准化专利申诉流程。马奇甚至不惜借用公众关系来扩大 CAFC 的影响。因而有人认为没有马奇就不可能有 CAFC 的成功；也有人认为他过于倾向亲专利政策，富有政治野心。

（6）亲专利政策发展趋势

与地方法院对专利有效性和专利侵权判定相比，CAFC 倾向于更多的专利保护。同时霍华德·马奇是强烈支持专利保护的 CAFC 的首席法官，有时人们也将专利称为“马奇专利”。有人抱怨专利保护从很弱到很强的变化太剧烈。后来，平衡学说的衰退使得专利制度具有更好的平衡性。目前最高法院几乎很少处理专利纠纷，人们将 CAFC 视为专利申诉的最高权力机关，因而学术界有人开始担忧 CAFC 过高的权力的隐患。

（7）法官培训

美国通常挑选拥有渊博知识和丰富经验的人才作为法官，法官的挑选更倾向于通才而不是专家。对于CAFC的法官选拔，政府选择了若干没有专利专业知识也没受过任何专门培训的法官，以防只具备专利知识的法官在判决时缺乏中立性。他们认为选拔少量专利专家作法官是最明智的选择，同时每个法官都配有很多非常优秀的有技术背景的书记官，使得即使法官没有技术知识也能有效地解决专利纠纷。

（8）宝丽来－柯达案件的影响

1990年宝丽来－柯达案件是最近专利侵权诉讼案中最大的一桩。由于CAFC赋予地级法院初审权利，柯达公司被强制立即关闭它的工厂，并最终赔偿损失9亿美元。从这桩案件我们可以看出，专利执法也可能非常严厉，从而反过来影响企业的专利战略。此外，据说诉讼期间宝丽来公司每个月支付它的专利代理机构2000万美元，由此可见专利申诉对律师来说也可能是一笔大生意。

3. 美国专利商标局的改革

（1）专利商标局职能的强化

整个20世纪70年代专利商标局的管理非常糟糕，缺乏足够的资金和人力，一部电视纪录片将专利商标局描述为“悲惨的愚昧者”。专利商标局有四个房间没有拆开的专利申请信，每年收到的2600万封申请信中，大约7%丢失或归错文档，而且每项专利的审查需要花费3年多的时间。当摩森霍福担任局长时，仅有900名专利审查人员，工作积极性非常差，名声也不好。鉴于资金不足无法招聘新的专利审查人员，有人提议将专利商标局从商业部中分离出来成为独立的经营机构。身为商业部部长的巴尔德里奇具有私营经验（曾是一家锁具生产商的董事会主席），关注如何整顿专利商标局，摩森霍福进行了大刀阔斧的改革。因此，在摩森霍福任职期间，专利商标局重拾名誉，专利审查人员一度增加至3000人。

（2）摩森霍福领导下的专利商标局的改革

在摩森霍福的领导下，专利商标局进行了彻底的改革，面貌焕然一新。摩森霍福刚上任时，专利商标局的预算只有1亿美元，因而被人认为是又小又没地位的联邦机构。25%的预算来自专利申请费用，联邦政府分拨剩余的75%。联邦政府越来越吝啬，专利商标局从联邦政府得到的资助也越来越少。因此，在议员卡斯特梅洛和他的助手布鲁斯·雷曼的大力支持下，摩森霍福决定提高专利申请费用来补足日常管理所需的预算，同时他还废除了商业部部长和专利商标局局长间的三层监管制度，促使专利商标局局长由局级上升至副部级。改革如此顺利的直接原因在于摩森霍福和巴尔德里奇的亲密关系（他们彼此称呼对方“迈克”和“杰瑞”），当然这得益于摩森霍福高明的政治手段和巧妙处理议会关系的能力。

（3）专利商标局局长：摩森霍福和雷曼

专利商标局成立很长一段时间内，专利商标局局长通常不会产生很大的政治影响力，然而摩森霍福（任期1981—1984年）和雷曼（任期1993—1998年）是专利商标局历史上风格不同却名声同样显赫的两任局长。摩森霍福利用多种手段进行改革，如增加专利申请费用、新增专利审查员等，他充分利用了过去在美国国家航空航天局时的经验和关系，并在国会上力争保留专利商标局。而作为一名能说善辩且能随机应变的领导者，雷曼将专利商标局局长推进成“总统知识产权顾问”。知识产权在美国经济政策中显得越来越重要，专利商标局局长的政治影响力也越来越强。

（三）展望未来

亲专利政策将继续发展，专利将越来越得到重视。

亲专利政策将继续发展下去。无论下一届领导者是民主党还是共和党（文章发表的2000年是美国大选年），他们都会高度关注知识产权政策的发展。对美国经济而言，保证诸如医药、生物等高科技产业的健康发展十分重要，而对这些行业而言专利以及软件等知识产权的保护都十分重要。毋庸置疑，下一任总统的任何一位经济顾问都必须熟悉知识产权。在反专利期间，人们普遍关注专利是否有存在的必要，专利能做什么。如今，人们关注的是商业模式、人工生物、数据库以及人类基因的可专利化问题。

我们正处在无形而又微观的专利时代，让美国再重新追求反专利政策已经不可能。但由于微软公司和英特尔公司正在遭受反垄断侵犯，美国政府对反垄断的关注逐渐提高。在专利问题上我们应该小心谨慎。

（1）从发明到创新

我们必须区分发明和创新。发明是指创造新事物同时也相比简单；而创新则意味着发明的开发利用，意味着如何利用发明来改善人们的生活以及如何充分利用技术。创新将技术和艺术融为一体，为社会创造有用的东西，最重要的是实际用途和开发利用。然而，被授予的很多专利在没有使用之前一文不值。互联网就是一个创新的范例，它在遍布全球的同时创造了新的支付系统和电子商务，创新创造新的创新。从这个角度来看，日本真正需要的是更多的创新而不是发明。

（2）技术许可商业

很多美国企业将它们没有使用的专利许可给其他企业以获得许可费。特别是IBM和得克萨斯州仪器通过技术许可收入数十亿美元。在美国，许可是一笔大生意。大企业都设有许可部门，并遣派职员加入国际许可贸易工作者协会，这样美国企业还能从海外获得高额的技术许可费。最近，企业之间流行交叉许可以授权企业使用对方的专利。在专利商标局加强专利管理效力后技术许可贸易得到了迅速的发展。为了保证技术许可有序健康发展，我们必须正确评估专利的价值同时严禁专利侵权。

（3）发明者对专利的估值

企业的财务状况和它们的专利数量是密切相关的。在日本，银行是最大的资本供应者。而在美国企业能够直接获得财政资助，股票市场对企业的集资非常重要。因而企业不能忽视专利对股票价值的影响。当企业获得一项非常重要的专利时，公司执行官就会对分析师和投资机构大肆宣传。通常专利商标局会在官方公开前 90 天通报专利所有人专利已被授权。专利所有人利用这 90 天时间向公众大力宣传专利从而借助专利杠杆来提升股票价值。美国企业将专利视为促进直接集资的工具，因而执行知识产权管理项目来管理专利。

（4）专利制度标准化

尽管人们都在考虑实现专利制度的标准化，但是美国必须克服很多困难来实现专利标准化。在全球实行标准化的专利制度非常困难，因为每个国家都有自己的专利制度、专利审查流程、专利文化和专利理解。在美国，大约 35% 的专利申请来自小企业。先发明原则的支持者声称先申请和先公开原则会毁坏小企业的市场优势，他们反对专利标准化。既然小企业是美国创新的主体，它们也有很强的政治影响力。因此当它们声称先申请原则会不利于小企业，国会想要同意专利标准化确实难度很大。

（5）潦倒时刻：创业给美国带来重生

20 世纪 70、80 年代，美国经济走向崩溃，各类企业，尤其是制造行业的企业均丧失了发展的能力。1970—1983 年，工业生产在近半数的时间里都处于下滑状态，再加上源源不断的战争支出，日渐增加的社会项目成本和多次出现的石油危机，美国的经济发展遭受了严重的打击。

经济停滞与通货膨胀的出现拖垮了经济的发展。与此同时，国外生产商凭借节能型车辆打入美国市场，推动了美国的“去工业化”（Deindustrialization）进程，“生锈地带”（Rust Belt）的说法也继而流行开来，讽喻美国制造业的核心地带。

出人意料的是，美国经济出现大逆转，重新回归到创业这一传统上来。在很大程度上，此现象可谓是无心插柳柳成荫，没有任何一项政策明令要求这么做。从20世纪80年代末期到整个90年代，轰轰烈烈的创业大潮为美国经济带来了勃勃生机，美国经济获得了重生。

（6）政策交织的“创业方盒”

从某种意义上说，经济的变革体现在铁三角——大政府、大型劳工联盟和大企业——被“创业方盒”所取代，“创业方盒”中包含四大机构，即构成创业生态系统的创业型企业、传统企业、高等院校和政府部门。

此次的经济变革和创业型经济的出现，是无数政治决策相互交织的结果，而远非协调好的事宜。不论从哪个角度看，经济形势的突然好转都是喜事一桩，而引起这一转变的因素至少有一打，它们可以被大致分为三类。

首先，政府的某些举措非常不同凡响，当然这也带有一些偶然性。例如，1971年尼克松总统决定废除布雷顿森林货币体系协议，取消美元与黄金挂钩的做法。起先，美元的浮动导致了通货膨胀的加剧和利息的上升。美国也因此成为外国生产商眼中的诱人市场。随着进口量的增多，美国人开始享受廉价并且往往是优质的产品。

类似地，布雷顿森林货币体系协议废除后释放出的金融资本迫使各个企业简化运营流程，将工作重心放在创新上。当进口产品突如其来地大批涌入美国市场后，美国的本土生产商开始意识到，如果他们按照大型劳工联盟的标准支付员工工资，那么他们将无力与国外生产商竞争。

于是，这些本土生产商开始向那些没有劳工组织的州转移，尤其是南方诸州，最后它们都纷纷落脚在海滨沿岸，因为那里的劳工工资水平更低。1977年，劳工联盟成员的人数占劳工总数的23.8%，到了2004年，这一比例下降到原先的一半，铁三角的其中一角就这样瞬间被削弱了。

其次，1974年美国国会开始推行养老金改革，大幅提高了员工缴纳的养老金数额。1986 年，国会修订法律，规定在职员工缴纳 5 年养老金后即可合法拥有这笔资金，支配权更大了，人口流动性也随之提高。

1979 年，法律允许养老金管理者从资产组合中抽取限量的资金，用于投资高风险资产，包括风险资本。这一调整产生了重要的影响，风险投资额如我们所料开始随之攀升，与原先相比，立志开办公司的人更容易筹集到资金，风险投资公司为创造、扶持创业家提供了及时而又强有力的支持，因为那些无法从银行筹得资金的处于起步阶段的创业企业可以求助于风险资本。

最后，20 世纪五六十年代兴起的大型公共投资开始在 20 世纪七八十年代结出硕果，这大大出乎人们的意料。20 世纪五六十年代，为了在冷战中保持优势地位，美国斥资数十亿美元，用于资助高等学府的研究项目。事实上，20 世纪 60 年代，联邦政府承担了 60% 以上的研发费用。

1978 年，《航空公司放松管制法》（*Airline Deregulation Act*）出台后，美国西南航空等航空公司开始提供折价机票，引发行业结构的重大调整，结果如何呢？不仅乘坐飞机出行的乘客数量增加了，甚至超过了以往任何一个时期，而且商务旅行的费用也大大降低了，为企业开拓新市场提供了交通便利。

与此类似的情况是，20 世纪 80 年代电信和公共事业撤销管制之后，消费者和企业节省了数十亿美元，日益激烈的竞争引发了价格战，新成立的企业也有机会进入市场，它们能够进一步压低价格，激发企业的创新能力。

1978 年，《斯泰格尔修订案》将资本所得税（Capital Gains Tax）从 49% 削减到 28%（里根总统将其进一步削减至 20%），这等于是给创业家帮了一个大忙。加上之前提过的风险资本，他们已经有大笔资金可以用于兴建或扩建企业。

1980 年《拜杜法案》出台，该法案规定，凡是联邦政府资助的大学实验室取得的发现成果，政府不得提出所有权主张。此举一出，高校研究员纷纷将自己的研究发现和创新成果应用于商业用途，高校的专利数也从原先的每年不足250件激增到每年600件以上。许多人都对《拜杜法案》表达了溢美之词，称它是“开辟全新行业、创造数千岗位的引领者”。

（7）偶像从福特变成了盖茨

垃圾债券融资的出现不仅使小型风险投资者获得了资本，特纳广播公司（Turner Broadcasting）、微波通信公司（MCI）、维亚康姆媒体公司（Viacom）都是受益者，还使强行收购者（Corporate Raider）能够以暗中或较为隐秘的威胁方式，迫使管理层思考一个问题——什么才是对股东最有利的。

这是自反托拉斯法全面推行之后，大公司所面临的首次威胁。许多大企业（如迪斯尼）开始进行结构重组，积极地应对市场变化，股东由此纷纷受益。此外，首次公开发行的证券数量也稳步上升，从1979年的不足100种发展到1987年的700多种。面对这些变化和创新成果，华尔街饱受鼓舞，开始为创业型企业提供更多的风险资本，或者让现存的企业更具有创业力。

华尔街在态度上的根本性转变还体现在商业领域的其他方面。例如，持续下降的交通费用（这是集装箱运输带来的结果），遍及全国的管道系统和州际货车运输业的进一步拓展，将美国与世界其他地区联系到了一起。

个人电脑革命与之前的许多技术革命一样，花费了很长一段时间才成为美国生产力发展的驱动力。一旦获得成功，它就有能力改变一切，让不同办公室的工作人员相互合作，同时促生新的行业，推动创新的步伐：软件公司、硬件公司应运而生，金融、数学、统计领域开辟出了新的发展方向，棒球业也出现了统计数据分析家。

20世纪90年代，个人电脑所引发的结构性变革，造就了新的生产、组织和供应方式，开始轮廓逐渐清晰，知识劳动者（Knowledge

Worker）这一新型员工的出现则成为了此次变革的象征。

互联网是国防部门投资尖端技术后取得的创新成果，也或许是美国经济真正走上创业之路的标志性事件，它源源不断地为美国人提供创新、创造的环境，新产品和新服务的开发也以前所未有的速度展开。

此外，互联网还能降低信息搜索和学习的成本，为许许多多美国人，甚至包括全世界人民提供了即时获取信息的途径。这是创业流程中的一个部分。

有趣的是，大规模生产产品的出现使企业转而以消费者为导向进行生产实践。此前一旦产品稀缺，生产商就有权决定消费者购买什么。

IBM就是一个极佳的范例。这个在电脑行业占据了近乎垄断地位的企业，将开发新一代大型电脑主机作为其维持发展的法宝，但是到了1980年，半导体技术的开发使轻巧便携的个人电脑成为现实，用户可以将它放置在任何一张桌上使用，这种优势是大型电脑主机所无法比拟的。IBM公司的发展步伐落在了开发个人电脑的创业者后面。

IBM的这段经历也反映了20世纪80年代的另一个经济转折点。世人亲眼见证了比尔·盖茨、史蒂夫·乔布斯（Steve Jobs）、弗雷德·史密斯（Fred Smith）等商业巨头的崛起。这些伟大的技术创业者尽管都属于“不讨人喜欢”的科学家类型，但人们并没有像过去那样，将他们视为“掠夺者”或予以排斥，反而对他们的创造才能倍加赏识，对由此创造的财富予以肯定。

这就是发生在个人电脑行业的一个典型事例，个人电脑的开发者将世人带入了一个全新的世界，电脑无处不在，几乎成为了美国人日常工作和生活的一部分。如今，我们要求自己的孩子“像比尔·盖茨一样”，但在过去，为人父母的往往都希望自己的孩子能够获得一份“安稳”的工作，如在通用汽车、福特公司或政府机构供职。

美国不断涌现各类创业公司。史泰博（Staples）、戴尔（Dell）、家得宝（Home Depot）都是在20世纪70年代末期和80年代早期成立的。它们并不是什么特例，从1974年到1979年再到1984年，新公司的数量从319 000家逐步增加到524 000家、635 000家。彼得•德鲁克在1985年就已经指出，“经济正在经历一场重大转变，从原先的管理型经济变为现在的创业型经济。”

美国国内的公司运作和创新活动都以创业为动力，我们发展的是创业型经济。早前的技术创新和创业只能一阵一阵地推进改革与进步，但是现在的技术进展和创业已经进入了平稳发展的阶段，所以我们的创业工作能以前所未有的速度开展起来。